找工作

关系人与职业生涯的研究

[美] 马克·格兰诺维特 著

张文宏 译

Getting A Job

A Study of Contacts and Careers

Mark Granovetter

华东师范大学出版社
·上海·

图书在版编目（CIP）数据

找工作：关系人与职业生涯的研究/（美）马克·格兰诺维特著；张文宏译.—上海：华东师范大学出版社，2020
ISBN 978-7-5675-9306-0

Ⅰ.①找… Ⅱ.①马…②张… Ⅲ.人际关系—关系—劳动力市场—研究 Ⅳ.①F241.2②C912.11

中国版本图书馆 CIP 数据核字（2020）第 045722 号

找工作：关系人与职业生涯的研究

著　　者　［美］马克·格兰诺维特
译　　者　张文宏
责任编辑　顾晓清
审读编辑　赵万芬
责任校对　时东明
装帧设计　周伟伟

出版发行　华东师范大学出版社
社　　址　上海市中山北路 3663 号　邮编 200062
网　　址　www.ecnupress.com.cn
电　　话　021-60821666
网　　店　http：//hdsdcbs.tmall.com

印　刷　者　苏州工业园区美柯乐制版印务有限公司
开　　本　890×1240　32 开
印　　张　11.625
字　　数　245 千字
版　　次　2020 年 5 月第 1 版
印　　次　2021 年 9 月第 2 次
书　　号　ISBN 978-7-5675-9306-0
定　　价　69.80 元

出 版 人　王　焰

（如发现本版图书有印订质量问题，请寄回本社客服中心调换或电话 021-62865537 联系）

献给我的父母

目录

译者导读   i

中译版序言   xx

第一版序言   xxiv

第二版序言   xxvii

致谢   xxxi

导论   001

第一篇 迈向因果模型   025

第一章 "工作搜寻"与经济学理论   028

第二章 关系人及其信息   046

第三章 信息流动的动力   056

第四章 空缺结构的动力   069

第五章 关系:建立与维持   080

第六章 生涯结构   094

第七章 某些理论性结论   103

第二篇 流动与社会   115

第八章 流动与组织   117

| 第九章 比较的视野 | 130 |
| 第十章 应用 | 144 |

后记 重新思考和一项新的议程	155
附录A 研究设计与操作	223
附录B 编码规则与问题	239
附录C 致被访者的信和访问程序	249
附录D 经济行动与社会结构：嵌入性问题	262
注　释	305
参考文献	315
中英文术语对照表	322

图表目录

表0.1 被访者求职方法与工作满意度的交叉分析   014

表0.2 被访者现职的收入水平与求职方法的交叉分析   015

表0.3 工作来源与被访者求职方法的交叉分析   015

表0.4 求职方法与被访者宗教背景的交叉分析   018

表0.5 求职方法与被访者年龄的交叉分析   020

表0.6 求职方法与被访者职业类别的交叉分析   021

图1 工作信息传递的因果维度   027

表1.1 工作搜寻行为与被访者职业生涯长度的交叉分析   035

表1.2 工作搜寻行为与被访者毕业大学声望的交叉分析   036

表1.3 工作搜寻行为与被访者现职收入水平的交叉分析   037

表1.4	工作搜寻行为与被访者职业类别的交叉分析	037
表1.5	通过搜寻获得工作与被访者现职的收入水平的关系	041
表2.1	通过家庭-社会关系找到工作的样本次群体的比例	048
表2.2	个人关系类型与被访者现职收入的交叉分析	051
表2.3	关系人与工作信息的联系和关系类型的交叉分析	052
表3.1	信息链长度与被访者某些特征的关系	063
表4.1	工作的来源与被访者职业类别的交叉分析	071
表4.2	工作的来源与被访者年龄的交叉分析	072
表4.3	工作的来源与被访者从业的公司规模的交叉分析	072
表4.4	工作的来源与被访者现职收入水平的交叉分析	072

表 4.5　工作的来源与信息传递场合性质的
　　　　交叉分析　　　　　　　　　　　　073
表 4.6　被访者的现职收入与依赖空缺链的
　　　　交叉分析　　　　　　　　　　　　077
表 6.1　通过关系找到工作的比例与被访者
　　　　平均工作任期的交叉分析　　　　　096
表 6.2　为朋友提供工作信息的被访者比例与
　　　　被访者平均工作任期的交叉分析　　097
表 6.3　信息链长度与被访者平均工作任期的
　　　　交叉分析　　　　　　　　　　　　097
表 6.4　被访者的搜寻行为与通过关系找到
　　　　过去工作的比例的交叉分析　　　　100
表 6.5　找到现职的方法与通过关系找到以前
　　　　工作的比例的交叉分析　　　　　　100

译者导读

张文宏

马克·格兰诺维特是横跨社会学和管理学两大领域的一代宗师,新经济社会学的主要创始人和代表性人物。1965年获普林斯顿大学美国和现代欧洲史学士学位。1965—1970年师从社会网络分析的创始人之一哈里森·怀特(Harrison White),获哈佛大学社会学博士学位。历任约翰·霍普金斯大学社会关系学系助理教授(1970—1973),哈佛大学社会学系助理教授和副教授(1973—1977),斯坦福大学商业研究生院杰出访问教授(1986—1987),纽约大学石溪分校社会学系副教授、教授和系主任(1977—1992),西北大学社会学教授和凯洛格商学院组织行为学教授(1992—1995)。1995年以后任斯坦福大学社会学系教授、琼·巴特勒·福特(Joan Butler Ford)讲座教授,两度担任社会学系主任(2002—2005,2012—2015)。他所提出的"嵌入性"、"弱关系的强度"、"信息链"和"推荐链"等概念,被社会学界和管理学界广泛使用。他所倡导的新经济社会学成为20世纪80年代以后的显学。新经济社会学试图运用社会网络以及信任、情感等非理性因素来分析经济行为,并与以自利动机、理性选择为前提的经济学家展开了长达20多年的对话。

《找工作》是格兰诺维特在哈佛大学完成的博士论文的修订版,也是他的成名作。尽管距离该书的英文第一版面世已经过去了45年,但是《找工作》仍然被视为新经济社会学的一个里程碑,他所倡导的社会网络分析方法被看作分析核心经济现象的三种方法之一(斯威德伯格,2003:3)。

格兰诺维特运用社会结构即社会网络的思想对关系人与其职业生涯的联系来进行分析,试图与当时流行的工作搜寻的经济学理论进行对话。他认为,只有将社会关系的作用置于社会脉络中,才能更好地理解社会关系的作用。同时,该研究也是格兰诺维特宏大的"新经济社会学"系列研究的第一个范例。他试图关注经济的核心而非边缘问题,挑战新古典经济学的充分性,与帕森斯和斯梅尔瑟为代表的旧经济社会学分道扬镳。作者集中关注的问题是,促进职业流动的信息是如何获得和传播的,在宏观和微观层面社会流动研究的整合方面取得了明显的进步。在某种程度上可以说,格兰诺维特以信息传播对社会流动的影响为范例,将社会学理论和经验研究中宏观与微观层面的"断裂"较好地连接起来。

格兰诺维特1973年在《美国社会学学刊》上发表的《弱关系的强度》一文,被认为是社会网络研究的一篇经典文献。他所提出的弱关系强度假设及其经验发现对欧美学界的社会网络分析和经济社会学产生了重大影响。格兰诺维特所说的关系是指人与人、组织与组织之间由于交流和接触而实际存在的一种纽带联系，这种关系与传统社会学分析中所使用的表示人们属性和类别特征的抽象关系（如变项关系、阶级阶层关系）截然不同。他首次提出了关系强度的概念，并将关系分为强和弱，认为强关系和弱关系在人与人、组织与组织、个体与社会系统之间发挥着截然不同的作用。简言之，强关系维系着群体、组织内部的关系，而弱关系则使人们在群体、组织之间建立了纽带联系。他用四个指标来测量关系的强弱：一是互动的频率，也即花费在某种关系上的时间，花费的时间长、互动的次数多为强关系，反之则为弱关系；二是情感密度，情感较强、较深为强关系，反之则为弱关系；三是熟识或相互信任的程度，熟识或信任程度高为强关系，反之则为弱关系；四是互惠交换，互惠交换多而广为强关系，反之则为弱关系。在此基础上，他提出了"弱关系充当信息桥"的判断。在他看来，强关系是在性别、年龄、教育程度、职业身份、收入水平等社会经济特征相似的个体之间发展起来的，而弱关系则是在社会经济特征不同的个体之间发展起来的。因此，通过强关系所获得的信息往往是雷同的、重复性的或剩余的。而弱关系则是在不同群体的个体之间发生的，是联系不同个体的纽带。这些来自不同群体不相似的个体所了解的信息往往也是有差异的。通过弱关系所收集的信息异质性更高、重复性更低。由于弱关系的分布范围较广，它比强关系更能充当跨越其社会界限去获得信息和其他资源的桥梁,它可以将其他群体的重要信息带给不属于这些群体的某个个体。在与其他人的联系中,弱关系可以创造例外的社会流动机会,如工作变动。格兰诺维特断言,虽然不一定所有的弱关系都能充当信息桥,但能够充当信息桥的必定是弱关系。弱关系充当信息桥的判断,是他提出"弱关系强度"的核心依据(Granovetter,1973)。

格兰诺维特以职业流动为主题对弱关系强度假设进行了实证检验。他的调查地点选在波士顿郊区的牛顿城。他随机调查了牛顿城的282名(其中包括100名入户访问,182名邮寄问卷)男性白领就业者,包括专业技术人员和经理人员。在调查中,格兰诺维特询问了被访者最近一次职业变动的经历。他发现,56%的被访者通过社会关系的渠道找到了目前的工作,18.8%使用了正式的方法(包括广告和其他正式方法),18.8%使用了直接申请的方法。其中,16.7%的求职者与他们的关系人在找工作时经常见面,55.6%偶尔见面,27.8%很少见面。此外,在并未考虑变动工作的人当中,有72.1%通过关系找到了目前的工作,在考虑过换工作的人当中有57.9%通过关系找到了现在的工作。通过个人关系实现职业流动的人比用正式招聘和直接申请等途径的人对目前的工作更满意,前者目前的工作收入明显高于后两者。此外,运用个人关系渠道求职的人的职位更多的是新创造的。他通过问卷调查资料的分析发现,只有那些在各方面与自己同质性较强的人才有可能与其建立起比较密切的关系,但是,这些人所掌握的信息和他自己差别不大。而与此人关系较疏远的那些人则由于与其具有较强的异质性,也就有可能提供此人及其周围圈子的人所无法得到的、对个体求职更有价值的信息。通过弱关系获得信息的人最终得到了一个地位较高、收入较高的职位,而通过强关系获得信息的人,向上流动的机会则大大减少。

"弱关系强度假设"在发表以后一方面得到了大量经验研究的支持,另一方面也产生了一些反证。格兰诺维特在1982和1995年分别就"弱关系强度假设"发表以后引发的大量实证研究进行了总结,重新解释了这个假设(Granovetter, 1982, 1995)。格兰诺维特的《弱关系的强度》和《找工作》发表以后,除了大量的证明"弱关系假设"的经验发现以外,也产生了一些支持强关系假设的例证或对弱关系假设具有证伪效应的研究结果(Granovetter, 1995)。对"弱关系强度假设"提出直接挑战的是以下的几项研究。

日籍学者渡边深(Shin Watanabe)于1985年在东京地区主持了一项样本规模为2500人的大型调查,意在重复格兰诺维特1970年代调查的中心内容。他发现,大部分日本白领劳动者通过强关系搜集职业信息;在职业流动方面,日本白领越是通过强关系找工作,越能得到报酬丰厚的职业,流动者对新单位越投入,对新职业的满意度越高。渡边深认为,造成上述情况的原因有两个:第一,日本大型企业在招聘雇员时有严格的考试制度,而社会网络能发挥作用的场所是中小企业的劳动力市场。而中小企业一般在招聘雇员时,审查手续不是很严格，往往主管一人说了算，这就为社会网络特别是强关系发挥作用提供了可能。第二，中小企业为了降低雇员申请、审查的成本，提高人们对企业的效忠意识，往往在本地通过社区网络招聘雇员。社区网络提供了雇主和雇员的相互信任，人情关系也使雇主和雇员双方的交流全面化和非形式化，所以雇主从一开始就愿意提供较高的收入，以使新雇员提高信心，增强满意度，愿意在该企业长期工作，而不向福利好的大企业流动。这些事实说明，日本中小企业能利用社区网络调整企业行为，实现与大企业竞争劳动力的目标。渡边深的日本研究发现，蓝领工人在不同职业间流动，弱关系特别有用，弱关系充当了桥梁作用，但是比其他地方更少地发生（Watanabe，1987：398）。仅 6.3%的日本人（与 29.5%的美国人相比）使用弱关系变换工作。这种差异之一，有可能是测量指针的不同造成的，比如，在美国工作关系是弱关系，而在日本是强关系。另外，在日本，在一个公司工作时间越长，越可能通过社会关系找到或变换工作（Watanabe，1987）。

德国社会学家魏格纳在 1987 年西德职业流动调查中设计了诸多变项，其中包括职业流动者流动前和流动后的职业地位、关系类型、关系强度、与关系人的认识时间、与关系人的交往频率、与关系人的活动种类和关系人的帮助意愿强度等。他发现，在流动前地位较低的蓝领工人可以通过强关系找到社会资源，而流动前地位较高的白领、经理则通过弱关系寻找社会资源。这两组人的目标都是向上流动，而只要帮助者的社资源质量高,向上流动的机会就大。换言之,"弱关系强度假设"仅仅对较高社会阶层的个人才是有效的。魏格纳用网络异质性来解释这一现象。他认为,因为多数社会网络是异质性的,其中一个重要方面就是网络是由不同地位的人组成的,地位相对较低的职业流动者只能在自己的网络内通过强关系在网内寻求到地位较高的人的帮助,这就是为什么西德蓝领工人可以通过强关系获得社会资源的道理。处于地位较高的人是不能通过强关系寻找社会资源的,因为在网络内部的其他人的地位都比他们低。对于地位较高的人来说,要想获得优厚的社会资源,只有通过跳出自己的网络圈子,到他人的网络圈子中去寻找帮助者,以获得有用的社会资源。因此,在一个异质性网络内,"弱关系强度"依赖于个人的先前地位(Wegener,1991)。

马斯丹和赫伯特在对 1970 年底特律地区调查资料的再分析中,发现使用强关系和弱关系的求职者之间不存在纯粹的差异,也不存在求职方法对收入的较大影响。在他们的研究中,工作特征被增加为一个预测因子。他们评价格兰诺维特(Granovetter,1981)关于工作匹配的讨论可能意味着工资大体上是"工作特征的函数,因为工作特征具有的社会资源在解释个人如何被安排到具有独特特征的位置时是主要的"(Marsden and Hulrbert,1988:1048)。换言之,如果关系强度决定了非金钱的工作特征,后者进而决定了收入,那么控制这些特征会掩盖关系强度和收入之间间接的然而是有效的因果关系。但可以肯定的是:如果关系人所处的职业地位越高、权力越大,那么求职者的工作变动所带来的向上流动的机会越大。为什么关系强弱所导致的社会资源没有差别呢？分析者没有提出明确的理论解释。但是，他们对底特律与奥本尼地区做了比较。奥本尼是纽约州政府所在地，工作职位多为白领，职业地位偏高。这与格兰诺维特研究的牛顿城相近。而底特律地区是美国汽车制造业的大本营，在业者主要是汽车制造业工人，虽然白领职业占一定比例，但蓝领工人是主要成分，职业地位偏低。分析者指出，以工人阶级为主的底特律调查样本可能表明，蓝领工人可以通过强关系寻求社会资源（Marsden and Hurlbert, 1988）。

　　魏格纳的西德研究，还有渡边深的日本研究，令人对弱关系假设的普遍意义产生了怀疑。边燕杰的"强关系强度假设"对格兰诺维特的"弱关系强度假设"提出了"挑战"。边燕杰指出，在中国计划经济时期的工作分配体制下，个人网络主要用于获得分配决策人的信任和影响，而不是用来收集就业信息。因为求职者即使获得了信息，如果没有关系强的决策人施加影响，也有可能得不到理想的工作。在工作分配的关键环节，人情关系的强弱差异十分明显。但对于多数人来说，他们并不能和主管分配的决策人建立直接的强关系，必须通过中间人建立关系，而中间人与求职者和最终帮助者双方必然都是强关系。反之，如果中间人与双方的关系弱，中间人和最终帮助者未必提供最大限度的帮助。因此，强关系而非弱关系可以充当没有联系的个人之间的网络桥梁。边燕杰提出的主要假设是：（1）求职渠道是通过个人网、更多地是通过强关系而非弱关系建立的;(2)求职者寻求帮助的当权者所属的单位的行政级别愈高,他愈可能被较高级别的单位录用;(3)求职者更可能通过间接而非直接关系与较高级别的当权者交往;(4)如果求职者使用间接而非直接的关系,那么他们就可能找到较好的工作;(5)年长的或具有较高社会经济背景的求职者比那些年轻人或地位较低的求职者更可能运用间接关系;(6)当求职者和当权者没有关系时,或当他们仅仅有表面交往时,在找工作的过程中,他们倾向于通过与一方或双方关系都强的中介人联系起来。他的主要贡献是在分析中国的工作分配制度时,区分了在求职过程中通过网络流动的是信息还是影响,求职者使用直接还是间接关系来获得信任与影响(Bian,1997)。

边燕杰天津调查的初衷也意在检验格兰诺维特的"弱关系强度假设"和与之密切相关的林南的"社会资源理论",但天津的资料却得出了与弱关系强度假设和社会资源理论的"关系强度命题"完全相反的强关系假设。边燕杰的天津研究发现:中国的个人关系网络习惯于影响那些把分配工作当作与他们联系的一种恩惠来回报的实权人物,这种行为易为基于信任和义务的强关系所运用。在948名在业被访者中,45%以上通过社会关系获得了第一份工作。其中,43.2%的帮助者是被访者的亲属,17.8%是朋友,而71%的被访者与帮助者"非常熟悉"或"很熟悉"。有1/3的人使用了间接关系。而使用间接关系的人,往往能找到职位较高、权力较大的人提供帮助。帮助者的单位、职业背景对求职者的工作地位、单位性质有很大的正面影响。边燕杰的主要发现是:(1)求职者更经常通过强关系而非弱关系寻找工作渠道;(2)直接和间接关系都用来获取来自分配工作的实权人物的帮助;(3)求职者和最终帮助者通过中间人建立了间接的关系,中间人与他们双方是强关系而非弱关系,中间人与求职者和最终帮助者的关系越熟,而且最终帮助者的资源背景越高,对求职者的工作安排也越有利;(4)求职者使用间接关系比直接关系更可能得到较好的工作(Bian,1997)。

另外,边燕杰和宋洵(Soon Ang)于 1994 年在一项关于中国和新加坡职业流动的比较研究中发现,虽然这两个国家的经济和社会体制有很大的差异,但是两国的多数求职者更经常通过强关系而非弱关系获得新的工作。在新加坡,近 70% 的人通过亲属、朋友、相识等非正式渠道获得就业信息或实质帮助而变换工作。大部分人使用了直接的强关系,小部分人使用了间接关系。但在使用间接关系时,求职者和中间人、中间人和最终的帮助者之间的关系往往是很强的。这种间接的强关系能帮助求职者找到一位地位较高的帮助者,协助他获得一份地位较高的工作(Bian and Ang, 1997)。

如果说边燕杰首次明确提出"强关系强度假设"并得到初步验证的有效性是针对计划经济体制来说的,那么他和笔者于 1999 年对天津劳动力流动的最新调查表明了"强关系强度假设"的持续效力:在 1980—1992 年的双轨制时代和 1992—1999 年的转型时代,运用社会网络渠道实现职业流动的比例不仅高于再分配时代,而且随年代推移不断上升。在这三个时代,使用强关系(亲属和朋友)实现职业流动的比例一直占据着主导地位(84.9%—87.5%)。在社会关系提供的资源方面,由强关系所提供的人情,总的趋势是随着市场化进程的推进而不断上升,所提供的信息略有下降。而由弱关系提供的人情从20%增长到67.7%,所提供的消息的相对比例大体保持不变。换言之,在中国社会网络(无论是强关系还是弱关系)的主要作用是提供人情或影响,信息是人情的副产品。这说明强关系假设不仅在再分配时代的职业流动中发挥着作用,而且在双轨制和转型时代发挥着更重要的作用(边燕杰、张文宏,2001)。上述几项实证发现为强关系强度假设提供了有力的证据。

但是,有必要提醒读者注意:第一,格兰诺维特及其质疑者所研究的关系网络的功能是不同的,前者主要关注关系网络的信息传播机制,即关系网络对于信息获取和信息传播的影响过程,而后者则主要聚焦于关系网络的人情和影响作用。第二,格兰诺维特使用的是一个美国城镇专业技术管理人员的地区小样本,其他研究则使用了全国或地区的较大样本,劳动力所从事的职业也不尽相同,有的研究的样本则仅限于失业工人、蓝领工人或季节性的短期劳工。第三,他们对于关系强度的测量存在着差异。例如格兰诺维特将关系分为家庭与朋友关系、工作关系两类,前者指涉强关系、后者指涉弱关系。在中国的相关研究中,朋友中的密友、密切联系的同事、过去的老同学则被界定为强关系。第四,相关跨文化比较研究所涉及国家或地区的社会体制和文化体制存在着较大的差异。在此意义上，制造弱关系命题与强关系命题的对立，或进行究竟是弱关系假设还是强关系假设是正确的争论是毫无意义的。用格兰诺维特自己的话说，这些反证并不显示基本的文化差异急剧地重塑了求职行为。虽然在日本、墨西哥或中国比其他国家更强调强关系的文化意义，但是更多的差异应到制度中去寻找。劳动力市场的双方——求职双方倾向于使用关系的考虑是低成本和高效率（Granvotter，1995：161—162）。

格兰诺维特在《经济行动与社会结构：嵌入性问题》中系统地论述了"嵌入性理论"。他在该文中进一步发挥了卡尔·波兰尼《大转型》一书中提出的"嵌入性"概念。"实质主义"人类学的代表人物波兰尼认为，在前市场社会中经济行为是深深地嵌于社会关系网络之中的，但是随着现代化过程的推进，经济行为变得越来越独立。这样，经济领域逐渐与其他领域分离，经济行为不再受到社会义务及亲属责任的制约，而主要以个人赢利的理性计算为原则。经济学家认为，在前市场社会和市场社会中基本上都不存在经济行为的嵌入性问题。1920年代以来的"形式主义"人类学家也认为，甚至在部落社会，经济行为仍然独立于社会关系之外。新制度经济学家认为，先前所说的嵌入社会关系之中的行为与制度，事实上完全可以由理性与原子化个体的自利动机来理解，而不需要用嵌入的概念来解释。格兰诺维特指出，经济行为的嵌入程度在前市场社会中比"实质论"者想象的更低，而在现代社会中的嵌入程度要比"形式论"者和经济学家所认为的更高(Granovetter, 1985)。

在格兰诺维特看来,要考察经济行动与社会结构的关系,就必须从"嵌入"的概念入手,但是必须反对社会学家的"过度社会化"和经济学家的"社会化不足"两种同样偏颇的观点。社会学家认为,社会现象对个人行动的影响是深远的,这表现在个人所处的社会环境决定着个人的具体行动,个人对他人的意见非常敏感,并且完全屈从于共有的价值与规范系统。社会规则通过社会化机制成功地内化,从而使人们自觉地屈从和遵守,而不再认为是一种束缚和桎梏。这种观点过分夸大了嵌入的程度和嵌入所能发挥的削减冲突的作用。古典和新古典经济学坚持功利主义传统,认为生产、分配和消费行为完全不受社会关系与社会结构的影响,经济行动者是不带任何社会关系和感情色彩的、只为自身经济利益精打细算的、孤立的个人。完全竞争市场中的交易双方,没有任何社会性的接触,彼此之间的关系和维持关系的过程似乎不存在,相反,经济行动中的社会关系被视为市场竞争的障碍。实际上,经济学家所描述的这种状态是不存在的。"过度社会化"和"社会化不足"两种观点虽然截然对立,但是共同之处在于,它们"共同地持有由原子化行动者做出行动与决策的观点。在低度社会化观点中,原子化来源于狭隘的功利主义的自我利益追逐;在过度社会化观点中,行为模式已经内化,当下的社会关系仅仅对行为产生边缘的影响"。(Granvotter, 1985:215)总之,这两种观点都把个人所做的决策和行动与所处的具体社会情境割裂开来，无视活生生的社会现实与行动者之间的相互作用。因此，对人类行为的富有成效的分析，必须尽量避免过度与低度社会化理论中的原子化问题。行动者既不像原子一样孤立于社会脉络之外行事或决策，也不会奴隶般地依附于所属的社会类别赋予他的脚本。他们具有目的性行动的企图嵌入在具体的、正在发生的社会关系系统之中。

格兰诺维特指出，经济行动者在具体的人际关系与结构（或网络）中的嵌入产生了信任且能够防止欺诈。每个人都喜欢和信誉良好的、自己熟悉的人打交道，这样才能真正防止各类麻烦和意外的发生。相反，很少有人依赖于普遍的道德或制度安排来防止麻烦。事实上，经济行动者所接受并真正确信的信息不是一般性的商品信息，而是有关社会关系的信息。一般情况下，经济行动者在和陌生人打交道时，都力图从熟人或自己的亲身经历中寻求有关这个陌生人的信息。这种信息之所以可靠，是因为：第一，这个信息是便宜的；第二，人们最相信自己的经验，这种信息最丰富、详尽和精确；第三，一个人如果与交易对方保持长久的关系，就会有保持诚实的动机，以免伤害到未来的交易；第四，除了纯粹的经济动机以外，长期的合作足以产生感情和社会关系的亲近，构成紧密的关系纽带，这大大减少了机会主义等不良行为的发生。所以，只有嵌入社会结构、人际关系网络之中的信息和经济关系才是经济行动者在现实中所乐意接受的。人与人之间频繁的互动、紧密的联系纽带使得经济活动具有可靠性、长期性和可预见性，可以有效地预防各种相互破坏和欺诈行为。理性行动者总是依赖已有的关系展开经济活动,使社会关系在经济生活中产生和维持了信任。格兰诺维特认为社会关系虽然是信任产生的必要条件,但是却不是保证信任兑现的充分条件。人际关系所带来的信任,在某些条件下甚至会导致大规模的集体舞弊和冲突。他认为,因人际关系带来的信任确实也造成了更好的欺诈机会;群体的暴力和欺诈往往最有破坏性,而这些群体内部一定存在相互间的信任;暴力欺诈所造成的失序程度视社会关系网络的结构而定。当然失序和欺诈也会在没有社会关系的情境下发生。他不仅认识到了社会关系网络在经济行动中的积极作用,也清醒地看到了它的消极后果。

格兰诺维特还通过对市场与等级制理论模型的批判进一步解释了嵌入理论和网络方法的具体运用。威廉姆森(Williamson)对市场和等级制的分析具有浓厚的新制度经济学的色彩,同时也包含着"低度社会化"和"过度社会化"两种观点。市场中的原子化个人间缺乏能给经济生活带来秩序的社会关系,等级制这种过度社会化的组织形式可以解决市场交易中的失序现象。格兰诺维特认为,在市场和等级制之间划出一条截然的界限,恰恰忽视了由个人关系网络构成的经济组织和运行方式。事实上,所有的经济行动中都充斥着形形色色的社会关系,无论是在企业内部,还是在企业之间。以社会关系为基础的网络型经济组织应该是居于市场和等级制两极中间的一种重要的经济组织。

总之，格兰诺维特的嵌入性理论以不同于"低度社会化"和"过度社会化"观点的第三种视野解释了经济生活中的信任和秩序问题。他通过对社会关系具体模式的直接因果分析来建立其理论模型。在他看来，要回答现代社会本质和政治经济变迁等宏观问题，必须把焦点放在直接的因果联系上，必须要先了解嵌入的机制以及全面变迁的可能后果。宏观变迁影响了人际关系，而经济生活又深深地嵌入社会关系之中。正如他自己所言，"嵌入观点可以被广泛地运用，它不仅提供了社会学研究经济生活的一个切入点，而且也是经济分析十分重要的观点"（Granovetter，1985：237）。正是因为格兰诺维特重新解释了"嵌入性"概念并把它用于现代经济行为的分析中，他被公认为"新经济社会学"的创始者和最重要的代言人（Swedberg，1990：96）。

笔者认为，格兰诺维特的《找工作》的学术贡献可以概括为如下几个方面：第一，与 1960 年代和 1970 年代新古典经济学家关于职业流动的"工作搜寻"理论以及帕森斯和斯梅尔瑟为代表的旧经济社会学家对话，发现了通过个人关系或社会网络实现职业流动的因果机制。第二，提出了"弱关系的强度"的理论假设，并对关系的强度进行了互动频率、情感密度、熟识或信任度、互惠程度四个维度的操作化测量，使用随机抽取的专业技术人员和管理人员样本的数据验证了假设。第三，为社会学及经济学专业的博士研究生提供了博士论文的经典范本。论文选题、研究设计、抽样方案、入户访问和邮寄问卷调查、资料编码和统计分析等工作,都是格兰诺维特本人独立完成的。《找工作》也开创了以"微预算"研究"大问题"的先河,至今仍然被博士研究生和青年学者奉为开展自己独立研究的"圣经"。第四,格兰诺维特用最简单的交互分类统计方法验证其"弱关系强度假设",与热衷于用复杂难懂的定量统计模型验证简单假设的部分技术派社会学家和经济学家形成了鲜明的对照。这在某种程度上为那些对统计模型望而生畏的社会学本科生走上量化研究的道路提供了指引。第五,《找工作》的公共政策价值在于,提出了扩展求职者的社会网络、调动求职者的社会关系资源是比职业介绍机构和计算机人职匹配系统更有效的就业促进手段。

在笔者看来,尽管"弱关系强度假设"的提出及其经验验证在是社会网络分析发展史上的一个里程碑,但是也具有一定的缺陷:第一,格兰诺维特的原始论点是,强关系在必要时有更强的提供工作信息的动机,而弱关系更可能获得丰富的信息(Granvotter,1995:158)。但是他的资料并没有证实,是否通过强关系获得的信息重复性较高,或通过弱关系获得的信息更丰富且重复性低。第二,他的样本来自牛顿城的男性白人专业技术和经理人员(所谓白领职业者),样本的规模也偏小,对于其他国家、地区的职业流动的代表性样本的分析,也许会得出不同的结论。第三,弱关系的优势在于信息传递。如果超出信息传递的领域,比如在施加实质性的影响、提供情感支持或工具性帮助中,弱关系的优势可能会被强关系代替。第四,他的样本仅仅分析了通过社会关系成功实现了职业流动的被访者，而没有包括运用关系没能达到流动目的的人，这既是格兰诺维特本人也是后来许多运用社会网络理论和方法分析职业流动的学者的一个缺陷。

参考文献

边燕杰、张文宏：《经济体制、社会网络与职业流动》，《中国社会科学》2001年第2期。

斯威德伯格著，安佳译：《经济学与社会学》，商务印书馆，2003年12月第一版。

Swedberg, Richard. 1990. *Economics and Sociology*. Princeton: Princeton University Press.

Bian, Yanjie. 1997. "Bringing Strong Ties Back In: Indirect Ties, Network Bridges, and Job Searches in China." *American Sociological Review* 62: 266–285.

Bian, Yanjie, and Soon Ang. 1997. "Guanxi Networks and Job Mobility in China and Singapore." *Social Forces* 75: 981–1006.

Granovetter, Mark. 1973. "The Strength of Weak Ties." *American Journal of Sociology* 78: 1360–1380.

———. 1981. "Toward a Sociological Theory of Income Differences." pp. 11–47 in *Sociological Perspectives on Labor Markets*, edited by Ivar Berg. New York: Academic Press.

———. 1982. "The Strength of Weak Ties: A Network Theory Revisited." pp. 105–130 in *Social Structure and Network Analysis*, edited by P. V. Marsden and Nan Lin, Beverly Hills, CA: Sage.

———. 1985. "Economic action and Social Structure: The Problem of Embeddedness." *American Journal of Sociology* 91: 481–510.

———. 1995. *Getting A Job: A Study of Contacts and Careers* (2nd Edition). Chicago: University of Chicago Press.

Lin, Nan. 1982. "Social Resources and Instrumental Action." pp. 131–145 in *Social Structure and Network Analysis*, edited by Peter V. Marsden and Nan

Lin. Beverly Hills, CA: Sage.

Marsden, Peter V., and Jeanne S. Hurlbert. 1988. "Social Resources and Mobility Outcomes: A Replication and Extension." *Social Forces* 66: 1038 - 1059.

Watanabe, Shin. 1987. *Job-searching: A Comparative Study of Male Employment Relations in the United States and Japan*. Doctoral Dissertation. University of California, Los Angeles.

Wegener, Bern. 1991. "Job Mobility and Social ties: Social Resources, Prior Job, and Status Attainment." *American Sociological Review* 56: 60 - 71.

中译版序言

很荣幸为《找工作》中译本的读者撰写序言,因为这个主题与世界上最急剧增长的经济的参与者——中国——特别相关。虽然本研究的原始资料是在 30 年前的美国收集的,但是我相信,本研究与中国的情况具有高度的关联性。正如我在 1994 年《找工作》第二版的"后记"中表明的,美国和其他国家开展的后续研究揭示了:尽管经历了技术创新的重大波动,但是关系网络在入职配置中的重要性并未随着时间的推移而降低。正如我在一篇面向经济学家的论文中所强调的,我们的经济行动中所需要的多数信息,当然包括有关工作或潜在雇员的信息"是敏感的、微妙的和很难查证的,所以行动者并不相信非个人来源的信息,他们反而依赖于所认识的人"(Granovetter,2005:33)。

许多评论者长期以来认为,社会网络是中国经济的一种基本的独特润滑剂,关系(*Guanxi*)——由于实际目的而使用的联系——对于中国人而言也是特别的,不管经济发生了怎样的变迁,某种形式的社会网络将总是重要的。其他人则论辩说:随着经济趋于市场化,经济生活将更具有非个人化的色彩。高德(Gold)、古斯瑞(Guthrie)和万柯(Wank)主编的一部论文集《中国的社会联系:制度、文化与关系本质的变迁》,收录了这些具有卓越贡献的辩论(Gold, Guthrie and Wank, 2002)。

许多观察者指出,中国制度的某些独特方面对下述结论做出了修正:一个人也许会在世界的其他地区发现网络运作的真相。例如,边燕杰的研究表明,在中国经济史上的一个时期,当工作分配主要由工作单位来控制时,在帮助人们找到所期望的工作的过程中,强关系比弱关系更有效。这个发现与我在美国情境下的原始研究结论相反:美国劳动力市场是去中心化的,使用弱关系是一种主流的趋势(参见 Bian, 1997)。人们会根据这个研究发现进一步推测:当中国经济趋向于去中心化、劳动力配置变得更加非正式化时,弱关系将发挥重要作用。

但是,这种变化并不是摆脱了社会网络的使用;相反,所改变的是社会网络的使用方式,不同类型的社会关系具有不同的比较价值。越来越多的近期研究指出,随着中国经济变得更动态和更趋于市场化,社会网络的重要性并没有像其形式的改变那样发生急剧的衰落。因此,万柯在其关于厦门的精彩研究中指出(Wank, 2001):随着私营公司的经济机会增多,公司与地方官员的关系从庇护制转化为更具商业色彩的形式,权力平衡的重心从官员转向官员与商人之间更平等的地位,但是在这种新的状况下,关系的维持对于双方来说都具有极大的重要性(Wank,2001:Chap.1)。林益民描绘了一幅相关的更宏观的全国图景,他认为,中国改革开放后经济领域交换关系的扩张,伴随着公司与地方之间以及内部交换的类似扩张。这种极具个人色彩的交换在过去 30 年发生了新的变化,并且极大地塑造了经济后果(参见 Lin,2001)。

因此,近期的研究结果澄清了社会关系和社会网络并没有随着一种经济的现代化而消失,但是必须对其进行精密的研究,因为社会关系与社会网络的形式、内容和结果发生了与经济和制度环境相应的变化。我们非常需要系统地研究这些变化如何影响了使用社会关系的方式。任何现代经济最重要的因素之一是将劳动力配置到部门、行业和地区的过程。在这种意义上,我希望《找工作》的中译本激发中国学者细致地考察在新中国的环境下社会网络如何运作。本书将有助于阐明 21 世纪中国经济发展的道路。

马克·格兰诺维特
加利福尼亚州斯坦福

参考文献

Bian, Yanjie. 1997. "Bringing Strong Ties Back in: Indirect Ties, Network Bridges, and Job Searches in China". *American Sociological Review* 62 (3): June, 366 – 385.

Gold, Thomas, Douglas Guthrie and David Wank, editors. 2002. *Social Connections in China: Institutions, Culture, and the Changing Nature of Guanxi*. Cambridge, UK: Cambridge University Press.

Granovetter, Mark. 2005. "The Impact of Social Structure on Economic Outcomes". *Journal of Economic Perspectives* 19 (1) Winter: 33 – 50.

Lin, Yi-Min. 2001. *Between Politics and Markets: Firms, Competition and Institutional Change in Post-Mao China*. Cambridge, UK: Cambridge University Press.

Wank, David. 2001. *Commodifying Communism: Business, Trust and Politics in a Chinese City*. Cambridge, UK: Cambridge University Press.

第一版序言

由于本书的主题跨越了几个学术和实践领域——特别是社会学、经济学和人力分配(manpower allocation),所以可以从几个不同的视角来阅读本书。在本书中,我试图清楚地阐明进入主题的各种路径。然而,在原稿杀青以后,我才有机会读到克里斯托弗·杰克斯(Christopher Jencks)及其同事的《不平等》(*Inequality*)一书。对于我来说,《不平等》产生了一个敏锐的焦点,我应该更详细地阐述这个主题。在这个阶段,我能做的最多就是提醒读者:存在大量的与我所推荐的读物不同的阅读材料。

令人非常震惊的是,尽管假设和方法与我的研究不同,但《不平等》的论点与我的论点吻合。杰克斯及其同事认为,通常被假定为不平等根源的因素甚至在统计上并非与之密切相关,这个观点得到了大量令人印象深刻的分析和资料的支持。了解了一个人的家庭背景、智力水平(用标准的测量方法,如智商来测定)、教育层次甚至职业,并不能为我们提供预测其收入水平的显著杠杆作用。问题在于,我们所观察到的极大的收入差异的根源是什么。他们思考的一个重要因素是:"当你寻找工作时,运气,亦即碰到的机会驱使你进入一种而不是另一种工作轨道,碰巧你可以在一个特定的社区找到某些工作,在你的独特的工厂中需要大量加班工作,不管恶劣的气候是否摧毁了你的草莓产量,还是新的高速公路是否在邻近你餐馆的地方正好有一个出口,存在上百个其他不可预测的意外事件……总之,我们认为运气对于收入发挥了比成功人士所承认的更大的影响。"

这些评论确实是一种事后的想法,而不是作为分析的一部分。这可以解释关于可能将"运气"归属于系统研究的悲观主义态度。与此相比,《找工作》的中心议题涉及阐明通常被视为求职中"运气"的一个成分:在合适的时间、合适的地点认识合适的关系人。杰克斯团队发现,职业内部的收入不平等与职业之间收入的不平等一样明显。这个发现与我的专业、技术及管理人员样本中相当可观的收入差异一致。与杰克斯的论点吻合的是,我发现这种收入差异与是否有个人关系作为工作信息的来源密切相关——收入越高,越可能存在个人关系。我的基本论点是,通过发展和运用社会结构的思想,可以对形形色色的"运气"进行系统分析。这个论点并不否认机会在社会生活中的重要意义——我完全同意《不平等》一书的论点——但是应该将机会的作用置于社会脉络中,只有在社会脉络中,机会才能被更合适地理解。

马克·格兰诺维特
于马萨诸塞州剑桥城
1974 年 1 月

第二版序言

当本书于1974年出版时,人们对于经济社会学研究的兴趣,尤其是在美国,已经日渐式微。20世纪中期的经济社会学,有时以"经济与社会"的视角著称,在塔尔科特·帕森斯和尼尔·斯梅尔瑟(Talcott Parsons and Neil Smelser, 1956)雄心勃勃地将经济整合进一种综合的社会系统理论的计划中达到顶峰。但是,也许是因为这种高度抽象的论点不能为经验研究提供清晰的指导,几乎没有学者追随他们开展后续的研究。正如帕森斯自己所指出的,其著作并未像预期的那样在经济学家中找到听众(Parsons, 1968: vii n)。同时,20世纪40年代到60年代人们对繁荣兴旺的工业社会学的早期兴趣(如Homans, 1950; Whyte, 1955; Dalton, 1959)也已经耗尽,部分是由于相反的原因——缺乏任何清晰的理论框架,这些兴趣被融入更综合的组织理论学科中。[1]

追溯历史,本书是我所谓的"新经济社会学"的第一个范例,在试图关注经济的核心而非边缘问题、在乐意挑战核心领域之一的新古典经济学理论的充分性方面，新经济社会学与旧经济社会学截然不同。[2] 因此，它是对经济学兴趣有力复兴的早期著作之一，这种兴趣在社会学家中间一直没有减弱。芝加哥大学出版社决定出版《找工作》一书的 20 周年版本，一方面显示了这种持续的活力，另一方面反映出劳动力市场结果之于社会学的某些不同领域（包括分层和组织）的中心性。

出版本书的新版也许应该重写这本书，但是我们决定全部重印原书。虽然我会用 20 年以后的事后聪明和崭新的统计方法，以不同方式来撰写和分析某些部分，但是作为一项刺激新研究的探索性研究，原版满足了其目的，它也容易被具有不同背景的读者接受，本科生一般也能很好地接受本书。新版所需要的理论和经验上的补充已经在两个方面达到。在理论方面，我认为我可以公正地说，我并不完全赏识这个框架，直到本书出版几年以后，特别是在写作 1985 年的论文《经济行动与社会结构：嵌入性问题》的时候，我还在一直设计这个框架。1985 年的这篇论文为本书的多数论点提供了一个理论背景和辩护，并且将其置于可追溯到马克斯·韦伯的经济社会学传统的广泛脉络中。基于这种原因，芝加哥大学出版社编委会的几位成员迫切要求将这篇论文作为新版的附录重印（新版收录了这篇论文）。对于那些其兴趣不仅在于劳动力市场而且在于更综合的经济社会学问题的读者来说，将这篇论文收录进来特别有用。

其他显而易见的目标有两个：（1）评估在世界已经发生了

如此巨大的变化的情况下，对《找工作》的发现是早期的奇怪遗物，还是仍然与现代劳动力市场相关；（2）对于经济学和社会学关于劳动力招募的近期著作做出批判性评论。我所强调的这些需要表现在概括和评论近期著作的后记中。撰写（长篇）后记远远超出了我的想象，因为《找工作》所探讨的研究领域已经日益丰富和不断扩大。我的评论指出，原创发现被恰当地置于近期调查发现的边界内，技术、政治和经济的急剧变迁也是过渡性的，因此，基于理论和实践的理由，亟须较好地理解关系网络仍然在许多劳动力市场中发挥着中心作用的事实。我的希望是，新版将对理解社会学的劳动力研究做出重要贡献，并将影响其他学者发现社会学劳动力研究的价值所在。

马克·格兰诺维特

于伊利诺伊州伊万斯顿

1994 年 7 月

参考文献

Dalton, Melville. 1959. *Men Who Manage*. New York: Wiley.

Granovetter, Mark. 1985. "Economic Action and Social Structure: The Problem of Embeddedness." *American Journal of Sociology* 81（3）: 489 – 515.

Granovetter, Mark. 1990. "The Old and the New Economic Sociology: A History and an Agenda." pp. 89 – 112 in *Beyond the Marketplace*, edited by Roger Friedland and A. F. Robertson. New York: Aldine de Gruyter.

Granovetter, Mark. and Richard Swedberg, eds. 1992. *The Sociology of Economic Life*. Boulder, Colo.: Westview Press.

Homans, George. 1950. *The Human Group*. New York: Harcourt, Brace &

World.
Parsons, Talcott, and Neil Smelser. 1956. *Economy and Society*. New York: Free Press.
Parsons, Talcott. 1968. Introduction to the paperback edition of *The Structure of Social Action*. New York: Free Press.
Whyte, William F. 1955. *Money and Motivation*. New York: Harper and Brothers.

致　谢

这里报告的项目是在与哈里森·怀特（Harrison White）的讨论中成型的，怀特是我（博士）论文的导师，当前的研究是对我的博士论文进行了实质性的修改。我欠了导师一笔巨大的知识和人情债；他的影响以各种形式体现在每一个章节中。

下列人士全部或部分地阅读了手稿，他们对于我所取得的成就做出了巨大的贡献：斯科特·布尔曼、埃伦·格兰诺维特、安·奥洛夫、彼得·罗西和查尔斯·梯利。跟罗伯特·科尔、伊万·蔡斯、彼得·德林格、约翰·邓禄普、米切尔·波林斯、菲利普·斯通、迈克尔·尤西姆和唐纳德·沃西克的讨论与交流，对于阐明我的思想和方法发挥了最有价值的影响。

我最大的谢意自然应归于 100 名被访者，他们允许我进入他们的家中，运用闲暇时间来回答对他们似乎毫无意义的问题。他们对自己处境的看法构成了我在书中所提供的任何深层洞察力的必要基础。我也受惠于另外 182 位寄回调查问卷的人士，这些邮寄问卷经常带有富于启发性的、意料之外的额外信息和评论。

特别感谢帕米勒·斯考斯基、内利·米勒、贾尼斯·利特伦塔和考利·阿布多瑞扎克在手稿的专业打字中所提供的帮助。

导论

如何找工作是一个单调乏味的问题，但恰恰是因为这个原因，找工作与社会学和经济学中的重要议题密切相关。在经济学的"劳动力流动"和社会学的"社会流动"的标题下，就人们如何在工作和职业之间流动，已经进行了大量的研究；但是，令人惊讶的是，以往的研究并没有详细地关注个人如何意识到他们所面对的机会的问题。多数研究或是高度地总体化，或是高度地个人化。在宏观层面上，优秀的专著详细描述了人们在不同职业之间流动的统计结果（Blau and Duncan, 1967; Blumen et al., 1955; Carlsson, 1958）；在微观层面上，其他研究对特定的个人希望改变工作提供了似乎合理的心理学和经济学的动机解释（Kahl, 1953; Reynolds, 1951; Morse, 1953）。这些研究所涉及的重要问题，并不是本研究所关注的。相反，我集中关注的问题是，促进流动的信息是如何获得和传播的。这个问题处于上面所描述的微观和宏观层面之间，对于二者的整合提供了潜在的关键联系；它也是研究流动的直接原因的一个重要部分，正如其他社会科学的问题一样，若不阐明直接原因，就不可能将微观和宏观层面的分析连接起来。

流动信息如何传播也与一般的社会理论有关。对于正在流动的人们来说，有效信息的匮乏是令人震惊的。关于工作机会的完全和系统的信息是极难收集的；甚至连接受政府资助的训练有素的调查员也遇到了障碍（Dunlop, 1966; Ferber and Ford, 1965）。因此，一个单独的个人就其时间和资源而言受到很大的约束，他/她似乎仅仅在一个既定的时间内可以填补一小部分空缺。运用大众媒体广告和职业介绍所并不能实质性地改变这种状况。

某些学者假定，"现代化"的到来导致了广泛使用正式和"普遍化"的程序，将个人从特定社会环境所强加的限制中解放出来（例如 Sjoberg, 1960: 192）。但是，经验社会学研究不断证明了形式合理的制度中非正式互动的重要性（Selznick, 1949; Dalton, 1959; Crozier, 1964）。本研究提供了这类成果的另一例证：个人高度依赖其现存的个人关系来获取工作变动机会的信息。（如果每个人都通过《纽约时报》找到了工作，这个主题将不具有社会学的兴趣！）

我们可以将此视为一个巨大的，虽然经常是不被察觉地通过社会网络——人们从社会网络中可以发现自己——对个人施加约束的例证。我分析的首要焦点将是信息通过这些网络流动的动力。在这方面，我将追踪早期研究中的一些发现，早期研究指出：导致行动的信息更可能是通过个人关系链而不是通过大众媒体或其他更非个人化的渠道获得的（Katz, 1957;

Coleman et al.，1966；Lee，1969）。

  我也会探索与经济学理论的关系，我必须考虑，在何种程度上可以用供给与需求和边际最优原理的通用工具来解释我的发现。在新古典经济学中，就业在宏观和微观层次上都是一个关键的变量。然而，在社会学的流动分析中，这两个层次确实并不是一体化的。一个既定数量的集体需求被认为会导致某一层次上的就业；当一份工作需要有人做时，某人将会被雇用来从事这份工作（除非他已经充分就业了）。这并没有阐明需要做的工作和愿意工作的人之间的联系。当一种理论的机制——直接原因——以这种方式被忽视时，我们在理解发生了什么以至于预测的结果并没有出现时就会感到困惑，正如在较高的集体需求时期黑人却大量失业一样。因此，可能的做法是，我将评论我的发现与劳动力市场的经济学理论的相关性。

  美国劳动经济学家发表的该领域的多数文献，在许多情况下，主要受到失业或劳动力短缺的激发。他们集中关注蓝领工人。共同的实践已经将求职方法分为"正式的"和"非正式的"两种。"正式的"方法包括商业的和公共的职业介绍所与广告。"非正式的"方法包括使用任何类型的个人关系，也包括向先前与求职者并没有私交的雇主（或其人事代理人）直接申请。

  从20世纪30年代至今，在不同规模的美国城市、不同的经济基础和市场条件下完成的蓝领工人研究，得出的结论惊人地类似。所有研究都表明，职位配置的正式机制至多不超过全部配置的20%。与此相比，60%—90%的工作是通过非正式渠道找到的，主要是通过朋友、亲属和直接申请获得的（参见 De Schweinetz, 1932; Edelman et al., 1952; Lester, 1954; Lurie and Rayack, 1968; Myers and Shultz, 1951; Myers and Maclaurin, 1943; Parnes, 1954; Reynolds, 1951; Sheppard and Belitsky, 1966; Ullman and Taylor, 1965; Wilcock and Franke, 1963）。

仅有少数研究调查了白领工人。女性文员比蓝领工人（或任何性别的工人）更经常地使用中介机构和广告方式求职，但是也比任何其他类型的工人更加依赖非正式方法找工作。两项关于专业人员的研究——其中一项是关于航天工程师的研究，另一项是关于大学教授的研究——在找工作的范围内并没有显示出与蓝领工人研究的差异。在工程师研究中（Shapero et al., 1965: 50），68%的被访者通过非正式渠道找到了工作：其中51%通过熟人关系，17%通过直接申请找到了工作。[1] 在布朗关于大学教授的大规模研究中（Brown, 1965b; 1967），调查对象中的84%使用了非正式方法，65%使用了个人关系，19%使用直接申请方法找到了工作。布朗的结论与开普劳和麦基（Caplow and McGee, 1958）一致；然而，精确的比较是不可能的，因为他们并没有提供通过各种方法求职的比例。

几乎所有上述研究都是从经济学家的观点出发的，其潜在的理论框架是经济学理论，后者强调"劳动力市场"概念及工资与流动的关系。

本研究从一个相当不同的视角出发。因为，在多数情况下，个人通过个人关系获得一份新工作的信息，并不是通过一般的职位空缺通告得知的。因此，可以引入一种重要的社会学维度。关于工作机会信息的实际传播是比任何工作本身的任何特征更直接的流动条件。不管从当前位置流动到某个特定的新位置对一个人来说的"净收益"有多大，除非他获得了合适的信息，否则他不可能完成流动。如果出现了阻碍私人熟识者之间信息流动的社会条件，那么经济学理论对理解这个问题则毫无帮助。

没有任何研究超越了"信息是从'朋友和亲属'那里获得的"这个陈述，我将特别精确地阐明作为信息传递中介的人际关系的起源、本质和维持。这包括询问工作变动者是如何及何时第一次认识最终为其提供必要信息的那个人的，他们之间的关系是弱的还是强的，这种关系是在工作场合还是在社交场合建立的，这种关系在开始建立和信息传递之间是如何维持的。我也对信息传递的环境以及这些"朋友和亲属"如何正好掌握相关的信息感兴趣。我还将探索工作变动者的这些方面是系统地依赖于工作变动者的特征，还是一般的劳动力市场条件。

基于多种原因，在本项研究的开始，我决定集中于专业人员、工程师和管理人员。（为了方便，此后我将他们称为 PTM 工人，即专业技术管理人员。）首先，我希望排除作为一个容易混淆的变量的社会阶层，但同时选择一个相当综合的样本。这个阶层比其他任何阶层被研究得更少——据我所知，其他研究并没有提供这类工人的更综合的随机样本；此外，我希望考察深入的和复杂的求职努力。按照这些人所赋予的附着于这些工作的重要性，我猜想他们是最有可能从事这项求职努力的那些人（这种假定被证明是错误的，参见第一章）。排除了另一个重要变量的影响，我将我的关注点集中于男性。女性的职业模型确实不同于男性，为了公正地对待女性，需要从事另外一项研究。

选择了一个阶层以后，我需要确定一个抽样地点。我所寻找的城市或城镇，需要满足下列条件：（1）规模足够大，可以提供一个合理规模的样本；（2）包含特定类别中较高比例的在职男性，以利于抽样；（3）包括一份列有每位居民每年的职业及工作地点的综合（商业）城市名录；（4）邻近剑桥，我自己可以做一定数量的访问。马萨诸塞州牛顿城，是一个拥有98000名居民的波士顿郊区城市，它似乎是最佳的选择。

我的抽样方法如下：在比较了两份连续的城市名录之后，我从后一份名录与前一份中雇主不同的那些人中随机抽取了样本。另外，每个第一时间出现在新名录上的人都被包含在样本中，后来被排除的人是由于他在过去五年中并没有变换工作（具有近期流动经验的样本的优势在于可以进行更精确的回忆；这尤其重要，因为我打算详细询问的问题并不是特别容易记忆的事件）。正在从事第一份工作的人被包括在样本中。而那些从同一家公司的一个部门流动到另外一个部门的人则被排除。

我的目标是对100位这类个人进行私人访问，运用邮寄问卷调查另外的200人。为了达到这个目标，我寄信给457位潜在的被访者；该样本占牛顿城所有明显合格的被访者随机样本的45%。调查最终获得了100份个人访问和182份邮寄调查问卷的资料。访问的回答率为85.5%，邮寄调查的回收率为79.1%，所有被访问和调查的人最终被发现都是合格的。[2]

当然，任何方法都会产生系统性偏差，在评估结果之前最好意识到这些偏差是什么。本书中最重要的偏差也许在于，访问被访者的雇主是行不通的。访问雇主的价值不在于检验被访者给我提供的解释的精确性——当然确证也具有某种价值——我的多数问题仅仅需要询问工作变动者而不是新雇主。最重要的是阐明雇主会采取哪些步骤来填补被讨论的职位，需要考虑哪些方面的内容。我将展示雇主如何与未成功的候选人保持联系和他如何与被访者建立联系的比较分析。一位经济学家也许会说，该研究过分强调劳动力市场的供给方面，而遗漏了需求过程。虽然这个缺陷背离了某些理想的研究，但是我并不认为这一定会损害呈现在这里的或多或少独立的结果的效用。它强调的是让个人得到流动机会的社会学力量，而非雇主如何设法填补空缺职位。

第二个重要的偏差，是由仅仅抽取在五年之内变动工作的样本，而非专业技术管理人员的综合随机样本所导致的，我采用了上述策略，以利于回忆流动经验，也避免了由追踪一个综合样本的长期趋势所产生的变异。人们可能期待，与目前的样本相比，一个综合样本将由年长者构成，因为年轻人更活跃，可能过多地出现在近期的流动者中。近期流动者可能比专业技术管理人员的一般样本更具冒险精神。记住不太合格和过于合格的流动者都依赖于其流动原因的论点。作为这些或其他差异的结果，一个综合样本的成员将呈现一幅有所不同的工作变动过程的图景。我自己猜测这种偏差是严重的，但是在缺少基线比较资料的情况下，读者必须将此牢记在心。

第三个偏差产生于仅研究被访者如何获得已得到的工作的信息，这显然不是他们获得的关于职位空缺的唯一的信息，了解导向或不导向工作变动的信息获得之间是否存在系统性差异是特别有趣的。这同第二种偏差有关，那些认真地寻找一份新职，但是在特定的五年时间内没有找到他们喜欢的工作的人，没有机会进入我的样本。对于被访者的某些探索性访问使我相信，我没有时间或资源仔细探索没有找到工作的问题。这个问题并不只是关于一个被访者听到了他将要填补的工作信息。虽然关于哪些因素构成了一份艰苦的工作机会是相当清楚的，但是将会或将不会成为艰苦的工作的机会依赖于被访者、雇主和其他有权益的各方行动，这存在着广阔的灰色地带。如果读者试图写下一连串在去年对其有效的工作名单，他将会很快地发现所包括的困难。

最后一个偏差是由将研究限定于在雇主之间的变动所引起的：我排除了在公司内部的劳动力市场上的工作变动。经济学家对这类市场的重要性做出了广泛的不同估计。在最近的一篇文章中，邓洛普指出，"对于典型的企业而言，内部雇佣的工作仅仅是全部工作分类的一小部分"（Dunlop，1966：32；Lester，1954：32-34）。然而，帕尔默提供的资料表明，没有改变雇主的工作变动的比例不超过所有工作变动的10%（Palmer，1954：51，124）。她的数据来自20世纪40年代，从雷诺兹（Reynolds，1951：144）的观点——在20世纪40年代，内部提升更可能发生在供不应求的劳动力市场中[3]——看来是很有趣的。

在设计我的样本时，我不得不排除一些个案，因为它们所涉及的公司内部流动不到10%。改变雇主比在公司内部变动工作更容易被观察到；尤其对于专业技术管理人员而言，没有任何一个人今天的工作会和明天完全一样。这种测量的困难也许可以解释期望的与观察到的公司内部流动的明显差异。在本研究中解决这些困难超出了我的范围；此外，内部市场中的工作变动，呈现的是与外部市场中有些不同的实质性问题。因此，"工作变动"、"流动"与"改变雇主"是同义的，没有任何其他的含义。正像个人访问比邮寄调查更详细一样，本书的某些表格将仅以100位访问者为依据，其他表格则以整个282个样本为基础。预调查的数据并没有被包括在表格中，然而某些趣闻轶事来源于预调查。这些个案都清楚地注明了出处。表格中的显著性水平以卡方统计为依据。

寻找工作：一些基本结果

专业技术管理人员使用三种基本的方式来找工作：正式渠道、个人关系和直接申请。"正式渠道"包括广告、公共和私人职业介绍所（包括那些自称为"管理咨询机构"或"经理搜寻服务机构"）、由大学或专业团体发起的面试和安置，特别是某些部委的职业安置委员会。正式渠道的确定特征是，求职者使用的是一种在自己和未来雇主之间的非个人的中介。所谓"非个人的"意味着缺乏任何的个人联系（如报纸广告），或是使用了被他自己或其他人特别指定的某个人作为就业中介。与此相比，"个人关系"意指被访者与某个人有私人关系，原来在某个与寻找工作信息不相关的场合认识，而从那个人那里找到了新工作，或这个人将他推荐给日后联系他的某个人。"直接申请"意味着某个人到一家公司应聘或直接给公司写信，他并没有使用正式的或人际的中介，也没有从个人关系人那里听到特别的有关职位招聘的信息。[4]虽然这三种方法原则上是不同的，纯粹个案的数量多于其他类型的个案，但是这些差异在特定的场合下将变得模糊不清。关于编码问题所涉及的进一步讨论，可参见附录B。

在目前的专业技术管理人员样本中，个人关系是寻找工作的主要方法。大约56%的被访者使用了这种方法；18.8%使用了正式的方法（9.9%使用了广告，8.9%使用了其他正式方法),18.8%使用了直接申请,6.7%属于混合类型(包括"不确定")。如果考虑到通常会过高估算使用"直接申请"方法的个案(参见附录B的进一步讨论),这些数字将与关于蓝领工人的综合研究中的发现惊人地类似。

我们现在必须要问的是:在某些细节上,为什么某个特定的个人使用这种而不是另一种方法去找工作。当然,除了最终导致工作变动的这种方法以外,他也可能使用了其他方法。因此,在某种程度上,我们不仅要掌握使用这种方法的倾向问题,也要了解为什么被访者可以成功地这么做。

多数被访者偏好使用个人关系而不是其他方法。其他劳动力市场研究表明,在雇佣方法上雇主表达了类似的偏好。也就是说,外在经济条件在将人与工作联系起来时施加的影响不像人们想象的那样大。在供不应求的劳动力市场中,雇主被迫使用他不太偏好的方法;但是,这基本上被求职者或工作变动者不愿使用其他方法的动机所抵消。在供过于求的劳动力市场中则是相反的情况。因此,在不同经济条件下所做的研究都显示出了类似的求职方法分布。(然而,关于"抵消"的陈述是初步的,应该进行更系统的调查研究。)

作为第一个粗略估计,我们假定:对不同方法的偏好取决于潜在工作变动者对求职程序的某种成本-收益的分析。这仅仅是一种探索,因为正如在第一章所详细讨论的,需要对工作变动者按照理性的功效最大化原则来找工作的想象做出相当大的修改。

然而，以成本-收益为基础的被访者基本证明了上面所描述的偏爱的正当性；其他研究中的发现也支持了他们的判断。例如，谢泼德和巴利斯基，就对主要为蓝领工人的样本计算了使用一种既定方法找到工作的比例。他们发现，通过"朋友和亲属"找到工作的比例最高（Sheppard and Belitsky, 1966：94）。而布朗，针对他的被访者——大学教授——计算了使用每种方法获得工作的数量及使用每种方法获得工作的比例，这大概是以不同方法找到合意工作的一种测量。按照这种测量界定的使用最多的五种方法，都是不同类型的个人关系（Brown, 1967：14）。另外，他还报告了人们在寻找较高等级、更小的教学负担、较高薪水、较高声望的大学等工作时更可能使用个人关系（Brown, 1965b：227；1967：118）。寻找较高质量工作的下一种求职方法是直接申请［多数情况下的"盲目求职信"（blind letters）］，接下来是各种正式方法（Brown, 1965b：241）。

那些与我交谈的专业技术管理人员相信通过个人关系比其他渠道获得的信息质量更高；一位朋友提供的远远不止简单的工作描述——他也许会指明未来的同事是否好相处，老板是否有点神经质，公司处于上升还是停滞阶段。（类似地，就需求方而言，当雇主与评估者有私人关系时，对潜在雇员的评估将更可信。）

我的被访者关于工作质量的不同评估，实质性地表达了他们的观点，即更好的工作是通过个人关系找到的。表 0.1 显示,那些通过个人关系找到工作的人,更可能对现在的工作表示"非常满意"和"相当满意"。接下来是直接申请和正式渠道。表0.2显示了收入水平与求职方法之间密切的相关关系。几乎半数(45.5%)使用个人关系的被访者报告说,其收入超过了15000美元,而使用正式渠道的人只有不足1/3超过了15000美元。对于直接申请者来说,收入超过15000美元的不足1/5。

表0.1 被访者求职方法与工作满意度的交叉分析

满意度	使用方法				
	正式渠道	个人关系	直接申请	其他	总体[d]
非常满意	30.0%	54.2%	52.8%	47.1%	49.1%
相当满意	46.0%	36.8%	32.1%	47.1%	38.2%
低度满意[a]	24.0%	9.0%	15.1%	5.9%	12.7%
N[b]	50	155	53	17	275

$p = 0.03$[c]

a 包括"无所谓满意不满意"、"相当不满意"和"非常不满意"三类。
b 双变量表中纵列相加为100%。在每列中并没有打出"100%",每列的百分比以个案数为依据计算。
c 所有显著度都是基于卡方检验计算。
d 本表和以后的表格中所遗漏的被访者,是在某个变量上并未有效回答的个案。

也可以按照创造性来对工作进行分类。在某些情况下,一个人直接替代了某人空出的位置,或者会增加一个人从事其他人正在从事的类似工作。同时,新位置也可以是被创造的:所从事的是以前不存在的工作,或者以前分散的任务现在合并为一种工作。多数合意的职位可能在"新创造的"工作类别中发现,因为这些新创造的职位最符合任职者的需要、偏爱和能力。表 0.3 显示,那些通过关系寻找到的工作,比使用正式渠道或直接申请找到的更可能是为雇员新创造的职位。

表 0.2 被访者现职的收入水平与求职方法的交叉分析

收 入	使 用 方 法				
	正式渠道	个人关系	直接申请	其 他	总 体
10000 美元以下	28.0%	22.7%	50.0%	5.3%	27.6%
10000—14999 美元	42.0%	31.8%	30.8%	26.3%	33.1%
15000—24999 美元	24.0%	31.2%	15.4%	52.6%	28.4%
25000 美元及以上	6.0%	14.3%	3.8%	15.8%	10.9%
N	50	154	52	19	275

$p = 0.001$

表 0.3 工作来源与被访者求职方法的交叉分析

工作来源	使 用 方 法				
	正式渠道	个人关系	直接申请	其 他	总 体
直接替代	47.1%	40.5%	58.0%	38.9%	44.9%
增加	31.4%	15.7%	18.0%	27.8%	19.9%
新创造	21.6%	43.8%	24.0%	33.3%	35.3%
N	51	153	50	18	272

$p = 0.02$

从相反的方向来看这些表格中的百分比,我们可以从工作体制的视角来审视这些相同的发现。发现是类似的:个人对他们的工作越满意,他们越可能通过关系找到这些工作。工作所提供的薪水越高，该工作越倾向于通过关系而不是其他渠道找到：不足一半的年薪少于10000美元的工作是通过关系找到的，这个比例在年薪为25000美元以上的被访者中超过了3/4。使用直接申请方法的比例随着工作收入的上升而平稳地下降；虽然不太可能达到最高收入，但是使用正式方法的工作收入在模式上呈现出不太规律的特点。最后，新创造的工作职位比其他类型的工作更可能通过个人关系而不是直接申请或正式渠道来填补。

相关的发现是，并未考虑过变动工作的人中有72.1%通过关系找到了现在的工作，而报告说最近考虑过换工作的人当中有57.9%通过关系找到了现在的工作（$p = 0.09$）。这与夏皮罗等人关于航天工程师的研究发现相似：与目前仍然留在公司的员工相比，那些最近离职的员工不太可能是通过关系进入公司的（Shapero et al., 1965: 50）。关于劳动力"依附"的讨论最好应该考虑到招募方法。"留职者"比"离职者"更可能通过关系被雇用的现象可能来源于下述事实：好工作是通过关系找到的。然而，通过这种方式被雇用的人也可能迅速地被整合进其工作单位的社会圈子，因为他拥有其关系人的入场许可证，这也是真实的。目前研究的资料太有限，不允许我们在两种假设之间做出选择。

总之，论据是充分的：使用个人关系而不是其他方法的被访者找到了更好的工作。一些被访者甚至有过因直接申请一份工作被拒绝，后来通过个人关系申请同一工作又被接受的奇特经历。一名生物学专业的博士后收到了他所申请的研究机构的一封信，声称"并没有职位向具有你这种资格的个人开放"。但是，当他的博士论文导师在那里获得了一个职位时，这位年轻人一同前往并获得了一份研究助理的工作；他后来还接到了一封学院对其任命表示满意的热情洋溢的信。一位心理学助理教授也讲述了类似的故事：当初他询问目前从事的职位时没有得到任何答复，然而，几个月以后，他接到了一位过去同事的电话，问他是否对那个职位感兴趣。这位朋友并不知道他以前曾经申请过那个职位。

由于被访者偏爱通过个人关系寻找工作，这种偏爱看起来也是有充分根据的，我们必须询问为什么不是每个人都会这样做。在此，我们必须探索社会结构的影响。某些人拥有正确的关系，而其他人则没有。如果某人缺乏合适的关系，他不可能这样做。当然，这明显是一个十分困难的问题，本研究的主要焦点在于确定在什么环境下一个既定的个人将拥有这类关系。

我们开始询问是否具有特定人口特征的群体或多或少地倾向于使用某种方法。在这种情况下，要考虑宗教、种族和教育背景等标准的社会学变量。一些研究比较了黑人和白人（通常是蓝领）工人的行为：一些研究发现，黑人比白人更可能使用正式渠道；其他研究认为黑人不太经常使用正式渠道（Crain, 1970; Lurie and Rayack, 1966：369; Sheppard and Belitsky, 1966：174, 178; Ullman and Taylor, 1965：283; Wilcock and

Franke, 1963: 10)。近期一项关于 14—24 岁男性的全美调查发现,在搜寻行为方面并不存在种族差异(Parnes et al., 1970: 102 - 104)。在目前的专业技术管理人员样本中,表 0.4 揭示了宗教背景并未对使用一种既定方法的可能性产生特别的影响。同样无趣的表格也显示:族群和教育水平也与使用这些方法无关。(由于目前样本 99% 以上是白人,所以并不能提供关于族群差异的数据。)

表 0.4 求职方法与被访者宗教背景的交叉分析

使用方法	宗　教　背　景				
	新教	天主教	犹太教	无[b]	总体
正式渠道	15.4%	16.9%	19.2%	16.7%	17.3%
个人关系	55.1%	56.6%	57.6%	66.7%	56.8%
直接申请	23.1%	20.5%	16.2%	0.0%	19.2%
其　他	6.4%	6.0%	7.1%	16.7%	6.8%
N	78	83	99	6	266
			p = n. s.[a]		

a 所报告的显著度水平 $p \leqslant 0.2$;否则以 n. s.(不显著)表示。
b 对于那些回答没有宗教倾向的被访者,如果他的父母有宗教倾向的话,则使用其父母的宗教倾向替代;当被访者和其父母的宗教倾向均为"无"时,被访者的宗教背景编码为"无"。

在期待文化背景和人格特质将会影响行为的范围内,这个发现也是令人惊奇的。例如,谢泼德和巴利斯基(Sheppard and Belitsky, 1966)清晰地验证了下述观点:个人"成就动机"的程度将会影响其求职行为。同时他们发现,在预测方向上的某些影响也是相当微弱的。我将证明,在一般意义上,一种更重要的行为决定因素，是人们在社会网络中的位置，这不仅包括一个人所认识的那群人的身份及彼此的关系，而且包括这群人所认识的另外一群人的身份等等，亦即一个人的朋友、朋友的朋友之间的联系的结构。虽然这种网络结构和动态是难以捉摸与分析的，但它大致上决定了哪些信息将会传达到一个既定的人，在什么范围内将会给他带来哪种可能性。

这并不是说文化和人格不会对一个人在这种结构中的位置产生影响，而仅仅意味着这种影响不是系统化的或可预测的。我的论点并不是说人们不能做出选择。个人显然并不能把握向其开放的每一个工作机会；文化和人格因素毫无疑问会影响人们选择接受哪种工作。需要另外一项独立的研究来证明这个论点。我的观点是，如果我们将自己限定于寻找可以接受的工作，那么就要做出选择，结构因素会对发现这些工作的方法产生最大的影响。我所说的"结构因素"意指：一个人的社会处境的性质形塑了其关系网络；一个人通常不能控制这些因素。

一个例子是年龄的影响。关于蓝领工人的研究一致表明，个人关系在个人生涯的早期阶段，尤其在寻找首份工作时特别重要（De Schweinetz，1932：87，93；Reynolds，1951：127）。在牛顿城的样本中，发现却是相反的：表0.5显示，年轻人样本中有一半更可能使用正式渠道和直接申请，而接近2/3的年长的专业技术管理人员通过个人关系寻找工作。[5]

表 0.5 求职方法与被访者年龄的交叉分析

使用方法	年龄		
	34 岁以下	34 岁及以上	总体
正式渠道	25.3%	11.9%	18.9%
个人关系	47.9%	64.2%	55.7%
直接申请	22.6%	14.9%	18.9%
其他	4.1%	9.0%	6.4%
N	146	134	280
		$p=0.002$	

这似乎可以归因于专业技术管理职业内在的高度专业化；年轻的专业技术管理人员没有长期在他所受训练的专业领域的工作经历，所结识的有效关系较少。因此他必须转向正式渠道和直接申请。然而，在蓝领工人的个案中，低专业化和低地理空间流动的结合，使得一些年长的朋友或亲属更可能帮助年轻工人。在白人的全美样本中，帕尼斯等（Parnes et al., 1970: 104）有类似的发现，在离开学校的 14—24 岁的被访者中，使用"朋友和亲属"找到工作的比例在专业和技术工人中最低，但是该比例却在半技术和非技术工人中稳步提高。

如果我们将专业技术管理人员群体分为三种职业成分，那么就会发现另一种结构因素：表 0.6 的结果显示，技术人员不太可能使用个人关系而更可能使用正式渠道和直接申请。由于有特别多的技术人员的专业人事代理机构，从而使得技术人员比专业人员或管理人员更经常地使用这种常规渠道；雇用技术人员的许多公司的规模和随之产生的广泛声誉提高了使用直接申请的比例。另一个因素更细微且更具有结构性特征：科学家或技术员独立地工作，或者以小群体的方式工作，而管理人员（按照其定义）必须花费大量时间用于人员的互动。在一位管理者的职业生涯中，会比科学家建立更多的个人关系；这些关系在以后将是有用的。[6]

表0.6 求职方法与被访者职业类别的交叉分析

使用方法	职业			
	专业人员	技术人员[a]	管理人员	总体
正式渠道	15.9%	30.4%	13.6%	18.8%
个人关系	56.1%	43.5%	65.4%	55.7%
直接申请	18.2%	24.6%	14.8%	18.8%
其他	9.8%	1.4%	6.2%	6.7%
N	132	69	81	282

$p = 0.01$

a 包括所有的技术人员、工程师和科学工作者，但是大学教授或中学理科教师除外。

个人的案例也阐明了结构因素的影响。一位被访者是工程师，七年前双目失明，不可能再像以前那样维持许多关系，他发现必须通过正式渠道去找工作。一位新移民，虽然在日本时是一位经验丰富的科学家，但是在美国，他认识的自己领域内的人非常少，从关系的视角来看，他正好处在"起点"上。

一般而言，布朗关于大学教授求职行为的陈述也适用于目前全部的专业技术管理人员样本："正式方法（包括直接申请）仅仅在非正式的关系不能带来一份好工作后才被使用。"

(Brown, 1967: 117)那些诉诸正式方法的人,由于或多或少的结构原因,势必是缺少合适的个人关系的人。然而,也存在使用正式渠道的某些积极原因:

> 个案1:阿尔伯特·W为一家大型工程公司工作,但他并不满意自己的工作。他拥有有用的个人关系,但是他不能足够地信任这些关系,他并没有告诉他的关系人自己正在寻找一份新工作;因此他到专业化的技术人员代理服务机构去寻求帮助。[7]
>
> W先生对于自己的经历感到相当痛苦。他告诉我,代理服务机构为他在与原公司的人事部经理所在的同一个房间安排了面试,经理认出了他,而且意识到他为什么会在这里;他遮掩着脸仓促地逃离了面试间。他将这次明显的失误作为代理服务机构完全非人情化的一个例证,代理服务机构不愿面对个人问题。许多使用代理服务机构的人也有类似的态度。一组残酷的术语反映了对这类服务机构及其运转机构的人的评价:"猎头"、"掘墓盗尸人"(body-snatchers)、"肉体贩卖者"(flesh-peddlers)、"热身车间"(warm-body shops)。

一位被访者被任命为犹太教保守主义的牧师,引起了我的关注,这也是一个有趣的案例;正式方法基于意识形态原因由中心化的控制创造出来。1947年以前,圣会寻找牧师、牧师寻找圣会都使用过上述三种方法。当被认为最理想的圣会发现自己面对 30 或 40 位申请人时,这种情况就开始变得不可忍受了;那些被认为不那么有吸引力的圣会只有很少的或几乎没有申请者(当时的市场是供不应求的)。牧师发现他们自己被列在申请人面试的"名单"中;圣会占据优势的议价位置,因此可以压低所要求的工资。同时,与理事会成员的个人关系具有相当的重要性。

所有这些对牧师而言都是有失尊严的。1947—1948 年间,犹太教牧师团体——保守的犹太教运动的中央管理机构——声称对所有保守的犹太教牧师的任命实施控制。这是可能的,因为所有的犹太牧师都是其成员。任命委员会现在为每一家寻找牧师的圣会寄送一份包含三位候选人的名单,在面试以后从这个"小组"中选择一位,或是从另外的小组中选择。牧师收到定期循环的职位空缺名单并表示有兴趣(申请),委员会从牧师中选择一些候选人。这个过程一直持续到牧师被选中。牧师或圣会控制这种体制的企图受到了有效的制裁。在今天看来,这种任命方法似乎没有例外或罕有例外。[8] 它的成功运作最近激发改革犹太教运动采用了类似的体制。

事实上,这种行动接近于创造一种内部的劳动力市场:个人从一家圣会转到另一家圣会,就像从公司的一家分支机构转到另一家分支机构一样。对于实现这种体制所必需的中央控制程度,不可能在大规模的非宗教群体中复制。目前,只有不足 1000 名保守主义的犹太教牧师。

在本导论中，我已经确定了基本的主题：个人关系在将人与工作联系起来这方面具有突出的重要性。好工作是通过关系找到的。最好的工作——最高的报酬和声望及提供最高满意度的工作——最适合用这种方式来填补。除了少量的有趣例外，那些没有通过个人关系找到工作的人也可能会这样做，但是他们受到了"结构"因素的阻碍。本导论简要地描述了这些因素，但是要更深刻地理解这些因素，必须更详细地询问人们如何"使用"个人关系。在我们的经济和社会结构中，谁是在填补最隐蔽位置的过程中发挥着如此关键作用的"关系人"，他们与被访者是什么关系，将被访者与工作联系起来的是什么关系，在什么环境下关于工作的信息才能被传递，谁是发起人，这些将是本书第一篇所关注的问题。

第一篇 迈向因果模型

在本书的第一篇，我试图发展和探索因果解释。将要解释的事件是：我的被访者是如何获得工作信息的，我的焦点主要在于使用个人关系的个案。说要"解释"的这种事件是含糊的，这意味着什么？因果调查研究可以在许多不同层次上进行。这里首先区分的层次是时间框架。我们可以区分那些即时的原因和长期发挥作用的原因，至少在一个人的常规工作任期内，某些个案的整个职业生涯是可以比较的。时间维度的交叉表现在尺度方面；在这种意义上，某些原因是即时的，它们仅仅涉及被访者及其个人关系，而在后来界定的意义上，其他原因涉及不为被访者熟悉的个人和工作，可能具有相当大的社会距离。我们可以将这两种维度简化为长期/短期和微观/宏观，虽然这种二维分类是粗糙的。"长期"对于不是即时的原因而言确实是一个剩余类别，"宏观"与"微观"的关系也类似。因此，"长期"和"宏观"原因确实比我们在这些题目下习惯讨论的社会许多方面的长期性和宏观性更少。

短期因果问题的四个序列提供了第一章至第四章的实质内容。包括：（1）在哪种人际场景下可以传递工作信息？对此问题的回答也可导向经济学理论的讨论，该理论将所有这些场景都贴上"工作搜寻"的标签；（2）个人关系如何将被访者与关系人提供的工作信息联系起来？（3）促使关系人提供工作信息的动机是什么？人际关系和网络的何种特征促进了这些信息从其源头流向最终目的地？（4）如何在工作开放的时候首先获得工作信息？这四个问题在短期时间框架内逐步从微观过渡到宏观。

第五章和第六章讨论长期的因果问题：（1）被访者最初是如何与最后为其提供工作信息的关系人建立联系的？个人或其生活史的哪些特征有助于建立和维持关系？（2）个人生涯及其通过一种工作系统流动的何种特征影响了其通过个人关系找到工作的可能性？相对而言，讨论的重点再次从微观转向宏观层次。在第七章，我将试图把这些章节的线索合并在一起，以形成因果系列所涉及的整合思想。图1概述了指导这些章节结构的概念图示。

尺度	时 间 框 架	
	短 期	长 期
微观	第一章：工作信息传递的场景	第五章：被访者——关系人联系的起源；关系如何维持
	第二章：关系人与被访者及工作信息的联系	
宏观	第三章：促进信息流动的关系特征与网络特征	第六章：一般生涯模式对当前求职经验的影响
	第四章：空缺的原因	

图1　工作信息传递的因果维度

第一章 "工作搜寻"与经济学理论

目前研究的主题与经济学的劳动力市场理论存在某些重叠。在古典的观念中,劳动力是商品,像小麦或鞋子一样,因此从属于市场分析:雇主是劳动力的买方,雇员是劳动力的卖方。工资(或按照更精致的公式来表达,一名工人通过从事一份既定工作所自然产生的全部收益)以价格来类推。供给和需求按照通常的方式运作以建立均衡。劳动力价格在短期内波动直到达成一个市场接受的单一价格。对于同类工作而言,工资差别和失业是不可能的;支付高于劳动力均衡价格报酬的公司将吸引那些工人离开支付较低工资的公司。供给超过需求将降低劳动力价格。失去雇员的公司同样将被迫提高工资。短期失业的工人会为工作而投标,因此将工资降低到某个点,他们与目前正在工作的工人一起在一个新的更低的均衡工资水平上被雇用。这个精巧的模型将工资、失业和劳动力流动联系起来。

然而,像完美的商品市场一样,完美的劳动力市场也仅仅存在于教科书中。显而易见,失业是存在的。关于工资差别,近期的一部劳动力经济学教科书概述了许多经验研究,甚至"在缺乏集体讨价还价的情况下,雇主将继续不确定地向同一地区、严格可比的工作条件下相同等级的工人支付不同的工资……不存在完全一致的市场工资"(Bloom and Northrup, 1969：232)。雷诺兹在纽黑文(New Haven)的一项详细的经验研究中得出了如下结论：劳动力流动和工资决定因素或多或少是独立的；劳动力流动并不对工资产生影响,"劳动力的自愿流动……似乎更多地取决于工作获得上的差异而非工资水平上的差异"(Reynolds, 1951：230)。布朗在其有关大学教授的研究中,将学科分为过度供给和过度需求教师两个类别。他自然假定,属于过度需求学科的工作变动者将比属于过度供给学科的教师得到更多的工作机会。虽然在这个方向上有某种倾向,但他报告说这不是"决定性的","通过将学科分为过度供给和过度需求来反复地解释市场行为中的差异,并没有产生所期望的任何结论性证据,如关系"(Brown, 1965b：117, 118n；关于过度供给和需求指标的根据,参看第 87 - 91、354、361 页)。

一些因素对完美的劳动力市场产生了不利影响。惯性、社会和制度压力对经济学理论所预期的劳动力的自由流动施加了限制(参见 Kerr, 1954；Parnes, 1954)。工会的协议和社区的限制阻碍了雇主调整工资以满足供给和需求(参见 Reynolds, 1951：Chaps. 7 - 9)。与当前讨论最相关的因素是信息的不完全。

商品市场的新古典理论一般将市场参与者掌握完全的信息视为一个完美市场的必要条件。在斯蒂格勒被广泛引用的价格理论的论述中,这被描述为一种充分条件。但是,在试图构建商品市场中行动者行为的博弈论模型时,正如舒必克(Shubik,1959)所指出的,精确地说出"完全的信息"的含义,不是一件容易的事情。阿尔弗雷德·马歇尔(Alfred Marshall),新古典综合理论的创立者,避免对此问题做出正面回答,他说,"对于我们的论点来说,任何交易者(买方或卖方)完全了解市场环境是不必要的"。他认为,只要每一个参与者严格地按照他的供求计划行事,将最终达成均衡价格。在这个论点中,他似乎假定:买卖双方至少意识到参与交易的所有人的身份及他们当前的出价(或价格)——而了解他们的全部供求计划是不必要的。斯蒂格勒评论道,"纽约市家政服务市场是不完美的,因为一些女仆的工资低于某些潜在雇主愿意支付的工资水平,而一些女仆的工资高于失业女仆愿意接受的工资水平"。人们会质疑这种情况主要是由什么原因引起的,因为报酬过低的女仆并不清楚许多潜在雇主的身份,支付过高工资的雇主也不知道在较低工资水平上谁是可以雇用的。显而易见,知道这些人的身份是决定在何种条件下他们将提供(或购买)服务的先决条件。

关于不同劳动力市场中工人实际上掌握了多少信息,并没有达成一致,然而,似乎清晰地存在相当的无知。雷诺兹坚持认为,工人所了解的"其他公司工资和非工资的就业条款的知识多于自己的公司……但是工人声称对其他公司的了解多数是不精确的"（Reynolds，1951：213）。对雇主一般状况的了解甚至更少；然而，所有人都承认，几乎没有雇主了解所有或多数潜在求职者的情况，而这些人将要填补已经开放的职位空缺。

仅仅在过去十年中，经济学家开始提议研究信息在市场中如何被获取和传播的问题。所提出的多数模型涉及"搜寻行为"，买卖双方积极地试图确定彼此的身份和出价。理性行动者运用边际效益原理以使功效最大化渗透进这些模型中。斯蒂格勒最先提出了这类分析，声称"假如搜寻成本等于期望的边际收益，那么将会达到搜寻的最佳状态"（Stigler，1961：216）。按他的观点，买方的搜寻成本被近似地按照他们接近的卖方的数量来测量，"主要成本是时间"（Stigler，1961：216）。他并没有考虑买卖双方如何确定彼此的身份，这是劳动力市场中特别重要的一个问题，也对一般的商品市场具有某种应用价值。确实，人们希望明确区分搜寻的两个阶段：（1）发现买方（或卖方）；（2）确定他们的出价。对雷斯（Rees，1966）的一些评论加以改编，我们可以将搜寻的第一阶段称为广度搜寻，将第二阶段称为深度搜寻。这种二元分类不太适用于高度标准化的商品市场，在这里一份出价的本质像制定出价的人的身份一样直截了当。但是，例如，在劳动力市场中，雇佣或提供服务的一份出价的本质存在许多微妙之处，收集有关每一个出价的信息将比发现谁做出了出价更耗费时间。实际上，一位工作搜寻者必须在两个方面做出权衡：他所发现的正在出价的人越多，查明每一个出价的可能性越小。

当然，某些深度的搜寻活动将优先于雇佣，特别是在高层次的工作中。在商品市场中，某人以每蒲式耳K美元的价格提供小麦，一般能够确保你可以从他那里购买。在最坏的情况下，他卖给你的少于你所需要的（小麦可以被全部卖掉，像典型商品那样）。但是，指定一位提供可接受工资的雇主，或是找到一位在愿意支付的某种价格水平上提供劳动力的雇员，并不意味着交易的完成。特别是在高层次的工作中，直接询问一般被认为是必要的，潜在的雇主和雇员彼此了解，决定是否提供一份工作，或当提供一份工作时是否接受它。

一般而言，测量搜寻的成本和收益提出了相当困难的问题。将时间作为主要成本的提议（亦见 McCall，1970），更适用于蓝领工人而非专业技术管理人员，因为前者不可能轻而易举地在朝九晚五的工作中寻找。另一方面，他们的一个非常重要的成本，包括自己个人关系的频繁使用。在我的样本中，被使用的超过80%的个人关系人不仅告诉了被访者新的工作信息，而且为他"美言"了几句。如果没有被访者运用他们的"信用"，拉近彼此的关系，关系人不可能被要求经常这样做。此外，正如布朗所指出的，在寻找一份特定的工作（或一位雇员）时，存在机会成本：一个人必须事先寻找其他人（Brown，1965b：187）。布朗的模型，类似于斯蒂格勒的最佳搜寻行为假设，考虑到了其他的成本（Brown，1965b：185 – 198）。然而，他的公式只有通过广泛的问卷调查数据才能操作化。

类似的困难也产生于收益方面：我们发现所有模型都按照货币来测量收益（Stigler，1962；Brown，1965b；McCall，1965，1970）。斯蒂格勒与麦考尔（McCall）承认，必须考虑到目前搜寻的未来收益。麦考尔主要按照一份工作的期望任期长度来解释收益；斯蒂格勒的更普遍的公式指出，如果当前的出价与未来的价格相关，那么现在获得的信息也具有未来收益。每个人都提出了合适的折扣程序。然而，没有人会指明现在拥有的一份特别有声望的工作的未来价值。更相关的是，甚至从我的研究观点来看，没有人会评估在一个特定位置上建立的个人关系的价值。在心理学上这可能是一个次要因素；我的许多被访者直到访问时才意识到，在以前工作中获得的个人关系在多大程度上成了其职业生涯的中介；然而，实际的收益是相当可观的，这将在第五章和第六章中讨论。

当前研究对该讨论的主要贡献在于对"搜寻"概念的分析，像从劳动力市场的供给方面来看一样。在我们所回顾的作者中，只有布朗试图将他的理论渗透到下述想法中：不同的搜寻方法将导致不同的信息量。布朗的想法是，工作变动者事实上计算了他们可能使用的每一种方法的成本和收益。人们首先将使用具有最大期望净收益的方法；然后重复所有的计算，搜寻者选择第二步将要尝试的方法。在这个模型中，时间参数被有效地忽略了，因为在使用了任何一种方法以后，假定下一个时间周期就开始了（Brown，1965b：191 – 198）。

尽管这种解释是不充分的,但是比其他解释更接近于我关于劳动力市场行为的经验性的发现。事实上,我选择一个专业技术管理人员样本做研究的原始动机之一,在于我对观察复杂的搜寻过程感兴趣;我假定:如果有人能以一种仔细和有效的方式寻找工作,那么这将是从事专业技术管理工作的人。然而,我的结果使我怀疑:劳动力市场至少是专业技术管理人员市场中的信息,主要是通过"搜寻"传播的。

对蓝领劳动力市场而言,雷诺兹认为,"有效的劳动力供给的核心在任何时候……都是由首先进入市场的人、被解雇的人、因为不满意辞掉以前工作的人或因长期失业其受益权被用尽的人组成的"(Reynolds,1951:106)。所有这样的人都将会寻找工作,这被认为是合理的,而那些从事全职蓝领工作的人仅仅在面对困境时才会这样做。然而,雷诺兹报告说,在他的样本中,25%已经变换工作并在辞职以前就在排队等待一份新工作的人,比那些在辞职或被解雇之前没有首先申请一份新工作的人获得了更好的工作(Reynolds,1951:215)。假定多数蓝领工人的工作具有朝九晚五的特征,那么对于那些找到一份新工作的人而言,在离开旧的工作岗位之前已经进行了大量搜寻是值得怀疑的。

而专业技术管理人员则有更多的时间去寻找工作,有证据表明:这经常不是通向工作变动的通道。布朗报告说,当询问被访者如何找到现职时,他的大学教授样本中有26%的人回答说"什么也没有做就被录用了"(Brown,1967:119)。在我的专业技术管理人员样本中,当询问(在找到现职之前)"是否有一段时间你在积极地寻找一份新职时",29%的被访者回答"否"。

此外,被访者是否积极地寻找工作与求职方法和他获得的工作的性质和质量系统地相关。职业生涯的阶段在预测搜寻行为时相当重要。表1.1显示,在第1份、第6份或第6份之后的工作中,多数经过了搜寻;后边的个案经常以不满意为由而变换工作。这种搜寻倾向随着年龄上升而下降;在34岁以下的年龄组中,78.6%经过了搜寻,在34岁以上的人群中,63.9%经过了搜寻($p=0.01$)。

表1.1 工作搜寻行为与被访者职业生涯长度的交叉分析

是否搜寻现职?	职业生涯中从事过的(全职)工作数量				总体
	1	2—3	4—5	6—10	
是	93.3%	79.1%	62.1%	81.8%	76.5%
否	6.7%	20.9%	37.9%	18.2%	23.5%
N^a	15	43	29	11	98
			$p=0.11$		

a 仅仅包括访问样本。

教育年限与搜寻行为不相关,然而对于授予学士学位的大学的声望和资质的测量显示出了有趣的结果。表1.2显示,从排名在前40%的大学毕业的人比从声望较低的大学毕业的人更少地经过了搜寻。也可以制作一张非常类似的表格来呈现授予学位的研究机构的等级与被访者的关系。

表 1.2　工作搜寻行为与被访者毕业大学声望的交叉分析

是否搜寻现职?	授予文学士或理学士的大学的声望[a]			总体
	最低的 60%	最高的 10%—40%	最高的 10%	
是	85.1%	50.0%	63.6%	69.6%
否	14.9%	50.0%	36.4%	30.4%
N	47	24	44	115
		$p = 0.006$		

a 每位被访者报告的大学按照布朗提供的指标来排序（Brown, 1965b: 333-352），指标包括 8 个因素：具有博士学位的教员比例，教师-学生比率，教师的平均收入等。虽然这类指标有点武断，但在一项近期的相关研究中使用这套指标似乎是明智的。

第一个诱惑是得出结论：在一所资质较好的大学接受教育日后将会为他带来理想的工作；那些毕业于较好学校的人也可能被预先挑选，雇主不考虑这个学校的教育质量如何，所以他们更可能在日后被搜寻到。尽管这些想法可能都有真实的成分，但我还是要提出，在一所较高声望的大学里结识的关系人，一般处在较好的职业结构位置，最终也会为被保护人提供更多的帮助——很可能把他们找出来为他们提供工作或告知他们一份工作。

如表 1.3 所示，高收入的工作不大可能是通过搜寻找到的。此外，在专业技术管理人员群体中（见表 1.4），经理最不可能通过搜寻找到工作，而技术人员最有可能通过搜寻找到工作，这是后者强烈地依赖正式渠道和直接申请的一个逻辑结果。

表 1.3　工作搜寻行为与被访者现职收入水平的交叉分析

是否搜寻现职？	收入				总体
	10000美元以下	10000—14999美元	15000—24999美元	25000美元及以上	
是	75.7%	81.8%	61.0%	56.7%	71.4%
否	24.3%	18.2%	39.0%	43.3%	28.6%
N	74	88	77	30	269
			$p=0.006$		

表 1.4　工作搜寻行为与被访者职业类别的交叉分析

是否搜寻现职？	职业			总体
	专业人员	技术人员	管理人员	
是	71.3%	85.1%	58.7%	71.0%
否	28.7%	14.9%	41.2%	29.0%
N	129	67	80	276
		$p=0.002$		

一个人的工作是如何找到的与搜寻行为密切相关。使用正式渠道或直接申请意味着积极的搜寻；在这种情况下，通过搜寻获得的信息导致了新的工作。然而，对于那些通过关系找到新工作的人而言，情况变得更加复杂。首先，仅有 57.4% 的个人报告说他们进行了积极的搜寻，在许多个案中，最后找到的工作并不是这种搜寻的结果。因此，当一位关系人是工作信息的来源时，询问谁——被访者或关系人——是所传递的工作信息的主动提供者是有趣的。如果被访者并没有进行搜寻，他的关系人可能充当了主动提供者；但是下述情况也经常是真实

的：当被访者正在搜寻时，正好关系人听到了有关这次搜寻的"小道消息"，或是传递信息时并不知道他正在进行任何形式的搜寻活动。

对 57.9% 的通过关系人找到新工作（$N = 157$）的个人而言，事实上，工作信息传递时的互动是由关系人发起的。在这些个案的大约一半中，关系人知道被访者正在寻找一份新工作；这意味着，在超过 1/4 个案中，信息的主动提供者并没有接触他的朋友或不知道他的朋友是否会对这份工作感兴趣。在另外 20.9% 的个案中，被访者（主动）联系他的朋友，询问他是否知道有关工作的事情，他的朋友告诉了他有关他后来所从事工作的一些情况；8.3% 的被访者被他们并不认识的某个人联系，并告知其他人为他推荐了一份工作，这位推荐人后来成为被访者的关系人。在 13.4% 的个案中，被访者与关系人正在为某种与工作信息无关的原因而互动；在会面的过程中，碰巧传递了工作信息；在某些情况下正好在马路上或专业聚会中"撞上"了朋友；其他情况包括为其他目的而事先安排的聚会（"与工作信息无关的互动"的类别可能被过低地估计，因为在邮寄样本中这种选择是不能获得的——少数个案被编码为提供书面意见的方式。超过 24% 的访问个案属于这个类别，但是仅有 5.5% 的邮寄调查属于这种情况）。

一些个案将阐明，互动并不是出于传递工作信息的目的而被发起的：

个案 2：卡尔·Y 正在为一家百科全书公司做销售代理，但是做得并不是很好。他决定寻找一份不同的工作；同时，他开始驾驶出租车以赚取外快。一位乘客要求被送到火车站去会见朋友。这位朋友原来是卡尔·Y 的一位老朋友。他问卡尔："你为什么开起出租车了？"当 Y 先生解释原因时，这位朋友为他提供了现在这份工作——一家小型公司的人事经理，他的朋友是这家公司的老板。

个案 3：爱德华·A 中学毕业后一直从事服务工作。辞去服务工作以后，他恢复了开车去当地公园的习惯。晚上，他的朋友们经常在附近逗留。附近的酒吧和餐馆是这个地区流行的青少年活动场所。通常的程序是驾车到那儿，然后看看是否有认识的人。在这种场合下，他遇到一位受雇于工程公司的老朋友。这位朋友告诉他，他的公司正在招聘一位绘图员；A 先生前去申请并且得到了那份工作。

个案 4：富兰克林·B 是费城一家经纪公司的管理人员，他决定离开这家公司。通过一位关系人，他获得了波士顿地区的一份工作，并正在考虑是否接受。同时，他和来自费城公司的另一位管理人员也来到波士顿地区处理其他业务；B 先生的同事提议与波士顿一家经纪公司的总裁罗伯特·M 先生共进午餐，仅仅因为他是一位令人愉快的午餐伙伴。B先生和同伴在商业来往中都对M先生有所了解。午餐期间，B先生提到他将在波士顿地区找一份新工作；后来，M先生与他在耳语中私下交谈，给了他一份更好的出价，后来他接受了这份工作。

为了考察不同类型的信息的主动提供者和被访者的搜寻行为之间的关系，我们必须询问在每一种发起类型中被访者报告的积极搜寻所占的比例。比例如下：67.3%的被访者在搜寻过程中被一位"认识"的朋友联系过；19.5%的关系人并不知道被访者是否需要一份新工作；65.0%的被访者与关系人出于其他目的见过面；84.6%的被访者由其认识的人推荐，75%的被访者请求过朋友，后者告诉了他们关于工作的信息。有两个矛盾是显而易见的：（1）在被一位"知道他正在寻找新工作"的朋友联系过的个案中，有1/3的被访者报告说他并没有经过积极地搜寻；（2）在被访者请求朋友告诉他有关工作的信息的个案中，有1/4自我报告说并没有积极地搜寻。困难显然在于如何理解"积极地"这个词；一位正在寻找新工作的专业技术管理人员可能并不认为他在"积极地"寻找——仅仅是留意招聘的信息和询问一些偶然的问题。与蓝领工人相比，断定什么时候一位专业技术管理人员"处于市场中"是困难的。

就他是否在寻找工作而言，这种模棱两可也对被访者使用主观评价获得的结果产生了怀疑。以一位被访者是否收到了他后来获得的工作的信息作为一次搜寻的结果，这样考虑将会更加客观。如果被访者使用了正式渠道或直接申请,请求一位朋友告诉他工作的情况,或者如果他被一位知道他正在寻找工作的朋友联系过,我们便可能把信息算作一次搜寻的结果。如果被访者被一位不知道他是否需要一份新工作的朋友联系过,在出于不同的初始目的的互动过程中知道了工作的情况,或从不认识的某个人那里听到了工作的信息(对于由个人关系人推荐的人而言),那么信息的生产便不包含搜寻。

一个关键的早期发现是,那些从事高收入工作的人不太可能积极地搜寻工作。如果我们使用这里概述的相对比较客观的测量尺度,表1.5显示的相关关系甚至更强:收入越高,工作信息越不可能通过搜寻获得。因此,该发现在两种有点独立的求职重要性的测量中仍然获得了支持。[1]

表1.5 通过搜寻获得工作与被访者现职的收入水平的关系

搜寻工作信息	收入				总体
	10000美元以下	10000—14999美元	15000—24999美元	25000美元及以上	
是	82.7%	80.2%	57.4%	44.4%	71.1%
否	17.3%	19.8%	42.6%	55.6%	28.9%
N	75	86	68	27	256

$p<0.001$

一个棘手的概念问题在这里浓缩为"搜寻"对象的特征是什么。假定猎头公司正在为一系列求职者搜寻潜在的工作,雇主也正在为一系列的工作机会搜寻既愿意又能够填补职位的求职者。但是，存在这两个系列吗？在某些重要的方面，答案是"否"。一般不可能定义"处于市场中"的专业技术管理人员。部分地由于非常明显地寻找某种新工作似乎被视为一种责任。许多专业技术管理人员扮演着布朗（Brown，1967）所谓的"勉强的新手"（reluctant maiden）的角色：令人怀疑的是，那些正在寻找工作的人假如不是必须这样做的话，是不会去寻找工作的；如果他们足够好的话，是不会必须这样做的。但是，超越这种说法的是，许多专业技术管理人员说不清楚他们是否正在市场上找一份新工作。在我的访问样本中，我询问了每一位被访者："最近想过要找一份不同的工作吗？"虽然 38.4% 的人回答说想过，但是仅仅有一半指出他们"实际上沿着这条线索做了些什么"。一个经常的答案类似于："确实。你总是考虑从事不同的工作。如果你不这样做，那么你将是呆板单调的人。"我的样本中几乎有 1/5 的人确实没有寻找新的工作，但是留心着工作开放的可能性；如果合适的工作出现了，他们确信可以得到它。但是，我们如何提前确认这些人中的哪些会对某份工作感兴趣呢？例如，我们可以提前确认 1964 年到 1965 年美国大学中新雇用的 1/3 的教师吗？按照布朗的说法（Brown，1967：47），"如果一位积极的招聘人员不提供让他们感兴趣的某个具体职位，他们是不会在高等教育领域从事教学的"。

可以与那些不完全"处于市场中"但是在合适的环境下会进入市场的工作相比较的，是那些未被创造的工作，但是如果可以得到合适的人来填补这些工作,也可以创造新工作。我将这类人和这类潜在的工作称为准搜寻者和准工作。在我的样本中,35.3%的被访者报告他们填补了以前并不存在的工作,他们以前也没有做过现职,或没有联合做过同样的工作。访谈资料指出,大约半数的工作是出于特殊需要而设计的,继续寻找(合适的人)来填补它们;大约半数的工作是不存在的,也没有合适的人来填补它们。很少或没有招聘是为了这些工作而进行的。[2]

准工作被填补的比例与专业技术管理人员中准搜寻者的比例相同——大约都是20%,这纯属巧合吗?如果变成实际工作的准工作是被准搜寻者填补的,对于"搜寻"模型将会是极大的帮助,因为这些工作和人将被隔离于劳动力市场的正式搜寻过程之外,对于他们的独特行为也会进行分别的分析。然而,论据并未支持该假设。65%获得了新创造工作的人($N = 94$)报告说,在获得这份工作之前,他们正在积极地寻找工作。

搜寻模型不充分地描述了劳动力市场行为的一个非常重要的部分。它在评述下述发现时意义特别重大:那些最少卷入搜寻行为的人在获得高收入水平的工作中过多地出现。即使搜寻模型是充分的,分别从市场的供求双方来看,植根于经济学理论中的习惯,也将使它们难以适用。在工作和人之间,匹配的过程继续进行,并没有清楚地论述搜寻模型(参见White,1970;Chap. 8)。假定供给方与需求方的"搜寻"一致,将会导致什么样的结果?斯蒂格勒讨论了这两种类型,而布朗和麦考尔将他们自己限定于讨论求职工人的问题。在传统经济学的分析中，供给与需求是分别分析的，因为它们通过价格中介结合起来；均衡价格使市场出清，致使关于买卖双方如何发现对方的讨论成为多余的事情。在所回顾的作者中，仅有霍尔特和大卫（Holt and David, 1966）试图解释雇主和雇员的搜寻行为是如何结合在一起的；为了达到这个目的，他们回溯到价格的概念。他们的思想是，失业者和控制空缺的人都在进行"随机的"搜寻。当每一方开始知道工资是多少时，他将提供或接受一份工作。如果所提供的工资在可接受的范围内，那么彼此相遇的人和工作就会匹配。当工人继续搜寻时，他们被说服降低工资需求。而当工作控制者继续搜寻时，他们会提高出价（和/或降低标准）。最终双方达成"随机的均衡"。

不幸的是，该模型并没有从经济学的视角出发。众所周知，价格并没有像人们描述的那样在劳动力市场中富有经验地运转。莱斯特的结论是，该理论"相当广泛地适用于20世纪40年代以前的状况，对某些行业诸如农业、家政服务业和其他小行业来说，资历、晋升阶梯和工会是缺乏的。另外，该理论缺乏中肯性"（Lester, 1966a：119）。亦即，当工作很容易或很难填补时，雇主一般受到向上和向下调整工资的制度性约束。

如果价格并没有使人和工作匹配，我们就留下了价格要发挥什么作用的问题。目前研究的论点是，相关因素是社会的；求职行为远比理性的经济过程复杂——经济过程深刻地嵌入了紧密地约束和决定其进程与结果的其他社会过程中。目前研究的目的在于阐明这些过程,即使这些过程外在于经济学的参考框架,当然,也没有理由不将其作为输入因素放入经济学模型。

第二章　关系人及其信息

进一步分析个人关系的使用,需要我们超越被访者本身来提问:(1)什么类型的联系典型地存在于被访者和关系人之间?(2)这些关系人是如何与其所提供的工作信息联系在一起的?

关于被访者从哪里通过个人关系找到现职这个问题,我是这样提问的:"您是怎么认识这位朋友的?"虽然答案差别极大,但是可以简化为两个类别:(1)那个人是一位亲属,或是一位家人的朋友,或是社会上的朋友,我将这些人称之为"家庭-社会型"关系人;(2)那个人是在工作场所认识的。当然,在逻辑上,这两个类别并不完全相互排斥;然而,在实践中,它们几乎就是这样的。在问卷调查的访问中,我们询问被访者是否曾在社交场合中见过他们的关系人。在那些首要关系是工作关系的个案中,有88.9%的人回答"从来没有"或者"很少"见到。根据关系的首要方面——职业性的还是社会性的——来编码分类时,几乎没有不明确的个案。结果总是清楚的。"教师"在某种程度上是一个中间类型,但是它实际上更接近于"工作关系"。因为在那些将教师作为关系人的被访者中，有2/3的人目前是大学教授。而在将中学教师视为关系人的个案中，通常涉及的是一些专业化领域，如艺术。而这些关系人再次被视为首先是职业上的。因此，教师被归类为工作关系人。

在通过关系找到工作的人当中，31.4%表明关系人是家庭关系或社会关系；68.7%是工作关系——11.8%是教师，56.9%是其他工作关系（$N=153$）。在访谈样本中，被访者被问到他们近来是否告诉过所认识的人有关工作的事情；类似的结果显示，在34.1%的个案（$N=44$）中，被告知的人是他们的家庭或社会关系人。因此，虽然这几乎不是一个结论性的验证，但家庭-社会型关系人的数字似乎相当稳定。

该结果可能和一般期望相一致。但是在专业技术管理工作中，家庭和社会关系不像在不太"现代化的"经济部门中那么有用，直到获得关于蓝领工人的可比较的有效数据之后，才能得出这样一个结论。事实上，很难知道用于比较的基线是什么，因为目前所用的社会学或经济学理论仅能提供对这些问题的模糊预测。

然而，通过比较样本中不同次群体中不同类别关系人的发生率，可以得到一些见解。表2.1显示，那些年轻的、在马萨诸塞州长大的、在牛顿城或者附近城镇工作的人，更有可能使用家庭-社会型的关系人。所有这三种群体都被不成比例地置于波士顿大都市地区的工作市场中。

表 2.1　通过家庭-社会关系找到工作的样本次群体的比例

次群体	使用了家庭-社会关系	总计	N^a	p
年龄		31.6%	152	0.15
34 岁以下	38.0%			
34 岁及以上	25.9%			
成长的地区		31.6%	152	0.004
马萨诸塞州	47.6%			
北部其他州	17.8%			
南部和西部	28.6%			
美国之外	11.1%			
工作的地区		31.4%	153	n.s.[b]
牛顿城或附近地区	41.0%			
波士顿—剑桥地区	30.0%			
马萨诸塞州其他地区	25.0%			
马萨诸塞州之外	0.0%			

a 仅仅包括那些通过关系找到现职的被访者。
b 报告的显著性水平 $p \leq 0.20$；其他的标示为 n.s.（=不显著）。

更年轻的工人，他们的职业生涯正处在塑造过程中，不像那些工龄 15 年至 30 年的人一样，能够结识一大批可以提供帮助的同事。在第一章，我们看到，一般来说，年轻的专业技术管理人员不大可能使用个人关系。现在我们知道，当他们使用关系时，关系人更可能是朋友、亲属而不是职业关系。如果我们将样本分成两类——找到首份工作的人和找到后来工作的人，前一类别中 63.6% 的人使用了家庭-社会型的关系人；后一类别中则是 26.8%（$N=67$，仅仅是访谈样本）。

马萨诸塞州本地人更可能使用家庭-社会关系,这似乎是合理的;那些离开自己家乡的人也远离了他们的扩展家庭,他们还没有在牛顿城建立起牢固的社会关系。这特别有可能,因为该样本中的许多非本地人都是新移民。然而,关于工人阶级模式的文献会使我们做出有点不同的预测。在"移民链"中(MacDonald and MacDonald,1964),人们沿着其他人——家庭和社会关系人——的轨迹迁移到其他地区,那些其他的人比他们自己更早地发生了流动,那些人在寻找住房和就业方面为后来者铺平了道路。这类移民似乎成为中上层阶级的非典型状况。[1]

我将证明,在与当地联系和使用家庭与社会关系的意义上,这个发现反映了样本中大量外地人的趋势。这种提议需要通过查明当地工作者更可能利用这种途径找到工作来提供进一步的支持。一个重要的问题是,这种地方主义是否与一个人在劳动力市场中的期望位置有关。

首先,令人感兴趣的是,有38.8%的被访者表示,他们积极地使用家庭-社会关系找到了现职,与此相比,21.2%($p=0.03$)的被访者表示没有用这种方式寻找工作。[2]这意味着动用家庭或社会关系不如动用其他类型的关系那样自然;动用家庭或社会关系更可能是在时间紧迫情况下的求职手段。那些积极寻找工作的人可能有某种充分的理由那样做;可以假定,相对于那些没有经过搜寻就找到现职的人而言,他们更勉强地留在以前的工作岗位上,或者没有其他的选择。(例如,样本中仅有11%的人提到了以前的工作与现职之间处于失业状态的那个时间段。然而,在那些经历过工作搜寻的人当中,有15.4%提到了这个时间段,但是在那些没有经历过工作搜寻的人当中,仅有1.4%提到了这个时间段($N=237$,$p=0.003$)。更直接地说,与28.6%没有经历失业期的人相比,提及遭遇失业期的人中有70%使用过家庭-社会关系($N=136$,$p=0.02$,仅统计了那些动用关系的样本)。在这种情况下,我们就不怀疑他们为什么会转向与他们关系更亲密的人,因为后者具有更强烈地提供帮助的动机。在时间压力较小的情况下,求职者将更普遍地使用工作关系获取信息。

两个进一步的发现支持了这个假设,即那些希望获得较好工作的人更有可能使用工作关系:这涉及教育和收入。直到我们接触到那些拥有博士头衔或法律学位的人,我们才发现教育水平所产生的不同影响:18.9%拥有学位的人和38%没有学位的人,使用了家庭-社会关系($N=153$,$p=0.007$)。也存在这样一种明显的趋势,随着取得学士学位的大学声望的提高,使用家庭-社会关系的比例却出现了下降(关于声望测量的基础,参见表1.2)。表2.2显示,在最低收入类别的工作中更可能使用家庭-社会关系,而在最高收入类别中,则最不可能使用家庭-社会关系寻找工作。[3]

在有关被访者与关系人之间联系的发现的基础上,我现在将追溯关系人与工作信息的联系,但是首先进一步区分"工作关系"类别是非常有用的。这一类别可以再细分为:(1)雇

表2.2 个人关系类型与被访者现职收入的交叉分析

关系类型	收入				总 计
	10000美元以下	10000—14999美元	15000—24999美元	25000美元及以上	
家庭-社会关系	42.9%	28.6%	30.4%	20.0%	31.3%
工作关系	57.1%	71.4%	69.6%	80.0%	68.7%
N	35	49	46	20	150
			p = n. s. [a]		

a 报告的显著水平 $p \leqslant 0.2$；其他标示为 n. s.（=不显著）。

主，包括顶头上司；在邮寄问卷调查中，"我曾经在他手下工作"被归入这个类别；(2) 在同一家公司工作的同事；(3) 在不同公司工作的同僚；(4) 教师。这四类工作关系占所有工作关系的比例分别为 21%、36%、25.7% 和 17.3%（$N = 105$）。[4]

在所有使用关系的个案中，当询问被访者的关系人是如何知道工作信息时，33.1% 的人回答说关系人就是新雇主本人；37.7% 的人说，由于与关系人在公开招聘员工的同一家公司工作而相互认识，虽然这位关系人并不是雇主；19.9% 的人将其关系人描述为"雇主的商场上的朋友"；其他的回答占 9.3%。表 2.3 显示了对于每一种个人关系来说，关系人是如何知道工作信息的。从表中可以部分地重构重要的结果。首先来看那些关系人本身是雇主的类型（从先前工作到现职）。在一些个案中，我们可以非常清楚地发现被访者最初是如何与关系人建立联系的。与不足 1/3 的个案相比，我们可以在 2/3 的个案中看到，他们的前任雇主之所以知道新工作是因为他们现在仍然是老板。完全可以做出这样的判断：因为前任雇主比其他任何类型的关系人都更有可能占据更高的地位和位置，因此也更有可能占据提供新工作的位置。我们并没有精确地提出新雇主是如何知道新工作信息的问题，因而得出了最直接的可能结果。[5]

表 2.3 关系人与工作信息的联系和关系类型的交叉分析

与关系人的联系	关系类型					
	家庭-社会关系	工作关系				总计
		教师	雇主	同一公司的同事	不同公司的同僚	
在正在招聘的公司工作	47.8%	11.1%	4.8%	62.9%	38.5%	39.0%
雇主	17.4%	33.3%	66.7%	14.3%	50.0%	31.5%
雇主的商场上的朋友	19.6%	44.4%	23.8%	11.4%	11.5%	19.9%
其他	15.2%	11.1%	4.8%	11.4%	0.0%	9.6%
N	46	18	21	35	26	146
			$p<0.001$			

来自不同公司的同僚很可能以雇主身份传递工作信息。这个发现在某种程度上是值得怀疑的，或者说地位越高的人越有可能在公司之外发展关系。他们的关系更广泛，这要求他们比在某一更受限制的领域工作的人更经常地处理组织环境问题。这与社会学的一个普遍发现一致，即地位较高的个体拥有更广泛的社会联系（Homans, 1950: 144-145）。

被访者以前的教师更可能作为雇主的"商场上的同事"来传递信息。因为"以前的教师"主要由大学教师构成,这很容易解释为:教授们更倾向于与自己领域内的成员结盟,而非按照在任何特定的机构中偶然找到自己的位置来解释。因而,了解自己领域中其他部门的就业状况就比了解其他组织中多数组织成员的就业状况更为重要。关于"专业化"的研究可能导出一种专业人员而非技术人员或管理人员的期望模式。

表 2.3 中令人感兴趣的是,家庭-社会关系更倾向于基于邻近——在同一家公司工作——而非基于任何特定控制来传递获得的工作信息。在某种意义上,这与我的论点一致,即运用家庭和社会关系比工作关系更不自然。当某种方法发挥作用时,一个人不得不满足于确实不是来自"内部的"信息来源。他们可能处在不太有利的情况下,亦即处在不像工作关系那样可以有效利用的情况下。

一般而言,家庭-社会关系不会导致最好的工作或最有效的关系类型,在许多个案中,被访者对家庭-社会关系表现出极高的满意度。例如,有证据表明,当一个人的工作性质发生重大改变时,尤其可能使用家庭-社会关系。(因为该样本中这类个案的数目太少,因而所报告的这种关系仅仅是建议性的。)下面的个案——它们为被访者带来了满意的结果——阐明了这个观点:

个案 5(预调查):乔治·C 是一家电力公司的技术人

员，年薪 8000 美元，晋升无望。在追求妻子的时候，他认识了她楼下的邻居，这个人是任职于一家全国连锁的糖果租赁店的经理。在他们结婚之后，C 先生在拜访岳母的时候仍然会去看望他。这位邻居最后说服他加入连锁店的培训项目，并为他安排了一次面试。在后来的三年时间里，C 先生在这项生意中赚了将近三万美元。（他也像我一样觉得这个故事简直是不可思议的，他说道："每天早上醒来，我都要掐自己一下来看看这是否是真的！"）

个案 6：赫尔曼·D 是一家果蔬店的老板，由于健康原因（在 45 岁时）将店铺出售。然后他去度假；同时他的兄弟——一家公司的主管——在出席一次会议时听一位同事提到他正在寻找某个人负责存货管理工作。D 先生在购买果蔬店之前做过类似的工作，因此他的兄弟就推荐了他。几天以后他就被雇用了。

个案 7：杰拉德·F 是一家白酒批发公司的推销员，他的一位医生朋友问他是否有兴趣管理一家保育院，如果他愿意，就整理一份简历。F 先生在简历中提到了一位推荐人——他妻子的堂兄——一家流行古董店的老板。当保育院的工作没有成功时，他妻子的堂兄意识到 F 先生正在考虑变动工作，就为他提供了一份在他店里做营销经理的工作。他接受了。

工作类型的重要改变不会以工作关系为中介,这并不令人感到惊奇。在工作过程中遇到的人自然都是大体类似的人,也许是工作性质互补的人。他们能够提供的机会极有可能涉及曾经从事的或多或少有些类似的工作。另一方面,社会和家庭关系,在职业上几乎没有什么共性。例如劳曼在对马萨诸塞州剑桥城的友谊模式研究中发现:"被视为朋友的亲属更可能在地位上高于或低于被访者(不属于同一职业类型),被视为朋友的非亲属更可能与被访者从事相同类型的职业"(Laumann,1966:70)。

最一般的陈述将会提出,一个人转变职业的可能性与其在一个主要行业的不同职业类型中个人关系的比例是大体相称的。任何个人关系的基础都比职业活动更能增加这些朋友的比例;亲属是这一现象的例证,这种现象在亲属的经济功能正在弱化的社会中表现得相当明显。除了职业关系,任何基础之上的社会熟识关系都会发挥类似的功能。在互助会组织、运动、娱乐或嗜好群体、邻里、大学中结识或在暑假结识的朋友都提供了一些可能性,都会被期待着在发生重要的工作变动时过度地发挥个人关系的作用。

第三章　信息流动的动力

在描述了被访者与关系人之间、关系人与工作信息之间的联系的性质以后，现在我必须密切关注通过这些渠道激活或促进信息流动的各种因素。经济学家 S. 奥兹伽（Ozga，1960）提出了市场结构中的信息流动模型，这一模型与我的发现极为相似。他的假设完全不同于第一章所描述的其他经济学家的观点，这些经济学家假定信息是经过搜寻而流动的；然而，他假定，信息完全是通过与市场行为不相干的社会过程来传播的。每一个人都被认为以相当固定的比例将相关信息传播给那些他所接触的人；假定人口中存在一种随机的混合，即将信息告诉某个已经"认识的"人的比例与群体中确实"认识的"人比例几乎完全相等（Ozga，1960：31）。这意味着告诉你信息的人可能也会将该信息告诉你的朋友而不是其他人；但是因为朋友在熟人圈子中重合的可能性高于非朋友，这个假定只是一种理想型（Rapoport，1963）。假定已知这一固定比例和最初"认识的"人数，就很容易通过微积分方程来计算出在既定的时间段将要"认识的"人数。在这些假设中，所有群体最终

第三章　信息流动的动力　｜　057

都会收到一些相关的信息，在此之间流逝的时间依赖于两个参数值。

在分析中，加入人口增长率和人口缩减率这两个参数将会使该模型更具有现实意义。奥兹伽指出，即使广告被引入模型来抵消新的无知成员的流入和那些掌握信息的人的流出，也必然会导致不完美的市场。也就是说，在更现实的模型中，即使在理论上也不存在信息传递到全部人口的趋势。信息传递的比例依赖于四个比例的相对值：人口增长率、人口缩减率、信息传播和广告。他进一步指出，他的想法如何整合进了新古典经济学边际分析中的标准供给-需求模型。

这个解释与我不谋而合，即不是以搜寻作为信息中介。我发现：在多数劳动力市场中，信息事实上是作为其他社会过程的副产品而被传递的，但是该模型对商品市场可能会比劳动力市场具有更强的解释力。可以粗略地假设，人们将商品信息传递到全部的关系人有一个固定的比例；然而在劳动力市场中，显而易见，多数信息被传播给具有明显特征的某个人，而不是随机传播。在劳动力市场中，奥兹伽过程中的时间维度被删节了。许多产品都会持续一个相当长的时期以一个类似的价格被出售，因此，运用奥兹伽的公式预测他们听到工作信息的最终比例也可能贯穿整个过程。但是一旦有人获得了工作，关于工作的信息就不再有利益或价值，实际上，仅仅有很小比例的人可以合理地填补曾经听到的某个既定的工作空缺。

因此，我们必须询问特定的问题：在什么情况下，人们被激励向朋友提供工作信息,某位关系人是否比其他人处于提供信息的更具"战略性的"位置上?这两个问题相互作用。一个自然的推理可能是:那些与他们有强关系的人更可能被激励提供工作信息。然而,一个结构性的趋势却是,与信息持有者有弱关系的人可以更好地接触到工作信息。与亲密朋友相比,熟人更可能在不同于自己的圈子中流动。与自己最亲近的人更可能在与已经认识的人们的交往中重合。因此,与他们有利害关系的信息可能与自己已经掌握的信息雷同。

拉波特和霍瓦斯(Rapoport and Horvath,1961)的研究显示,假设其他条件相同,通过弱关系而非强关系传递的信息最终会被传递给更多的人。假定关系人中有较多的重合,靠强关系彼此联系的人会将信息传递给类似的人。这个观点并不是说通过弱关系会将工作信息传递给更多的人;通常信息被传递给特征明显的特定人。但是,当涉及弱关系时,潜在信息接受者的数量将更多,因此我们期待这种关系将会特别有用。

虽然很难精确地讨论一种人际关系的强度,但我们可以对两个人在一起所花费时间的长度进行粗略的测量。[1] 在调查中,被访者被问到他们与传递工作信息的个人关系人多长时间见一次面。(当然,即使现在不经常见面但曾经是亲密朋友的情况也是存在的,而且这种关系被认为比接触频率测量所显示得更强。成人与父母的关系就是这种情况的典型。然而,我从访谈中得到的印象是,可以归为这种类型的个案很少或几乎没有。)

我使用了如下几种类别来表示接触频率:"经常"——至

少一周两次；"偶尔"——一年一次以上但少于一周两次；"很少"——一年一次或更少。在那些访谈样本中，在通过关系找到工作的人中，16.7%回答他们与其关系人"经常"见面，55.6%回答"偶尔"，27.8%回答"很少"（$N=54$）。该结果偏向于连续统的弱关系一边。另外，那些通过弱关系找到工作的人提到，他们的关系人除了告知工作信息以外，还经常为他们"说好话"。在那些"很少"与关系人见面的被访者当中，89.7%偶尔与关系人见面；66.7%说自己与关系人经常碰面（$N=53$，$p=0.04$）。这是首要的动机结构的一个清晰的指标：亲密朋友可能比熟人更倾向于运用影响，但是亲密朋友不大经常占据发挥影响的位置。

但有发现表明，熟人比亲密朋友更可能传递工作信息这一论点存在悖论：当使用弱关系时，被访者不可能处于某种特别的压力之下。在那些与关系人很少见面的人中，几乎没有人提到现职与原职之间的失业期；但是有4.2%与关系人偶尔见面的人和20%与关系人经常见面的人提到了失业期（$N=50$，$p=0.07$）。当被访者确实处于工作困境时，亲密朋友比熟人更可能帮助他们获得工作信息。强关系的使用者可能比弱关系的使用者更年轻。部分是因为年轻人更倾向于使用家庭-社会关系，这种关系通常比工作关系更强。

除了已经引证的其他原因，一般不愿意通过亲密朋友寻找工作的原因在于，亲密朋友会使关系变得过于复杂和紧张。有一位被访者，在经过多年的催促之后，最终在一位亲密朋友的公司里获得了一份工作，他解释说他之所以拖延了这么长时间，是因为他的新老板"是一位朋友，而我希望用这种方式保持友谊"。[2]

在这一点上，有人可能想知道，如果不是人际关系的强度，那么是什么因素驱使着信息的传递呢？被访者确实不知道如何回答这个问题；通常他们只是感觉到他们的信息提供者"和蔼可亲"；有人问道："你们未曾想过要送给某人一份人情吗？"毫无疑问这种动机确实存在；但是这种动机存在于（社会）脉络之中。在最不可能有损自我利益的层次上，我们假定那些提供与自己工作相关信息的人将信息传递给那些他们乐意与之一起工作的人。如在许多组织中，存在内部的派系之争，那些传递工作信息的人可能试图招募自己的支持者。

更普遍的情况是，那些能够招来能干员工的人，会发现他们的声望提高了：他们就是知道如何做好事情的人。有时他们也会获得实质性回报：在劳动力短缺时，雇员们常因招工而得到"奖金"。有一位被访者回答说，他的信息提供者是一家大公司的基金筹集人。如果他向老板推荐员工，老板就会赞赏他的工作，其他人则会通过这种渠道被推荐到公司，他会更容易地被确认为为公司做出了实质性贡献。除了声望和报酬，也涉及一般意义上的效率：一个习惯于传递工作信息的人会被认为是"乐意将人们安置在合适位置上"的伯乐。

上述讨论可以被置于一种更宏观的视野下：通过从信息源头到终点即随后的工作雇佣，来看一条特殊的信息流动——在这种情况下，从未来雇主的角度出发，我们可以想象追溯一下每个通过个人关系找到工作的人的工作信息的传递链：如果雇主告诉 A 有一份工作，A 告诉 B，B 再告诉 C，C 再告诉 D，最后 D 再告诉被访者，那么在源头和终点的链条之间，我们可以看到 4 位中介。我将证明，中介的数目是这个过程中一个重要的参数，而且将被表述为"信息链长度"（关于信息链长度的编码规则，必须考虑到某种模糊性。关于所采用的编码规则的说明，可以参见附录 B）。

在第一种情况下，对信息链的长度可以做一个粗略的、保守的估计，有多少人曾经听说过被访者将要填补的工作的信息。如果我们假定，在每条信息链中的每个人都将他们听到的工作信息告诉给固定的某些人的数目设定为"N"——如果链长为 L，如上所述，那么最终听说这个工作信息的人数，包括雇主，就是几何数列的部分和：$1 + N + N^2 + N^3 + \cdots + N^{L+1} = (1 - N^{(L+2)})/(1 - N)$。人数增加得非常快，因此，如果链长为 5，每个人告诉其他 3 个没有听到工作信息的人（一个重要的假定），那么就会有超过 1000 人听到这个信息。如果 1 个人将信息告诉 4 个人，总数就会超过 5000 人。当 $L = 8$，$N = 5$ 时，将会有超过 100 万人收到这个信息。当然，在现实的社会网络中，被告知信息的那些人有一些可能已经从其他人那里听说过这个信息了。此外，正如我已经论证过的，通常将工作信息传递给有特别标识的特定的人，在每一个范围内听到信息的人数是固定的这一假定值得怀疑。但是假如（我将在下面显示）

"标识"度在较长的信息链中实质上并不明显,那么一般的质性结论将是正确的:通过长链传递的工作信息将比短链传递的信息触及更多的人。[3]

之所以对多少人听到了开放的工作信息感兴趣,原因之一在于可以与经济学理论中的完美劳动力市场进行比较。这一理论提出,没有一种机制可以解释劳动力市场中信息的广泛传播。仅仅存在两种可能性:(1)大众媒介——包括报纸、收音机、电视机和公共职业介绍所;(2)信息通过个人关系长链而扩散。在美国,大众媒介显然没有履行这种角色。因此,询问长链的长度将是非常有趣的。

根据先验,我们假定许多个案有如下类似的状况是完全合理的:

> 个案8:卡尔·E是一位大学毕业不久的工程师。他的父亲,也是一位工程师,从一位同事那里听说附近公司里有一个职位空缺。这位同事是从一名曾经拜访过这家公司的推销员那里得知此消息的,那位推销员又是从一位秘书那里听说的。这位秘书则是从卡尔·E申请工作的雇主那里听到了那份工作的信息。后来卡尔·E接受了那份工作。

这是一个长度为4的信息链的例子;然而,这个个案是虚构的,因为在我的研究中(面谈资料)还没有发现4级链,而

0 级链的个案却高达全部个案的 39.1%，1 级链占 45.3%，2 级链占 12.5%，3 级以上的信息链仅占 3.1%（$N=64$）。[4]

调查搜寻程序的特征和找到工作所用的信息链长度是非常有趣的；如果完美的劳动力市场可以通过长链达成，如多数个案所显示的那样，那么这个分析将为我们提供有关这类市场是什么的模糊印象。表 3.1 显示，使用长链的人更年轻、更不满足现状、薪水更低、更有可能跳槽（正在考虑离职），在从事现职之前更有可能经历过失业。

表 3.1 信息链长度与被访者某些特征的关系

每种链长的比例类别	链长			N	p
	0 级	1 级	2 级以上		
34 岁以下	28.0	48.3	60.0	64	0.15
对工作非常满意	76.0	53.6	40.0	63	0.08
最低收入组（1万美元以下）	16.0	25.0	30.0	63	n.s.[a]
寻找过工作	48.0	72.4	77.8	63	0.11
最近想过找新工作	20.0	34.5	70.0	64	0.02
经历过失业	0.0	8.7	20.0	55	0.12

a 显著水平 $p \leqslant 0.20$；其他的标示为 n.s.（=不显著）。

这些差异可能引导我们去猜测，不同的过程会涉及不同长度的信息链。例如，2 级以上的信息链比 0 级链更可能使用家庭-社会关系。另外，个人关系更可能在短链条中施加影响。所有运用 0 级链的人都说，他们的关系人都为他们"说了好话"。关系人为自己"说好话"的比例在 1 级链中占 96.3%，在 2 级及以上的信息链中仅占 60%（$N = 62$，$p = 0.001$）。这部分地是同义反复：0 级链意味着被访者的关系人就是雇主，他被认为为自己"说好话"。可是在 1 级链或其他长度的信息链中存在的较大差异，并不能归因于这个定义。并不令人感到意外的是，那些以循环方式获得信息的关系人不大可能占据施加任何影响的位置。这种情况确实接近于经济学理论中的理想市场：在招聘过程中，信息在影响之外传递。

简言之，那些使用长信息链的人比使用短信息链的人在劳动力市场中所处的位置更糟糕。当我们把各种因素放在一起考虑时，通过长链找工作更可能是通过正式途径而非关系人。在一个重要的意义上，我们可以说正式途径是关系人长链的有限个案；信息链越长，听到信息的人越多，信息传递过程中个人之间任何特定的关系越不重要。比如通过长链传播的谣言，从"谁"那里听到谣言是无关紧要的，因为谣言被如此广泛地传播，即使我没有从某个人那里听到某个谣言，我也可以从其他人那里听到。通过正式途径的信息传播也是一样，因为这个过程不太可能涉及影响。比如，从报纸上读到的工作信息，既不能为正在申请的工作提供推荐，同样也不能根据第五手信息做出推荐。

因此，前面提到的两种方式作为劳动力市场趋向完美的机制——大众媒介和长链——都采用了类似的搜寻程序和使用这两种方式而产生的工作满意度。除非采用的激进步骤被用来消除附属于这些机制的特征——这些机制可以建立完美的市场，否则在市场里几乎没有人能够找到他们喜欢的职位。

2 级信息链代表一种有趣的介于 0 级链和 1 级链之间的中介个案,在这里被访者的直接关系人特别重要,而长链与正式途径没有什么差别。对于长链需要进行严格的审查。下面的 2 级链个案提供了有用的解释材料:

> 个案 9:劳伦斯·F 是一家私立医院的儿科医师。一家小型医院决定设立儿科部,请一位医生——曾经向他偶然咨询过一些相关问题——推荐某个人来领导这个部门。他不认识其他人,但建议他们去找他的一位朋友,后者在附近一所医科大学任教。这位朋友推荐了劳伦斯·F,并敦促他接受那份工作(F 医师曾经在他手下接受训练)。劳伦斯·F 接受了那份工作。

> 个案 10:诺尔曼·H 即将获得土地经济学博士学位。波士顿地区的一所大学获得了一笔基金来雇用这个地区的几位大学教员。当基金会一位代表来做现场访问时,他们问他是否可以推荐潜在的候选人。他建议基金会代表联系他的一位熟人,后者担任 H 先生所在大学的经济系主任,他对年轻的毕业生比较熟悉。系主任推荐了诺尔曼·H,诺尔曼·H 随后获得了那份工作。

搬迁到新地方的公司,与将要填补职位的个人的相关网络的社会联系不太紧密，因而可能需要更多的中间人来架起社会-结构鸿沟之间的桥梁。在信息链变得更长的意义上，这个程序也与使用广告类似。通过2级链推荐的候选人比没有经过介绍的候选人更受信任。但是，如果他们直接受到开始受托的人推荐，他们就会更有信心。一个人大致知道在什么程度上确实相信最初请求某人为他所做的推荐，在什么程度上人们觉得有义务仅推荐特别合格的候选人。人们知道这些人并不是具有相同信任程度的第一个人的朋友。另一位中间人——3级链——对于一份推荐的信任度，并不会超过回答了广告招聘问题的候选人。

类似的评论也适用于那些通过2级链听到工作空缺消息的人：他对被告知的工作信息的信任远远高于通过非人情的中介机构所获得的信息，可是在这种情况下，事实上他不认识与他有私人关系的并能直接地将内部信息传递给他的人。（如果公司非常有名，就能被依据"客观"标准来做出判断，这在某种程度上缓解了上述困难。）

一个人与关系人的关系强度也与信息链的长度相关。在使用关系的人中，几乎没有人回答说自己的信息链长度大于1，而14.3%偶尔与关系人会面的人、37.5%经常与关系人见面的人，说他们的信息链为2级或更长（$N=51$，$p=0.09$）。如果以下说法是正确的：一个人更有可能通过弱关系而非强关系接触潜在的信息，那么这种模式就是可以预期的。下面的一些个案很有启发性：

个案11：一位化学专业的研究生马克·G从一位好友那里打听到当地一所专科学校准备设立一个自然科学系。他的朋友是从聚会时认识的一位女孩那里知道这个信息的，那位女孩在那所学校教授英语。马克·G申请了这个职位，面试通过以后被录用了。

个案12：罗伯特·K是X公司的工程师。他的一位也在X公司工作的好友告诉他，一位在W公司工作的熟人曾经跟他讲过，如果有谁希望跳槽，请跟他联系，他会安排一次有老板参加的面试。K先生照此步骤行事，后来他在W公司得到了一份工作。

在上述两个个案中，信息都是通过被访者好友的一个熟人传递的。如果我们认为那些彼此通过强关系联系起来的人大体上处在相同的信息圈内，在信息传播方面也处在相等的层级，彼此由弱关系联系起来的人则处在不同的信息圈中，依照这种逻辑，那些从好友那里获得信息的人可能处于较长的信息链中。在某种结构的意义上，如果我们仅仅将熟人而非好友之间的信息传递计算为1次链接，那么这些2级链可以被视为1级链。[5]

如果我们希望用信息链的长度来估计最终听到既定工作信息的人数，这个简化的方案就是一个合理的设计。因为它考虑到了下述事实：告诉某些好友将会比通知熟人使消息在更小的范围内传播。在进入信息传播过程的人数以指数增长的情况下，评估友谊圈中重叠的关系人的阻碍效应非常困难，而这种方法可能是一种解决方法。正如通常想象的那样，采用这种构思方式，信息链长度是一种有趣的、可能与"社会距离"相关的联系。

第四章　空缺结构的动力

在第三章论述短期的因果关系时，将注意力转移到下述事实是有用的：一个人不可能填补别人已经占据的位置。因此，我们可以询问：被访者将要填补的职位是如何被腾出来的？或者说，新工作是如何被创造出来的？一般而言，这种分析不仅仅局限于短期求职行为。在一个既定的行业里，是否存在空缺和新工作，取决于不同时期的经济环境——尤其是需求、投资和培训模式。这些一般趋势，却不大可能预测在任何一种特定工作中是否存在空缺位置。怀特（White, 1970）在专著《空缺链》中讨论了这个问题。他认为一个工作空缺的出现吸引了新员工加入，因此也腾出了该员工先前的工作岗位，依次又吸引了其他员工加入，直到一些空缺被填满。无论出于何种原因，如果没有将空缺留给后来的人，那么空缺链也就终止了。这个模型假设每个职位都具有唯一性，将要填补空缺的人也是一样。一种工作的创造或一个人的"死亡"（或退休）都会产生空缺链；从外部工作系统来看，一种工作的"死亡"或一个人的被雇用都会终止空缺链。

在明确的因果意义上，信息链中任一空缺的开放都可归因于链条中最初的事件；将要填补这些空缺的那些人很可能意识不到这个序列。一个人知道他即将取代 K，甚至可能知道 K 离开这份工作去替代 L，但可能完全不知道被 L 替代的 M 的身份。类似地，一个人可能知道谁将替代自己留下的工作，但是可能不知道谁取代了那位替代者，等等。因此，需要一项专门的分析工作来重建这些因果关系链。

原则上，可以详尽地追溯涉及被访者的空缺链，尤其是考察它们从哪里开始，然后确定他们的现职是出于何种直接原因而空缺出来的。然而，这个过程超出了我的研究范围，因此我将自己限定于讨论他们目前所承担的工作和留下的空缺职位。

我们要求每位被访者描述现职的空缺特征。答案可以分成三类：（1）被访者替代了某个人；（2）有几种同一类型的工作，被访者的工作仅仅是在原有基础上增加的一份工作；（3）被访者是第一个从事这种特殊工作的人。只有在第一种情况下，被访者的流动可以被视为是由空缺链中的事件引发的。在这三种类型中，每类的比例分别为 44.9%、19.9% 和 35.5%。布朗在对 1964—1965 年所有大学新员工的研究中发现了类似的数字：他发现，41% 的空缺是前任的离职造成的，而 43% 的工作是新创造的（Brown, 1967：28）。这些数字尤其依赖于一般的经济环境。例如，一个人会假设，总体的需求层次越低，直接取代的工作的比例就会越高。在一个系统中，新工作的比例也依赖于技术变迁的速度。例如，计算机科学领域出现了一种新型的专门技术,因此可以不断地提供新型的工作。

某些工作和职位的性质也会影响新创造的工作的发生率。表4.1显示,管理人员比技术和专业人员更有可能获得为他们创造的新工作。专业人员更有可能直接替代某个处在不同的职位上的个人。怀特的数据完全来自专业人员——牧师,空缺链分析尤其与专业人员相关。表4.2至表4.4显示,被访者的年龄越大、所在的公司规模越小、其收入越高,在任何情况下,他都更可能占据一个新创造的职位。一位被访者找到新工作的方式告诉我们一个惊人的信息:找工作中最可能涉及直接替代的方式是直接向一家公司申请,通过这种方式找到工作的人中有58%获得了替代性的职位。新增加的工作最有可能通过正式渠道找到:通过正式途径找到新增加的工作的人占31.4%。使用个人关系是寻找新创造的工作的最好机会:43.8%的人通过关系人找到了新创造的工作(参见表0.3和本书导论中的讨论)。

表4.1 工作的来源与被访者职业类别的交叉分析

工作的来源	职业			总体
	专业的	技术的	管理的	
直接替代	53.8%	26.2%	45.5%	44.9%
增 加	16.9%	40.0%	7.8%	19.9%
新创造	29.2%	33.8%	46.8%	35.3%
N	130	65	77	272
		$p<0.001$		

表 4.2 工作的来源与被访者年龄的交叉分析

工作的来源	年龄		总体
	34 岁以下	34 岁及以上	
直接替代	51.5%	38.1%	44.8%
增　加	26.5%	13.4%	20.0%
新　创　造	22.1%	48.5%	35.2%
N	136	134	270
		$p<0.001$	

表 4.3 工作的来源与被访者从业的公司规模的交叉分析

工作的来源	公司里雇员的数量			总体
	20 人以下	20—99 人	100 人及以上	
直接替代	37.3%	46.3%	45.1%	43.1%
增　加	13.4%	17.9%	29.7%	21.3%
新　创　造	49.3%	35.8%	25.3%	35.6%
N	67	67	91	225
		$p=0.02$		

表 4.4 工作的来源与被访者现职收入水平的交叉分析

工作的来源	收入				总体
	10000 美元以下	10000—14999 美元	15000—24999 美元	25000 美元及以上	
直接替代	62.3%	40.4%	37.7%	36.7%	44.9%
增　加	21.7%	25.8%	16.9%	0.0%	19.2%
新　创　造	15.9%	33.7%	45.5%	63.3%	35.8%
N	69	89	77	30	265
			$p<0.001$		

表 4.5 分析了对通过个人关系找到工作的人来说,场合对

信息传递的影响。当个人关系人采取主动并且不知道被访者是否正在寻找一份新工作时，或被访者与其关系人出于其他原因而非交换工作信息会面的时候（包括偶然的会面），最有可能创造出新工作。这大体上与第一章讨论的人群的分类一致，他们获得的工作信息并不与搜寻相关。[1]

表 4.5　工作的来源与信息传递场合性质的交叉分析

工作的来源	场合分类[a]					总体
	(1)	(2)	(3)	(4)	(5)	
直接替代	55.1%	39.0%	21.1%	25.8%	53.8%	40.5%
增　　加	8.2%	14.6%	10.5%	35.5%	7.7%	15.7%
新 创 造	36.7%	46.3%	68.4%	38.7%	38.5%	43.8%
N	49	41	19	31	13	153

$p = 0.009$

a 分类如下：
(1) 关系人联系被访者；知道他正在寻找工作。
(2) 关系人联系被访者；不知道他需要一份新工作。
(3) 关系人与被访者出于交换工作信息之外的其他目的会面。
(4) 被访者向关系人询问关于工作的事情。
(5) 在关系人推荐的前提下，陌生人联系被访者。

我们可以猜测，当一个老板想到一份新工作时，这一工作当前还没有人做，或者几个不同的人同时做这份工作，他可能更喜欢按照他所熟悉的、有可能填补这份工作的人来设计。由于多数人在既定时间内并不会积极地寻找新工作，他们在市场上也不怎么活跃，因此他会（主动）联系他们。正如我的几位被访者遇到的情况，对一位老板来说，一次与工作信息交换无关的会面可能会使其存在于头脑中的想法具体化，促使他去创造一份新工作或在其公司内增加一个新部门。在这些个案中,被访者表现出来的激情改变了会面的目的,并且为自己创造了新工作。

同样,正如布朗在大学教师的研究中所指出的(Brown,1965a: 50 - 51),雇主在雇用某份工作——实际上从事这份工作的雇员会一直做到退休或者离职——的替代者时面临更大的压力。与此相反,直到雇主找到满意的人选之前,新工作还没有人来填补或还未被创造出来,程序也更随意,不太可能产生于潜在雇员的搜寻活动。关于这些推测的某些证据来自于下述发现:对于通过关系找到工作并从事新创造的工作的那些人来说,最常见的情况是,个人关系人就是雇主本人。这在 64 个个案中占 50%。

每位被访者还被问到接受现职时所留下的位置空缺的填补情况。对来自这个问题的资料的分析并不直接适用于"这些被访者的流动如何可能"的问题。然而,这将提供关于整个工作体系因果问题的某些一般见解。被访者的答案被分成三种类型:(1)被访者被或多或少做过类似工作的人替代;(2)没有被代替(在某些个案中,工作被安排给其他雇员;在其他个案中,职位干脆被废除);(3)被访者并不知道发生了什么事。三种类型的比例分别是 55.1%、30.4% 和 14.5% ($N=214$)。

将这些数字与被访者找到的所填补的空缺位置相比,我们可以将其想象为工作的"人口统计学":"出生率"是以前无人从事的新创造的工作所占的比例(是新创造和新"增加"

的工作的总数），"死亡率"是离职以后未被填补的工作所占的比例。在这个样本中，两种比例分别为55.2%和30.4%。如果工作的"死亡率"比"出生率"更高，那么整个系统将达到一种相当萧条和停滞的状态。正如在人口统计学中，假定比率不变，人口规模（工作数量）将会趋向于零，除非劳动力在规模上保持不变，否则失业率将上升。[2]

然而，为了平衡劳动力市场中新军的数量，更需要的是一个"健康的"经济而不是净增长。这让我们想起，每一份新生的工作都会产生空缺链，因此会对流动产生多重的影响；工作的消亡终止了空缺链，也产生了抑制效应（参见 White, 1970: Chaps. 2, 9）。因此，不同层次的流动与系统规模类似的进化一致，因为这些流动层次都依赖于两个参数（劳动力市场的供不应求或供大于求）。对周期性发生的"出生率"和"死亡率"的解读将预测未来流动率的变化。

一般说来，问题是复杂的，不可能提供关于工作数量与流动趋势之间关系的详细叙述。经验研究必须确定这些建议的价值。在有用预测的意义上，一般性经济趋势有可能与提议指数的时间序列有关。相关的信息可以像我所做的那样很容易地收集到；适当的样本，是在一个既定的时期内，所有从一种工作转到另一种工作的人的随机样本。这个群体是从不同政府机构所进行的综合人口抽样调查中抽取的一个子样本。抽取这些样本需要满足如下的编码规则：一种被规则判定为"死亡"的工作，例如，空缺一年以上的工作。[3]

通过将被访者的现职与先前工作的空缺特征做交叉分析统计，可以得出一个更具普遍性的观点。在26.2%的个案中，被访者处在空缺链的中间：他们明确地替代了某个人，而其先前的工作又被别人替代；20.9%和7.6%的人分别从事新创造的工作或是新增加的工作，他们以前的工作也被别人替代了，因此形成了一个空缺链；5.2%的人代替了某个人，但是不知道自己先前的工作是否被别人替代了（他们处在一个空缺链中，然而是处在不确定的位置上）；12.4%的人通过替代别人（而非自己被替代）而结束了空缺链。在13.4%和4.8%的个案中，并没有产生空缺链，被访者从事新创造的工作或新增加的工作，但是自己以前的职位却没有被人替代；9.6%的人获得了一项新创造或新增加的工作，但是不知道自己的工作是否被他人替代了，因而我们不知道这些个案是否产生了空缺链（$N = 210$）。

加上以这种或那种方式被包含在空缺链中的所有人，我们样本中的空缺链比例达到了72.3%（超过2/3）。[4] 如果在专业、技术和管理工作中，如此高比例的流动都涉及空缺链是普遍真实的，那么怀特在其专著中发明的工具（White，1970）就应该被应用到广泛的而非特定的狭隘的经验范围（全国教堂及其牧师）内，他对该模型进行了初始的验证和详细的说明。然而，应该注意到，并非处在空缺链中的所有人都直接依赖于流动：仅有43.8%的人（26.2+12.4+5.2）替代了某个确定的人。其余的人正在形成空缺链，因此影响了其他人的流动。

有趣的是，那些依赖于空缺链流动的人可能比其他人的收入更低。这种趋势呈现在表4.6中：直接取代别人的是那些依赖空缺链的人。这个发现将在讨论生涯结构的一章中进行深入的讨论。

表 4.6 被访者的现职收入与依赖空缺链的交叉分析

收 入	流动是否依赖于空缺链？		总 体
	是	否	
10000 美元以下	36.1%	17.8%	26.0%
10000—14999 美元	30.3%	36.3%	33.6%
15000—24999 美元	24.4%	32.9%	29.1%
25000 美元及以上	9.2%	13.0%	11.3%
N	119	146	265
		$p = 0.009$	

我试图确定哪些类型的工作在任职者离开以后不能被填补，但是几乎没有发现一致的模式。部分地说，几乎没有人说是因为我的焦点集中在被访者的现职上，而很少收集被访者先前工作的信息。一种很清晰的关系是：技术类工作最不可能被报告为已经被替代；与60%的其他工作相比，此类工作中仅有1/3被报告为已经被替代。这可能归因于技术类工作对集体与政府需求波动的敏感性。许多技术工人参与了来自特定合约的项目；当合约期满时，他们又转向来自其他合约的新项目。如果这些合约的整体数目下降，那么许多工作最终将被废除。

当一项工作牵涉几个不同的职能领域时，工作更容易在现存的不同员工中分割与分派；员工不需要被替代。一个被访者将这种现象称为"电梯操作工综合征":如果电梯操作工离职了(假设电梯不是自动的),就不能将(现存)工作分派出去。要么雇一位新的电梯操作工,要么就使用楼梯。另一方面,如果有人正在同时从事技术和销售工作,而两个人都能接任这项工作,那么技术和销售工作就分离了,而不是加重他们每个人目前的工作量。其他的组合也出现在我的"技术+管理工作"和"销售+管理工作"的样本中。被访者指出,工作被按其职能分割,分派给了现有的雇员。

我们也可以想象那些工作尚未分化但很容易分割的个案。一位被访者就描述了这样的个案,他在一家工业实验室负责监督十个人的研究工作。当他离职时,这十个人被简单地分派给其他的主管。但是,相对而言却几乎没有专业技术管理工作涉及这种"计件工作"。

就分析这种导致个人流动的短期原因而言,在大多数情况下,一个相关的策略将会是:追溯使流动成为可能的空缺链。在某种意义上,空缺链太长,流动超出了被访者的熟人圈子,将引入一个比先前的讨论更为宏观的因果关系层次。虽然可能发现某些联系,但是,在空缺链距离和在更一般意义上的社会距离之间(例如在距离测量中,需要找到联系两人的最短的个人关系路径),究竟存在什么样的联系,在一般原则上远远没有被搞清楚。

在我们的追溯程序中也会产生某些模糊性。比如,有一位被访者曾说,他的工作是一位老人退休时新创造的两个初级职位之一；另一个人说，他之所以能得到现职，仅仅是因为另一个处于不相关职位的人跳槽去了更重要的部门。在这两个个案中，因果影响是明显的，但是这并不严格符合怀特的空缺链框架。

我们需要一种更一般的策略，以处理那些其中多数工作并不具有与特定个人一样稳定的特性的系统。然后分析公司决定完成的全部任务的数量及交由他们任意使用的全部资源，确定这两种因素如何被分割为工作结构，以及这种结构如何随着时间而进化。在有限的意义上，这个问题被作为重要然而很难操作的所谓"分配难题"的研究问题来解决（March and Simon，1958：23-25，158）。这个程序可能太复杂以至于不能产生有用的结果；然而，只有进一步的工作才能决定这一点。

第五章　关系：建立与维持

在本章和下一章我将认定下列事实：影响被访者当前流动的某些因素，可以延伸到当前流动的最近时间段之前。关于流动过程随时间而变化的讨论经常涉及"随机的"模型，即涉及在一个特定的时期处于一个既定位置上的个人变换到其他位置的可能性。这就提出了"随机独立性"的问题：在一个系统中，一个人流动到其他任何既定地位的可能性与具有随机独立性的个人的当前地位完全无关。毫无疑问，这种情况是罕见的，因为一个人的当前地位很可能会对即将出现的可能性产生相当显著的影响。关于这个模型的研究来源于在数学上很简单的分析性事实；只有在假定的条件下，许多定理和公式才能被应用。下一个最简单的模型，是假定存在一个"马尔可夫（Markovian）过程"。[1] 在马尔可夫过程中，每一步的结果并非独立于前一个结果，而是在最大程度上依赖于前一个结果；更早的结果则不会产生影响。在技术上，这称之为"一步"（one-step）马尔可夫依赖；也可能构建这样一种模型，允许过去两个或更多的步骤发挥依赖性，这个模型非常复杂，一般会被放弃。关于这一问题的两项近期的研究是由麦吉尼斯（McGinnis，1968）和麦法兰德（McFarland，1970）进行的。

代际流动提供了一个有用的范例。想象一套长期保持稳定的职业地位体系，我们可以考察男性的地位序列。也就是说，考察当前人口中每一位男性在 35 岁时的地位，比较他的父亲在同一年龄时的地位，以及他祖父当时的地位等等。独立性要求一个人的当前地位与他的父亲或任何祖先的地位无关。马尔可夫假设更为现实：根据父亲的而非祖先的地位来确定独立性。当然，在有助于确定父亲地位的意义上，这种独立性也间接地依赖于祖先；但是，问题在于，是否所有先前的依赖都可以被"累积为"父亲的地位。如果对祖父地位的知晓所提供的预测力超出了对父亲地位的知晓，那么独立性假设和马尔可夫过程都不能令人满意。

在实质意义上，问题在于，要发现当前事件的原因需要回溯多远？在多大程度上，系统内正在发生的过程受制于该系统的历史。在当前的状况下，可以对这个问题做如下表述：将一个人的生涯视为一个事件链——一个个人不断进入工作的序列。当某人在某个时段从事某种工作时，他可能同时进入了其他许多工作领域，这样他同这些不同的工作建立了联系。独立性假设要求一个人先前的职位不对当前的工作产生任何影响。对在工作进程中建立的个人关系的广泛使用，使得我们对独立性假设产生了相当大的怀疑。那些使用正式途径和直接申请方式的人最接近随机独立性，但是，即便是对他们而言，不管他们是否听说过那份工作，也不能保证当前或过去的工作在决定他们未来是否被雇用的过程中不会扮演重要的角色。

马尔可夫假设设定了职业生涯中下一份工作的性质依赖当前职位的最大程度。如果这个假设是正确的，那么这一章的论述就是多余的。检验这个假设的方式，就我的数据而言，是询问被访者是在多久以前认识帮助其找到当前工作的个人关系人的。[2] 这些关系人中几乎没有最近认识的人：30.3%的关系人是在被访者流动的 2 年之内认识的，39.4%是在 3—7 年之内认识的，30.3%的认识时间在 8 年以上（$N=66$，访谈的子样本）。

特别有趣的是，与关系人保持关系的时间越长，被访者对工作"非常满意"的比例也越高。对应于 3 组认识时间，对工作表示"非常满意"的比例分别是 45%、60%和 80%（$p=0.06$，$N=65$）。收入数字也显示了类似的关系，虽然不是很显著的相关。我们也可以继续追问：这些关系人是在最近的流动以前还是在更早以前就与被访者认识呢？排除了首份工作以后，在余下的被访者中，有 47.2%是在寻找最近一份工作之前与关系人认识的，52.8%与关系人认识的时间更早（$N=53$）。在那些更早认识关系人的被访者中，61%的人回答是在获得第一份工作之前认识的，39%的人回答是在前一份工作中认识的。这些百分比在跨年龄组和生涯的不同阶段中都保持了相当的稳定。在该样本的子群体中发现这个变量的显著性差异的企图以失败而告终。唯一显而易见的关系是，更可能在前一份工作中建立工作关系而不是家庭-社会关系（比例分别是 56.8%

和 5.3%，$N=63$，$p=0.001$）。

因为被访者提到名字的关系人不必然或不普遍的是在与工作直接相关的互动中认识的个人，所以仍然存在疑问的是：他们是如何以及是在何时成为朋友的，正如在初次相识到传递工作信息的这段时间内是如何维持关系的。探究这个问题构成了因果分析的一个重要方面，因为关系的建立和维持是接下来的流动的一个直接原因。

在第一章中，我把个人关系分成家庭-社会关系和工作关系。在访谈子样本中，我们获得了更详尽的信息，从中我们可以重构有关个人关系的来源与维持的资料。在关系人中，31.4%为家庭-社会关系，16.5%由于是亲属或朋友的亲属而认识，9%是被访者教育生涯某个阶段的同学，5.9%是以各种方式结交的社会上的朋友（在同一个街区长大，朋友的朋友、邻居）。在占关系人68.7%的工作关系中，当他们初次相见时，13.7%是教师，27.5%曾在同一家公司工作，27.5%是不同公司里的同僚。这些数字是以66个样本为基础计算出来的，因此结论仅仅具有启发性意义。[3] 相应地，在此我将呈现一系列扩展的个案概要，来阐明这些不同类型的内容。这些细节将提供需要进一步验证的假设。这种方法对于讨论如何维持个人关系特别有用。这个问题虽然重要，但完全被社会学家忽视，对于统计分类来说，如果资料更加复杂，甚至会弄不清楚合适的类型是什么。下面四个个案阐明了亲属关系如何改变了信息与影响的流动：

个案3（也可参见第一章）：爱德华·A在读高中时，参加过一次由他认识的一个女孩举办的聚会。在那里，他认识了她姐姐的男朋友，那个人比他大十岁。三年以后，爱德华刚刚离职，就在当地的一家聚会场所偶然遇到了那个人。在谈话中，那个人告诉A先生，他所在的公司正在公开招聘一位绘图员；A先生申请了这份工作，然后就被聘用了。

个案13：当迈克尔·E的姐姐（比迈克尔大五六岁）读高中时，迈克尔认识了姐姐的一位朋友乔治·W。几年以后，他大学毕业，决定去教书（他先前的计划），碰巧在观看一场棒球比赛时和姐姐、姐夫以及乔治·W相遇，乔治·W问迈克尔做什么工作，当得知他处于"悬而未决"的状态时，乔治·W又问他是否有兴趣到他做经理的一家房地产公司担任经理助理。在经过正式面试以后，迈克尔被雇用了。

个案14：多米尼克·F的父亲在一家工程公司工作，他介绍多米尼克去找他同事的儿子罗伯特·M。这两个人并不是很熟悉，然而几年以后，当F先生高中毕业后，他的父亲建议他问问罗伯特是否知道工作信息。他照做了，然后得知罗伯特所在的公司正好有一个职位空缺，然后，多米尼克就填补了这个空缺。

个案15：肯尼思·E现在担任一家超市的农产品部门经理。六年以前，他曾经在他现在的老板手下工作，只是在不同的商店。他变换了工作，并且有五年时间没有再见过老板。但是碰巧两个人各自的一位朋友来自同一个家庭：老板认识这个家庭的哥哥，因为老板曾经资助这位哥哥从德国去美国，在美国他又结识了这位哥哥的父母。E先生认识最小的弟弟，因为他娶了E先生妻子的表妹。当两兄弟的姐姐于1968年结婚时，E先生和他的前任老板都去参加婚礼；他们在一起聊天，E先生于是获得了现职。（他补充说，他以前曾经与老板的姐姐一起工作，这强化了彼此之间的关系。）

一个基本的人口统计学事实是，年龄的广泛跨度体现在任何核心家庭中。对相对年轻的人来说，很有用的个人关系仅仅是那些比自己年长的人；他们必须掌握与这些人建立联系的某种方法。上述三个例子说明，可以通过兄弟姐妹年龄的跨度来完成建立关系的目标。自己的兄弟姐妹不一定被牵涉进来；一个人所认识的任何人都是有朋友的年长的兄弟姐妹。事实上，在迈克尔·E的个案中，他自己的兄弟姐妹也被牵涉进来，这可不太普遍。因为一个人和兄长在一起可能会结识许多朋友，但是自己的兄弟姐妹的数量却是有限的。多米尼克·F的个案表明,即使是自己的同龄人,也可能通过年长的亲属才能认识。一般的观点是,亲属和朋友的亲属可以充当与社区其他人联络的联系人,扬和威尔莫特(Young and Willmott, 1962)对此做过特别好的研究。正如他们的研究所揭示的那样,这种现象与低水平的居民流动相联系。前三个个案中的被访者都是在牛顿城长大的。肯尼思·E 则不是,但他的情况是与众不同的。现实中最初的关系并不能归因于兄弟姐妹年龄差异的关联力(事实上,甚至不是家庭或社会的关系),而是因为关系的维持以及从中获得的最后的工作机会。

下面的个案提供了家庭成员年龄跨度关联力的另一种变异:

> 个案 16:诺曼·G 的女儿在一家托儿所工作,她在那里认识了一位律师的女儿,后来 G 先生与律师成了朋友。当 G 先生辞掉了原来的工作时,那位律师告诉他,他的一位客户所属公司的会计部门正好有一个空缺职位在招聘。他前去应聘,然后就被雇用了。

被访者认识关系人是由于他们曾经是同学,一个很有趣的问题不在于他们是如何认识的——这是相当直接的——而在于这种关系是怎么维持的。下面三个例子具有启发性:

> 个案 17:尼古拉斯·L 来自捷克斯洛伐克,1942—

1945 年就读于伦敦工程学院。他希望在第二次世界大战期间移民美国，但是非常困难。他申请移民到其他国家，这样会比直接移民美国更容易些，然后他就移民到了第一个接纳他的国家。在玻利维亚，他找到了一份工程师的工作，并工作了十年之久。在离开伦敦之前，他告诉一位朋友他曾在一块公告牌上看到一条信息：美国中西部的一所大学正在招聘工程学教师。对他而言这个消息太晚了以至于不能完成既定的申请程序，但他的朋友前去应聘，然后被聘用了。在玻利维亚工作的十年间，L 先生给他的朋友写了两封信以保持联系，并收到了两封回信。他的朋友在第二封信里告诉他，这所大学还有一个职位空缺，他也很成功地申请到这个职位。三年以后，他感觉厌倦了；在旧金山度假的时候，他认识了他内弟的一位朋友，这位开设工程公司的朋友雇用了他。

在加利福尼亚工作了三年之后，他再次离职，他愿意尝试某种新的东西，就到波士顿寻找工作。他首先拜访了在玻利维亚工作时认识的一位朋友；这位朋友告诉他：波士顿有一位工程师是 L 先生的同学。他和这位老朋友已经有 20 年没见面了。当 L 先生去看望他时，他建议 L 先生到他现在就职的公司申请工作。L 先生照此行事，然后就被聘用了。两年以后，该公司的一位高级职员组建了另一家公司，邀请 L 先生加入。这就是 L 先生的现职。

个案 18：威廉·P 在餐厅认识同学马克·W 时，他还是一名法国文学专业的研究生。1951 年至 1952 年他俩住在同一间宿舍。1953 年到 1955 年，他们俩仍然都住在大学城，偶尔会碰面。在获得硕士学位之后，P 先生到新英格兰地区一所规模较小的女子学院教书。1957 年至 1959 年，他的朋友 W 先生也在附近一所州立学院任教，并看望过 P 先生几次。1960 年，P 先生获得了博士学位，然后转到了纽约州北部一所更大的学院工作，他朋友的家人住在附近的镇上。1962 年，他的朋友在看望家人时，也顺便拜访了 P 先生。1964 年，P 先生在宾夕法尼亚州一所规模更大的大学找到了一份好工作。同时，W 先生正在他与 P 先生母校附近的一所大学里教书。暑假期间，P 先生返回学校做调查，因为母校的图书资料对他独特的学术兴趣非常有帮助。1964 年到 1967 年，几乎每年暑假他都会见到马克·W。有一次，马克·W 问 P 先生是否有兴趣到自己所在的系任教。两年以后，当 P 先生意识到他不能获得其所在大学的终身教职时，他联系了他的老朋友马克·W 先生，并询问他是否还有空缺职位。马克·W 回答说正好有一个空缺，P 先生就获得了那份工作。

个案 19：大卫·M 还是一个男孩的时候，曾为纽约布鲁克林·道奇棒球队（Brooklyn Dodgers）做球童，后来，成为艾伯兹球场（Ebbets Field）食物特许经营部的经理。

同时，他在一所地方大学在职学习，于1940年毕业。然后，他在艾伯兹·费尔德接受了食物分销部门的一份行销工作；1961年，他决定自己做老板，就在马萨诸塞州北海岸地区开了一家餐馆，他在该地区有很多亲属。1966年中，一位顾客在酒类专卖许可证上看到M先生的名字，就问他是否就是大卫·M，并说自己早在27年前读大学的时候就已经认识大卫·M了；他回答"是"。

他们开始聊天，这位朋友后来成为餐馆的常客。他是马萨诸塞州北部一家大型私人社会福利项目的董事。在经过几个月的讨论之后，他认定M先生是管理他的一个项目的合适人选：这份工作是对残疾工人的再培训。几个月以后，M先生接受了这份工作。

M先生强调，他在读大学时和他的新老板仅仅是"熟人"，也不具备从事这份新工作的任何专门技术。然而，他断言，在这个领域实际上并没有所谓的专门技术，因此，一个门外汉实际上都能干好这项工作。

这些个案阐述了（第三章提出的）一个论点，与帮助自己找到工作的那些人的关系可能是相当弱的。在其中的两个个案中，20多年的联系的中断将他们彼此分开。这些个案尤其违背了马尔可夫假设。大卫·M的个案也是通过非工作关系实现重大工作变动的例证（参见第二章）。一般而言，工作类型的重要改变不大可能遵循马尔可夫模型而发生。如上所述，许多工作关系都是在前一份工作中建立的。

到目前为止，本章所引用的个案几乎都排他性地包含了家庭或社会关系。某些有趣的发现是，关于被访者是如何与并非自己公司里的工作关系人建立联系的。我将在第八章论述组织间关系时讨论这个问题。当工作关系人形成于同一家公司的内部时，有关关系是如何建立的，几乎没有什么需要解释的。[4]

假设主要的流动率是既定的，一个人在任何既定工作中结识的其他人（无论是否曾经在同一家公司工作），未来都会分散到许多公司和地区，这些工作关系人就能充当个人关系人，可以"引导"或至少有助于一个人流动到其他职位。如同对于家庭-社会关系一样，我们也会询问这些关系在间隔的时间段内是如何维持的。专业聚会与活动在这方面也显示出了重要性，正如人们从彼此共同的朋友那里获得信息一样。因为平均的关系间断期更短，对于工作关系来说，这个问题就不成为一个问题了。

重要的理论问题隐含在工作关系如何建立和维持的讨论中。尤其有趣的问题在于，相关机制与人们用来获得和维持一般社会关系的机制是否有实质上的不同。令人遗憾和震惊的是，缺乏基线资料，缺乏对一般人口的社会关系的获得与维持的系统研究。我猜测在社会关系的获得方面存在着某些差异，因为所创造的联系可能将个人与实质上不同的信息储备联系起来；因此，过多出现了缩短社会距离的机制（第三章在此意义上进行了特别说明)。这一点在年轻人通过家庭成员的年龄跨度与年长的人联系起来的个案中表现得特别明显。为了获得一般性的简洁陈述,我们应该分析个人与其他人——这些人与他们的地位具有实质性差异——的关系的形成过程,因为这些关系潜在地将他们与不同地位的其他人联系在一起。

关系维持的机制是可以预料的。我们去拜访路过我们地区的朋友,这种风俗在所有文化和时期都是很普遍的。在婚礼、葬礼和其他仪式性的场合同样也是真实的。亲属关系经常不仅产生关系,而且还会在既定的某些居民不流动的情况下,提供关系更新的一些机会。某些方法多是有意设计的;许多部落社会都有一些周期性的事件,包括相当重要的旅行和有象征意义的物品仪式交换;特罗布里恩德岛上的库拉圈(kula ring)就是一个非常著名的例子(Malinowski, 1922)。专业会议也发挥着一种类似的功能;论文交换被广泛地视为在个人层面与其他人保持联系的一种次级方式,闲谈也是与目前一起工作的人维持关系的一种良好手段;因此,甚至那些没有出席会议的人也会受到影响,因为其行踪会通过彼此的熟人传播到老朋友中间去(Katz, 1958; Granovetter, 1973)。

可能更令人吃惊的是——虽然这与我在第三章所强调的弱关系观点一致——曾经被使用过的一些关系很少能够长期维持。值得关注的事实是,一个人可能会从几乎被遗忘的某个人那里获得关键信息。极少量的"维持事件"会使下面的假设性研究项目成为可能:要求被研究的每个人画出一张可以追溯其全部社会交往关系的图表，每列表示一个既定的时间段，每行表示所认识的人。要画足够多的列来表示他一生的全部时间和足够多的行来表示某个人在不同时期所认识的人，以姓氏为基础来做记录（包括那些最短的社会交往时期）。在表格中的每个单元格内输入在特定的时间段内与人互动的数量、类型和场合；我们将会获得一个人一生中所维持的社会关系及如何维持的完整记录。本章所引用的一些个案，可以视为假设性社会交往关系图表中行的子集。

当然，问题在于，在知道了哪些个人关系是相关的之后我们才选择了这些个案。必须自然地建构因果链，这样我们才可以在实际发生的因果链终止之前挑选出重要的因素（参见Hempel，1965）。在操作意义上，这些图表的某些版本就可以被设想出来。在某个时间段，比如说十年之内，个人就可以按照上述提议画出关系图表。格瑞维茨的研究（Gurevitch，1961）显示：人们有能力完成甚至更为复杂的任务——记录下每天与其发生接触的所有人。这里提出的研究的时间段可能更容易处理，也许可以长达三个月，清楚记录三个月内经常会面的人，仅仅是为大致地评估互动数量提供信息。我们还可以从这张图表中了解到许多内容，因为我们不仅能发现谁提供了有用的工作信息，而且还可以知道谁没有提供信息，以及谁提供的信息并未被使用（目前研究的问题在于未能收集到后两类资料）。与这三组人面谈将会阐明这个问题。最后，一旦搞清楚了重要的变量是什么，我们就希望在短期数据的帮助下建构相关的因果链。虽然提议的方法似乎有点浪费精力,但我认为,与有关一个人的日常接触的随机样本相比,很难想象其他人是如何发现那些提供工作信息的人是否有异常之处的。

第六章　生涯结构

在上一章，我们已经知道，职业生涯不是随机地从一个工作跳到另一个，而是有赖于个人在工作史的不同阶段及工作以前获得的社会关系。这个发现的一个重要结果是，流动似乎是自生的：一个人的流动所经过的社会和工作场景越不同，他所拥有的有助于他进一步流动的个人关系储备库就越大。这是因为，如果个体"积累"他们的关系的话，那么在前一份工作或以前的工作中建立的关系，很可能在最近被作为有累积效应的关系。如果只有强关系或最近的关系才能被作为流动媒介的话，那将是不真实的；然而，因为相对较弱的关系可能更关键，在一个岗位上工作两三年，就足以建立对日后有用的关系（虽然一般来说这是不可预测的）。太短的时间不足以形成关系，因为必须在交往中，使别人对自己的能力和人格留下确定的印象；另一方面，在一个岗位上工作得太久，可能会因为减少了在其他地方建立个人关系的可能性而阻碍未来的流动。

在访谈子样本中，我收集了被访者职业生涯中每份工作的一些细节资料。[1] 平均每份工作的任期是 4.7 年。其中，14.1%的被访者的平均工作任期少于 2 年，51.3%的被访者的工作任期在 2—5 年之间，34.6%的被访者的工作任期在 5 年以上（$N = 78$）。[2] 如果我的上述解释是正确的，那么我们可以预测：中间群体在建立个人关系方面将是最有利的，而另外两个群体则不占优势。虽然结果是不确定的，但是存在支持这一论断的某些证据。平均工作任期 5 年以上的被访者，通过关系找到现职的占 58.3%，而工作任期 2—5 年和 0—2 年的被访者，通过关系找到现职的分别占 67.5% 和 72.7%。这种差别在统计上并不显著；造成统计上不显著的原因有两个。很明显的一个原因是涉及的人数太少，当我们阅读本章的表格时，应该记住这一点。无论是什么类型的关系，这些数字首先被证明为具有一定的启发意义。另一个原因，也是更为棘手的问题，在于许多论点更含蓄地适用于工作关系而不是社会关系。一个人在两种社会圈子——职业圈子和社交圈子——中流动，这两个圈子仅仅是不完全地联系在一起的。对我的被访者进行的非正式询问显示，工作与社会关系之间存在许多明显的界限，虽然我没有系统的资料来解释谁对两个圈子做了区分，谁没有做出区分。这个问题有待进一步探索。一个人拥有相当数量的与工作无关的社会关系，从这个意义上来讲，目前的论点仅仅适用于某些流动；虽然对流动而言，工作关系一般更为重要，但我已经归类了一些重要的例外。

每一个被访者都被问道，在他们的职业生涯中，是如何找到每份工作的。除了现职之外,我在表 6.1 中根据通过关系找到工作的比例,将被访者分成几组。任期年限居中的人比长期或短期任职年限的人更可能通过关系找到 2/3 以上的工作,虽然这一差别并不是压倒性的。如果不是因为经理和年长者在较长任期的被访者中过多地出现——这两个群体通常不太可能使用关系寻找工作——这种趋势可能会更明显。如果允许控制年龄和职业两个变量,那么子样本中这些数字的假定影响可能会更强烈。

表 6.1 通过关系找到工作的比例与被访者平均工作任期的交叉分析

通过关系找到的工作	平均工作任期			总体
	2 年以下	2—4.999 年	5 年及以上	
没　有	20%	20%	11.1%	16.9%
0.1%—66.6%	50%	25%	48.2%	36.4%
66.7%—99.9%	0.0%	35%	14.7%	23.4%
全　部	30%	20%	26.0%	23.4%
N^a	10	40	27	77
		$p = 0.15$		

a 仅是访谈样本;不包括首次工作的人。

我也询问过被访者:在过去 1 年内,他们是否告诉过所认识的人关于工作的消息。我们可以假定,那些回答"是"的人可能会比其他人接触到更多的工作信息;表 6.2 显示,平均工作任期为 2—5 年的被访者比其他人更可能为朋友提供工作信息。

表 6.2　为朋友提供工作信息的被访者比例与
被访者平均工作任期的交叉分析

近来是否将工作信息告诉了朋友？	平均工作任期			总体
	2 年以下	2—4.999 年	5 年及以上	
是	36.4%	70.0%	46.2%	57.1%
否	63.6%	30.0%	53.8%	42.9%
N	10	40	27	77
		$p=0.05$		

正如第三章所指出的，一个人使用人际关系找到现职的信息链长度，是测量一个人在劳动力市场中如何占据较好位置的一个尺度。表 6.3 显示，在寻找现职时，工作任期 2—5 年的被访者比其他群体更可能使用 0 级信息链；数据还揭示出，这一群体比其他群体对现职的满意度更高，而工作任期 5 年以上的被访者则对现职最不满意。

表 6.3　信息链长度与被访者平均工作任期的交叉分析

信息链长度	平均工作任期			总体
	2 年以下	2—4.999 年	5 年及以上	
0 级	25.0%	61.5%	31.2%	46.0%
1 级	37.5%	30.8%	56.2%	40.0%
2 级以上	37.5%	7.7%	12.5%	14.0%
N	8	26	16	50
		$p=0.08$		

样本中的某些个案使我注意到，一个人在一个岗位任职的时间太久，可能会因为阻碍了个人关系的积累而影响未来的流

动。维克多·O的个案尤其令人震惊：

> 个案20：维克多·O是一位化学工程师。当他从军队退役时，一位大学时代的同学告诉了他有关工作的信息。离开军队两年以后，他回复了布法罗附近一家小公司的招聘广告。然后他在这个岗位上一直工作了18年半；他的许多同事也都是终身在那里工作。后来，那家公司在兼并中被出售，O先生的职位被取消了。然后，他就通过联系朋友和熟人以及回复招聘广告来寻找工作。他给115家公司寄发了求职信；随着时间的推移，他的挫折感逐渐增加，他继续与刊登招聘广告的公司及回复求职信的公司联系，最后，只收到了四五封面试邀请信。他开始系统地对将要寄出的求职简历分类，看看是否会导致不同的结果；但是结果还是一样。最后，他接到一位熟人的电话，请他写一封推荐信，因为他的熟人正在申请另一家公司的工作；O先生清楚地认识到自己也是合适的人选。他的朋友没有得到那份工作，而O先生却被聘用了。然而他对这份工作非常不满意，又开始给其他公司写求职信。

当我查看O先生的招聘广告剪贴簿时，我为他遭受的烦恼和愤怒的挫折感所震惊。虽然这个个案并非缺乏代表性，但却是最极端的，在我进行的许多令人困惑的访谈中，我的访谈对象看起来是那么英俊和睿智，但却都在一个岗位上工作了15

年以上,然后他们在寻找工作时遇到了特别明显的困难。[3]

关于工作任期的全部结果显示,平均工作任期2—5年的被访者对未来生涯发展的前景最满意;管理人员是主要的例外,因为工作性质需要他们长期地呆在一个组织内,这使他们可以有效地工作。另一方面,技术人员和专业人员却较少受到公司安排的制约,因此在一家公司工作几年以后,他们向许多人展示了自己的能力,然后便另谋高就。过长工作任期的影响可以通过扩大自己在公司之外的关系网络来克服;经理们所期待的很可能就是这些(正如第八章所示)。我的观点是,假设其他条件相同,较长的工作任期会切断个人关系的积累,因而也会减少个人流动的机会。

这里所引用的所有结果都与选择性因素运作的假设一致;这种假设认为,那些具有较长工作任期的人确实拥有最少量的关系,但较长的工作任期是关系结构的结果而不是原因。使用小规模样本,我不能确定因果关系的方向;但是我可以证明,当这些选择发挥作用时,对于因果关系而言,至少运用其他方法也具有同样的合理性。我的样本中多数人属于这个类别,他们已经在一个岗位上工作了很长时间,因为他们以前就希望这样做;此外,较长的工作任期一般是在他们的职业生涯之初开始的,因为许多关系人都是在这个阶段之后认识的,可以合理地假设,较长的工作任期会阻碍某些其他的可能性的发生。

进一步的证据表明,寻找现职的行为强烈地依赖于表6.4和表6.5所呈现的职业生涯,这又可以根据通过关系找到过去工作的比例将样本分组（因此，排除了目前仍然在从事第一份工作的人）。表6.4显示，在先前的工作不是通过个人关系找到的人当中，有超过90%的人的现职经过了寻找，这个比例随着通过关系找到先前工作可能性的上升而平稳地下降。表6.5很清楚地显示，那些大多数以前的工作是通过关系找到的被访者，他们的现职同样也是通过这种方法找到的。从这两种结果中可以预测，对现职"非常满意"的比例随着通过关系找到先

表6.4 被访者的搜寻行为与通过关系找到过去工作的比例的交叉分析

寻找现 职了吗?	通过关系找到了过去的工作				总 体
	没 有	0.1%—66.6%	66.7%—99.9%	全 部	
是	90.5%	77.8%	72.7%	50.0%	72.8%
否	9.5%	22.2%	27.3%	27.2%	27.2%
N	21	27	11	22	81

$p = 0.02$

表6.5 找到现职的方法与通过关系找到以前工作的比例的交叉分析

找到现职 所用的方法	通过关系找到了过去的工作				总 体
	没 有	0.1%—66.6%	66.7%—99.9%	全 部	
正式渠道	18.2%	22.2%	9.1%	4.5%	14.6%
个人关系	40.9%	63.0%	90.9%	77.3%	64.6%
直接申请	36.4%	14.8%	0.0%	9.1%	17.1%
其 他	4.5%	0.0%	0.0%	9.1%	3.7%
N	22	27	11	22	82

$p = 0.04$

前工作比例的上升而增加，从没有通过关系找到先前任何一份工作的35%，提高到通过关系找到所有先前的工作的68.2%。

还可以用另外一种方式来看待这种情况，如果职业生涯中的各种事件是彼此独立的（通过关系找到工作的可能性并不会随着时间而变化，过去的研究指出这是接近真实的），那么，在平均工作任期内通过关系找到工作的预期比例应该等同于通过关系找到任何一份单一的工作的概率。在我的访谈子样本中，66%通过关系找到了现职。但是被访者通过关系找到60%—70%的先前工作的概率仅为12%，模型中的类别（分类是十分位的，加上"全部"或"没有"）被替换为"全部"（30%）和"没有"（19%）。也就是说，正如多数类似的个案所显示的那样：人们在其整个职业生涯中都通过关系寻找工作，或从来都不通过关系找工作。

这在统计学上具有欺骗性，因为100名被访者有着长短不同的职业生涯，职业生涯较短的人很可能属于两种情况中的一种：要么任何一份工作都不通过关系来寻找，要么所有的工作都通过关系来寻找；在极端的个案中，现职也是他们的第一份工作（$N=18$），不存在其他的可能性。我们可以建构一个简单的允许这种切断影响（truncation effect）存在的模型。将所有长度为C的职业生涯纳入作为成功可能性的二项式实验，那么C次试验之后成功的概率为0.66（通过关系找到工作的概率）。如果试验是独立的，对于每一个C来说，我们可以很容易推导出期望通过关系找到0，1，……，C份工作的数字，将这些数字与观察到的数字对比,来看看二项式趋势是否大于虚无假设中的期望值。虽然这些结果是不确定的,但是却可以看出,"全部"或"没有"的比例比独立性假设所允许的更大。

这也可能产生于关系形成的方式。几种最初的关系,无论是如何建立的,都促进了流动,进而使关系的数量增加,又提高了进一步流动的可能性,等等。另外,每一种新关系都可以介绍别人与其老相识认识。如果所有的过程都有一个弱关系的开端,那么在全部可能的关系中仅仅有非常少量的关系可以成为现实。在概率论中,这种情况被称为"分岔过程"(branching process),经常产生双模结果(bimodal results)。例如,费勒指出,在几代之后,按照这种方式分布的男系后代数量,仅仅解释了男婴的出生概率;也就是说,可以预测,在10代以后,要么很少要么非常多的后代都随祖先的姓氏,而不是一个适中的数字(Feller,1957:274–276)。一个类似的过程可以在我的资料中运转以形成双模趋势(bimodal tendency)。[4]

第七章　某些理论性结论

前六章都集中关注影响样本中个体流动的不同因素，虽然不是排他性的，但也特别强调了使用个人关系完成流动的个体。在思考我的资料与宏观结构的联系之前，我希望概述有关个体的研究发现，并做出一些理论性的评论。

这些发现并不有助于得出轻松的总结或一体化的讨论。特别是，在微观和宏观层面上，很难把短期和长期影响融入一个一致的解释中。我不希望纠缠于细枝末节，而是提出如下的一般性评论，这些评论虽然过于抽象以至于难以令人满意，却会激发某些富有成效的研究线索。这些评论将从微观层次延伸到宏观层次。

对个体的因果影响

我首先运用第一章至第六章的资料做出粗略的总结：个人有时为了未来的流动而搜寻信息，但一般来说，如果他们不那样做，或如果工作信息与他们的搜寻没有关系，那么他们有可能找到一份更好的工作。能够找到最好工作的那些人，他们与关系人的关系是职业关系而非社会关系,而且多数是弱关系而非强关系,且信息链更短。大约一半的被访者填补了前任腾出的空缺职位,而其他人,出于各种原因,并不以这种方式依赖别人的流动。对职业生涯—工作任期—序列的分析揭示出:被访者寻找现职的经历,并非独立于前一份工作,在许多个案中,这种依赖也不受时间跨度的限制。尤其是,最成功的被访者极大地依赖过去的关系和职业生涯模式。

我们能从上述发现中得出什么一般性结论呢?大体来说,社会系统中的因果分析受制于未被充分定义的距离测量尺度。在任何系统中,我们都希望知道在一个部分中广泛发生的事件如何影响其他部分,以及这种影响的范围有多大。确定在变迁情况下也对其他方面或多或少产生一致影响的那些系统的方面,或更多地以某种内在逻辑而非外部力量为基础而变迁的系统的方面,是同样重要的。

一个相关的方法在于将这种观点运用于对影响的分析中,亦即分析影响特定个人的行为与选择的因素。我在前六章的讨论中,已经含蓄地提出了因果距离的概念。其中一个是网络结构中的距离,以信息链长度的测量来表示。另一个是空缺链的长度,我们已经拥有了充分的数据(White, 1970:Chaps. 1, 5)。两种测量指标都代表了在某段时间内,在微观和宏观的连续统上的因果距离的思想。

另一个因果距离的维度是暂时的:一个人必须回溯多远才能找到对目前事件产生直接因果影响的事件?在此意义上,长期原因与短期原因的差别类似于远期（宏观）与近期（微观）原因的差异。需要展开很多讨论才能充实这些含糊的理论想象。

然而，在目前的发现的基础上，我们可以对手头的问题——流动机会的原因——谈点看法。与短期原因相关的是，那些最自主且最能做出合意选择的个人，最少受到社会距离遥远的事件的影响。这个观点在第三章关于信息链长度的讨论中尤为清楚，也与对空缺链的分析相关：那些最少归属于远期原因的人，被假定为其流动不依赖于空缺链的个人。如果我们已经测量了那些人所涉及的链长，就可能按照链长来区分——所期望的状况是，处在较长的信息链末端的那些人表现出收入较低与工作满意度较低的特征。这与怀特的理论思想相契合，他的经验资料证实了这种思想。全部空缺链中的每一步都是从较高地位到较低地位的流动，因为多数工作流动都是向上的。因此，在个人之前的空缺链步骤的数量在某种程度上是一种地位指标。[1] 这里，我们仅仅可以进行"不是……就是……"式的比较：受空缺链影响的那些人替代了先前的员工，而那些接受新创造或新增加工作的人则不会受到这样的影响。在这个有限的比较中，揭示了第四章所描述的结果：受到空缺链影响的那些人所报告的收入较低。

当我们进入因果影响随时间而变化的领域时，在某种意义上也会发现相反的影响。那些在过去生活中最与世隔绝的人，在长期的职业社区中结识的关系人最少，在进入市场中的每一份新工作时，他们都遵循着清晰的道路——正如经济学的"完美市场"理论所指出的，他们也是最没有优势的人，他们的选择最少，对所获得的职位最不满意。非常有趣的是，预测性经济理论为我们指出了两个方向：在当前，它假定，规范由卷入工作信息长链的因素构成；越过时间维度，规范涉及相互独立的过去事件。经济人以两种方式存在，但是很少成为效仿的对象。这两种预测是相关的：确实由于过去的联系和关系，特别融入了某种职业生涯模式中，从而缩短了目前的搜寻过程，所以信息链较短。对于既定的个人而言，目前相反的关系存在于因果影响在时间上的深度及其在目前的广度之间。

认为成功可能被定义为相对于遥远事件的独立，这不是原创的观点；而我在这里要指出的观点是，这种常识性思想将会被按照系统方法来处理，通过建构这些影响的结构性测量，以及将它们与社会系统中个体的当前经验联系起来。目前讨论的探索性质是显而易见的；发展这些思想所必需的资料并未包含在我的研究中，因为这些思想不是该研究的产物。

理性与信息处理过程

经济学和社会理论中的一个关键问题是，在什么程度上个体的行为是"理性"的。对我的被访者来说，出现了两条有点矛盾的线索。假定他们的目标和可能性是既定的，他们似乎去选择服务于其目的的行动路径；他们的关系人和老板也同样会这样做。同时，大量的限制缩小了他们实际的选择范围——偶然的会面、以往的流动史、模糊地记得的熟人——以及陌生人的流动和信息传播。

这里并不存在现实的矛盾，但是社会学理论倾向于强调唯意志论或排他的决定论。显然某个人曾经说过：我们既要调查志愿行为，又要探究强加给志愿行为的限制，然而，几乎没有分析者能够兼顾二者。我自己目前研究中的不平衡主要集中在限制上。因此，我应该谈谈"理性"。

这里报告的许多发现，即使是出乎意料的，也很容易用理性行为来解释。例如，我发现，那些没有寻找工作的人反而得到了更好的工作。待在家里而没有积极寻找工作的非搜寻者获得了更好的工作，因此，一份吸引他们的工作必须非同寻常的出色。正如在近来的商业行为中，有些人可以"选择，但不做出决定"。在需求一方，类似因素为想创造新职位的雇主所利用：这些职位可以很从容地被填补，因为它们目前不可能参与关键性的工作；另一方面，必须尽快找到替代者，以免其他工作陷入混乱。即使不太合格的申请人也会获得满意的工作。但是，事实上，按照理性的个体行为来解释这些关系，并不会使这些关系变得不太重要，因为它们是在宏观分析层面上自然产生的现实。例如，在意识形态的意义上，最好的工作并未经过寻找就被候选人填补，这必然影响到我们的观点：一个"开放的"社会的概率有多大？

关于为什么雇主和雇员偏爱使用个人关系来获取劳动力市场的信息，也可以得出一个类似的观点。他们正确地推断：个人关系意味着更好的信息（参见第一章）。我所谓的"更好"，是在雷斯的意义上使用这个词，意味着更"深入"。雷斯指出，"任何市场中的信息都有广度和深度两个边缘。买者可能沿着广度的边缘搜寻，从多个卖者那里获得报价单；也可能沿着深度的边缘搜寻，获得关于某个报价的额外信息"（Rees，1966：560）。他继续说道，前者的策略适用于搜寻新汽车，后者则适用于二手车和劳动力市场。二者的区别基于寻找的对象的标准化程度。社会理论的抽象范畴阻碍我们注意到，在许多重要的场合，一个人必须获得有关相当非标准化的选择的信息。

许多人分析了收集每一种信息所花费的成本（参见第一章）。不太正式的分析关注到下述事实：人们不仅不尽力收集完全的信息，而且试图过滤掉某些可能获得的信息。"雇主所面对的问题"，正如雷斯所指出的，"不是与最大数量的潜在的申请人保持联系；而是去寻找少数确实值得投入彻底调查的申请人"（Rees，1966：561）。他经常争辩说，"雇主的雇用标准可被视为缩小搜寻领域深度的一种设计，通过将申请人的数量缩减到便于管理的比例来实现"。因此，雇主采用了专断的规则："文员必须是中学毕业生；材料管理者的体重必须至少在150磅以上；看门人必须在大都市地区居住一年以上……每种规则都与工作表现有某种相关性，但是缺乏特别说明的可被其他人补偿的品质"（Ress，1966：561-562）。求职者类似的兴趣在于，保证被调查的和被慎重考虑的可能性的数量是可管理的。

心理学家曾经广泛论述过滤掉不能提供信息的刺激物的个人需要，也阐述了人类信息处理能力方面存在的明显限制（Broadbent，1958；G. Miller，1956），但是几乎没有注意到这种行为的社会学方面。我将要进行一个全面的考察，个人关系同时被用来收集信息和过滤噪音，对于多种信息的收集而言，这是一种最有效的设计方法。

在找工作的案例中，从我的研究中得出下述推论是错误的：不合格的人员普遍地填补了专业技术管理人员的空缺，因为劳动力市场是"不完美的"。许多标准限制了从全体人口中选择大多数专业技术管理职位的任职者；问题在于，当考虑到教育、培训和经验时，能获得的申请人的数量仍然是难以管理的。个人关系进一步缩小了已经缩小的群体范围，而且这样做比其他方法的代价更小。[2]

信息处理过程的过滤方面甚至在其他社会过程中处于更明显的中心位置：婚姻是一个典型的例证。似乎没有研究直接涉及配偶如何意识到彼此存在的问题。我们必须考虑新郎、新娘的行为，在多数社会中，也要考虑到其家人的行为。就像寻找工作一样，配偶可能的选择范围，从一开始就被多少有些任意的规则缩小了。一些学者已经精确和正式地阐述了这种现象，正如在许多部落社会或非正式社会中，然而，这在现代社会一样清晰，可允许的配偶之间的地位差异是被具体规定了的。个人关系和制度化中介（例如，中间人）更多地缩小了这一领域。

与我的研究可比较的有趣问题是，人们偏爱使用非正式途径（也就是，朋友介绍）还是正式途径寻找配偶呢？他们所用的信息链有多长，影响有多大（例如，朋友的朋友的朋友成了自己的配偶）？在寻找配偶的模型中供给与需求（人口性别比率的波动）的重要性何在？

人们会预期，每一方都希望获得尽可能多的有关未来配偶的信息；婚姻是家庭之间的联盟，因此也会收集各自家庭的信息。个人关系可能会提供最深入的信息（尤其在有异族通婚风俗的地方），但是仅仅依靠这些个人关系还是不充分的。中间人在发掘有益信息方面已经相当专业（一些"猎头公司"受到相当大的重视）。在日本，人们甚至雇用私人侦探公司调查潜在配偶的家庭成员及其前景（Vogel，1961：114）。[3]

一般的观点是，任何社会中的信息都是成本高昂又颇有价值的；没有理由指望信息会很容易地流动，除非有直接的补偿或个人关系。正式的中介机构获得了直接的补偿，而信息经常不是通过这种正式渠道获得的，如果与掌握信息的人没有个人关系，就不能获得任何有效的信息。近期一项关于妇女如何找到非法堕胎者的研究清楚地阐述了这个观点（Lee，1969）。在这类个案中（即使现在比当初研究时还少），没有无差别地传递信息的充分理由；因为这样做就会将自己和堕胎者置于危险的处境。类似的研究也可以被想象为关于人们如何购买大麻、如何窃取被分类的文件（智力产品）和其他非法物品。也可以按照这种方式分析人们如何在不充分的间接关系的基础上借到一大笔钱。对于找工作来说，可以预期的是，通过正式渠道或长信息链找到工作的人比运用更多个人关系找到工作的人的工作满意度更低。非法堕胎者和放高利贷者都发现，错误的方式经常是致命的。

要证明所用方法是理性的，并不意味着全部社会福利都是最优化的。不管是否有能力或优点，那些没有正确关系的人都将处于不利境地。对于这些人来说，堕胎者、大麻、高利贷、配偶和工作可能都是令人不满意或不能获得的。事实上，我的分析的一个主要结果是：在微观层面上相当理性的一些常规的社会机制，在宏观层面上也会导致制度化的社会不平等，任何特定的行动者必然都不希望出现这个结果。

现代化与特殊主义

在宏观分析层面上，我的数据资料涉及几个主题。一个明显的主题是现代化与结构分化之间的关系。多数有影响的理论家都认为，随着社会趋向于"现代化"，社会内部的各种不同功能——经济的、政治的、宗教的、社会化等方面——会变得彼此分离。家庭曾经承担所有的功能，现在出现了专业化的制度和人员。家庭式的公司消失了，政府成为中央集权式的，学校教育孩子，牧师诠释生活的意义。宗教的、政治的与法律的制度都彼此分离。随着分化的继续，先赋性的特殊程序逐渐消失。我们可以看到，分化是"一种'摆脱'先赋性关系的过程"（Parsons，1961：230）。例如，在招聘程序中，强调成就和普遍主义的标准取代了先赋性关系。

许多理论家对这种观点提出了警告。莱维指出,虽然"所强调的普遍主义标准从未达到,但是加速了向相对现代化的社会转型,并使相对现代化的社会得以维系"(Levy,1966:54)。在某种意义上,这一警告包含了我的下述发现:在现代经济中存在广泛的特殊主义,但是他们却并未看到这一发现的重要性。如果特殊主义仅仅被视为一般性普遍主义过程中的一种"侵扰"或是一种剩余的、摩擦性的累赘的话,那么就无法解释其持续的存在。这些根据与上述我的关于使用个人关系的理性的论点相关。梅休精致地表述了这个观点:"(在现代社会)可以将先赋性权力和功能地位的源泉概括成三句话:它是廉价的,涉及将现存的、先前形成的结构作为一种资源来运用,而不是为了同样的目的创造一个新的专业化结构"(Mayhew,1969:110)。

仍然存在一个更深的问题:我的论述与常规理论之间产生了分裂,是因为普遍主义并不是分化的结构所必需的,还是因为这些结构的分化还没有达到通常假设的程度?我认为两种解释都是真实的。普遍主义是一种被期待的模式,因为它在处理复杂情况时具有归因的优越性。我试图表明,在纯粹的技术意义上,这是不正确的,因为它忽略了获得模型和信息类型所必需的这类条件(这一点将在第八章中详细论述)。同时,我们应该认识到,即使一个人在招募商业伙伴时,也要考虑一些非经济因素,正如在第三章所提出的一些因素。此外,正如上面详细讨论过的,家庭和社会关系在现代社会的招聘中绝不是不重要的。试图将个人建构成理性行动者或劳动力市场创始人提出的博弈理论中的"参赛者",都不像市场封闭或博弈论中的理性预设那么强。甚至在他们什么都没有做、或从来也没有从先前认识的与博弈有关的资源那里寻找信息时,信息就传递到了参赛者手中。更精确的想象是重叠博弈的情况,或用诺顿·龙(Norton Long)的话来说,是一个既定的个体所参与的"博弈的均衡系统"。要按照这种方式构思那种情况,就需要我们将先前假设的极度分化的行为看作实际上边界极为模糊的行为。

除了商业之外的现代组织,与不同的社会行动也存在着复杂的联系。例如,政治群体和各种不同的运动可能通过个人关系滚雪球式地扩大其成员。了解了哪种关系在哪些招募中是有用的、招募信息链的长度以及关系人与新手联系的性质,将帮助我们认识政治的社会化过程。我们希望知道个人"生涯"早期的哪些事件有助于建立个人关系,而这些关系最后导致了招募。通过痛苦和艰难的研究追溯一场革命运动,从早期的中坚分子直到更成功的时期,分析个人关系网络如何发展了越来越多的成员,这种研究是令人着迷的。比较不成功和成功的运动尤其具有启迪意义。组织嵌入其中的社会网络结构,为解释为何大量组织从未增加新成员提供了关键的线索。[4] 正如在工作研究中一样,说明在什么条件下使用个人关系以外的方法将是重要的。

与经济部门中产生的问题是类似的——关于分化、特殊主义、政治行动的合理性。然而,在这一阶段有必要说,这些理论工具是不锐利的。关于分化的讨论特别令人困惑,因为在我们要探究的究竟是哪些要素彼此发生了分化方面存在或隐或显的不一致。我在这里并不真正试图将这个问题挑选出来。只有将宏观问题置于详尽的经验论述的脉络中,才能对与这项研究有关的宏观问题进行更充分的理论讨论。我们将在第二篇中概括这些论述。

第二篇 流动与社会

迄今为止，我的大部分注意力集中于解释影响个体流动的因素。然而，这种流动是在一个更广泛的社会脉络中发生的，这种社会脉络塑造了个体的流动，反之亦然。在第八章中，我注意到如下事实：由于我的被访者都不是自我雇佣的，所讨论的全部流动都发生在正式组织之间；因此需要考虑到组织理论的各个面向的意义，特别要考虑到论述组织间关系的部分理论。第九章通过揭示目前呈现的发现不一定在所有时间和地点都能被找到，进一步拓展了这种视角。关注一个社会的什么特征塑造了流动渠道是重要的。我这样做是为了比较完全不同类型的社会中流动过程的机制。第十章将思考这项研究是否具有现实意义。

第八章　流动与组织

关于正式组织的大多数文献都涉及组织的内部结构。然而，少数优秀的作品试图抓住组织存在于环境中以及必须相应地行动这个事实（Selznick，1949；Lawrence and Lorsch，1967）。从目前研究的观点来看，特别有趣的事实是，各种不同的组织构成了彼此环境的一个实质部分。许多有关组织间关系的研究在考察具有完全对立目标的组织间的冲突时已经首先注意到了这个现象（Levine and White，1961；Litwak and Hylton，1962；Warren，1967）。这个议题之所以重要，原因在于基础公共服务经常受到竞争、功能重复和其他组织间难题的阻碍。然而，几乎没有人试图按照与一般性事实——组织间常规的合作关系也是其日常功能的一个重要方面——相对应的方式来归纳这些观点。

一系列组织形成了与个人网络一样复杂的互动网络；实际上，其复杂程度可能比所研究的个人或单个组织的网络更高。这种复杂性阻碍了理论上的详尽阐述，更不用说进行经验性的调查研究。埃文（Evan，1996）提供了某些有用的指导；勒温

（Levine，1972）则提供了研究董事互兼现象（interlocking directorates）的一个新视角。

一个基础性的需要检验的领域是，个体行为构成了组织间的分界面。汤普森（Thompson，1962）研究了充当"输出角色"（output roles）的个体，即这些个体分配一个组织所生产的任何东西。类似的还有关于"输入角色"（input roles）的研究。埃文通过建议为一系列组织进行信息、影响和人员的输入-输出分析而将这些观点整合起来（Evan，1966：186）。详细审查组织间人员的流动是我的特殊兴趣所在。如果说我的研究涉及内部劳动力市场，通过考察员工如何从一个部门或公司流向另一个部门或公司（这些单位是彼此联系的），我们可以充分认识一个既定组织的结构。类似地，如果我们把一系列组织视为一个系统，研究其内部流动模式可以揭示其结构的重要细节。

如果能够收集到综合性数据，可以使我们以方矩阵的形式来呈现组织间人员的流动，标准社会计量技术可被用来分解组织中的"派系"；组织派系之间的不对称流动可以作为不同的组织派系的声望的指标。（戴维与莱因哈特使用类似方法研究了个人的小群体，参见 Davis and Leinhardt，1972。）通常运用这种方法进行的分类将比我们标准的行业分类包含更多的社会现实。

目前的数据明显不适用于这种设计。但是，某些细节有助于指出，在许多个案中，两个组织间的流动是如何由彼此之间维持的常规关系所引发的。

在分析组织之间相互联系的总体模式时,既定的两个组织间的任何职员的流动都具有重要意义。但是为了达到详细说明组织间关系的因果影响的目的,我们必须区分具有不同意义的四种类型:(1)流动可以通过直接申请或者正式中介机构而发生。在这里,我们对发出和接受的组织之间的关系并不了解,因为流动可能不是这种关系的结果。(2)流动可能是个人关系人提供信息的结果。个人关系人与流动者之间的关系是非商业性的,或者因为某些非商业的原因(例如,他是雇主的一个社会上的朋友)知道了某个对外公开招聘的职位。就像在第一种情况下一样,这里几乎没有揭示组织间的关系,所以不对这两种情况做进一步的讨论。(3)流动通过接受(雇员)的公司的一名商业上的同僚将信息提供给流动者而产生;在这种情况下,商业关系,假定作为两个公司间关系的必要组成部分,导致了公司间人员的互换。(4)流动由于其他公司的某个人提供了信息而发生。这种个人关系的维系,主要不是因为公司间的关系,而是因为个人之间在以前的某个时间段曾有过工作关系。在此,我们的研究主题的意义变得更加复杂。

第三种模式产生于经济高度分化的事实,几乎没有任何一家公司可以自给自足。因此,几乎任何公司都必须与相似或互补领域内的其他公司保持面对面的沟通。各种各样的研究,特别是在瑞典开展的研究,都表明:非面对面的联系——通过电话、信件和其他方式——"最适合传递简单的结构完整的常规信息。信息越复杂和非常规化，直接的个人关系的优势就越明显"（Tornqvist，1970：27）。但是这个观点并不令人惊讶。面对面的沟通之所以重要，是因为这种组织间的联系，远非仅仅是"传统"商业方式的一种遗留物，实际上，在我们的经济体系的技术复杂性日益加剧的情况下，它变得更加重要，而不是更不重要（参见 J. K. Galbraith 在他的《新工业国家》中强调的"技术结构"）。对于如此大量的关系，几乎没有做过系统化的研究，唯一的一个例外是托克韦斯特（Tornqvist）所做的两项瑞典的研究。两项研究显示，不仅存在大量的关系，而且每个人的关系数量和每周花费在外部关系上的时间比例与组织内的等级和收入水平呈现出一种线性增加的趋势（参考霍曼斯关于首属群体的发现，参见 Homans，1950：144 - 145）。对于大量投入于外部关系的功能分析表明，在整个雇佣体系中关系的功能是扩张的而不是收缩的（Tornqvist，1970：90 - 91）。这个论点补充了第七章中的论证，并以另一种方式表明：这种特殊主义趋势，有很好的理由在现代技术复杂的经济形式下持续存在。

最明显的公司之间的接触面也许在于，公司之间必须处理买卖关系。花费所有时间作为某家公司的销售代表的个人，和依靠其销售能力从一家公司跳槽到另一家公司的个人，特别可能认识到现存的工作机会。布鲁斯·S 向我们清晰地展示了他的职业生涯：

第八章　流动与组织

个案 21：S 先生在德国拥有一家面包店长达 22 年之久。1963 年，他移居美国后为他的叔叔工作，同时打算买下他叔叔的面包店。然而，他们在买卖条款上没有达成一致。在工作期间，S 先生认识了一家食品批发公司的老板，他主要从事面包店的推销。他告诉 S 先生如果需要一份工作可以来找他。当 S 先生和他的叔叔因为发生争吵而分手以后，他找到这位老板，成为了食品批发公司的一名推销员。他和其他人一起，向一名拥有面包店的超市合伙人推销面包店。当那个合伙人买下了面包店之后，他邀请 S 先生担任他的公司的经理。布鲁斯·S 先生也曾向另一个人推销过食品，同时那个人自己也成了一名推销员，现在他向 S 先生出售食品。当面包店显示出破产迹象时，S 先生和他取得了联系，而他又联系上了他曾向其推销食品的商店的老板，他得知有一个空缺职位，并为 S 先生安排了与老板的会面。然后 S 先生就被雇用了，现在仍然从事着这份工作。

一名被访者，是一家珠宝店的经理，告诉我们说，推销员参观珠宝商店的意图就是收集工作信息，并在地区性聚会中系统地交流这些信息。他们帮助雇主和雇员满意地填补工作空缺，因此增强了自己与双方的关系。他们这样做比正式的中介机构更有效，因为他们对所涉及的个人有私人层面的了解。

通过买卖产生的关系有多种形式。一名被访者在一家政府机构找到一份工作，因为关系是在"签署合同"的过程中形成的。在从前的公司，除了在公司从事以前曾经做过的科学工作之外，他也被委派去政府机构为他的公司建立一些关系，以便承接不同的技术项目。因为多数政府的技术工作都是通过这类合同实施的，在竞标所必需的联络中会建立大量的个人关系。在工业和政府之间基于以前的关系而产生的人员流动的意识形态术语被称为"军工复合体"（military-industrial complex）。以这种方式产生的人员的持续交换可能具有有害的影响；然而它应该被理解为——而不是被视作共谋的结果——这种调任与多数专业技术管理工作的获得方式是协调一致的。

买卖双方产生的关系甚至可以发生在确定了一宗销售合同之后；一位被访者报告说，一次他的公司向一家大公司供应某种设备的合同签署以后，他被派去帮助协调和处理两个公司之间的各种技术细节。每两个星期他需要与那家公司相关部门的一位代表碰面；大约四个月以后，那家公司表示，如果他愿意，可以到该公司的客户服务部工作，那里有一个职位正在公开招聘。这名被访者知道自己的公司已"日薄西山"，所以他决定接受这份工作。

其他的被访者也报告说，他们通过在行业扩展委员会（industry-wide committees）工作时结识的关系找到了工作，这个委员会的任务是协调和校准技术说明书中所注明的标准。此类委员会的目的部分是为公司之间购买和销售设备提供便利；因此，买卖的其他方面也是相关的。

另外一种创造个人关系的劳动分工产生于某个行业中公司之间的规模分布。小公司不能有效地完成特定的任务,因此这些任务被有效地转包给更大规模的同类公司。在我的个案中,这样的例子出现过几次:小银行经常把它们的投资客户转让给精通这项业务的大银行。大银行必须恳求这些客户,因此派遣代表充当推销员。在某种程度上,也存在一个行业中的大公司向小公司的人员流动,部分就是以通过这种方式形成的关系作为中介。

上述第 4 种类型更加复杂。流动产生于另外一家公司的某人提供了信息,但是关系的维持主要不是归因于当前的工作关系,而是因为两人以前具有某种工作关系。这种情况可以分成 7 个子类,取决于两个人首次相遇时是在相同的还是不同的公司工作,是否目前的公司也被牵涉了进来,他们在哪家公司工作等等。同第 3 类相比,额外的复杂性是由时间维度导致的;就像在第五章和第六章所指明的,长期关系可能相当重要。

第 4 种类型中最普通的子类是过去曾经在公司(C_1)工作的人[C_1 是个人(P)流动的起点]经过一段时间开始分散到其他公司。即使最边缘性地维持这些关系也足以获得有关其他公司工作机会的信息。亦即,目前人员在两个公司(C_1 和 C_2)之间的流动会使将来的流动更具有可能性。为了发现目前的流动是否是某些以前的人员流动所引起的,可以运用追溯程序。首先,确定个人的关系人(O_1)如何偶然地从 C_1 公司跳槽到 C_2 公司。如果这次流动主要是以工作关系为媒介,与某个第三人（O_2）的工作关系基于关系人 O_2 在 C_2 公司的工作任期，那么追溯到此结束。在关系人（O_1）和 O_1 的关系人（O_2）之间的联系中，我们应该注意两家公司运转中的哪些面向促进了 O_1 和 P 向 C_2 公司的流动。但是如果 O_1 通过某个朋友 O_3 向 C_2 公司流动，O_3 是 O_1 在 C_1 公司认识的，但是后来他（O_3）跳槽到了 C_2 公司，那么需要调查 O_3 流动的原因。只有在满足下列两种条件的情况下追溯才可能结束：（1）如果某人被发现通过他认识的个人关系从 C_1 公司流向了 C_2 公司，并且主要是由于关系人来自 C_2 公司，某些组织之间的过程将两人联系在一起；或（2）某人被发现他的流动主要是经过直接申请、正式途径或者社会关系。在后一种情况下，组织之间的过程不具有直接或间接的因果意义。[1]

  类似的追溯程序也可以在第 4 种类型的其他子类中显示出来。我忽略了它们，不仅仅是为了避免繁琐，也因为我在自己的研究中不能完成这样的追溯程序。任何进一步的讨论因此都是极度抽象的，没有必需的经验细节就不能证明这样的复杂程序将是有用的。以上描述的 4 种类型并没有穷尽所有的可能性，正如个人可以通过在组织间过程中所结识的工作关系来实现流动一样，然而他可能既不是输送组织也不是接受组织的雇员。这也许可以被称为第 5 种类型。很多这类个人是制度化的联络者。例如：

    个案 22：保罗·J 是马萨诸塞州一个城镇的健康专员。

第八章 流动与组织 | 125

他与美国卫生教育福利部的某位官员有工作上的联系，这名官员是他所在城市以及该地区其他几个城镇的联络人。在一次电话交谈中，他向 J 先生提到另一个与他有关系的城市有一个晋升机会。根据这份工作的收入和自由空间，他感觉这是一份更好的工作。J 先生在调查之后接受了这份工作。

协调几个组织与自己所在组织的行为的人，以及在组织内部协调各分支部门的人，比完全工作于组织内某个部门的人更可能知道每个位置的更多机会。如果在这项研究中我没有排除内部劳动力市场，上述这种情况可能被假定为重要得多。

我所收集的数据并不足以扩展到试图估计属于第 1 到第 5 种类型中使用个人关系的比例有多大，更不用说挑选出第 4 种类型中的各种子类。但是，根据由某些组织间功能所产生的相关人际关系的个案所占的比例，可以提出一般的上限。这可以通过计算通过关系人找到一份新工作的个案所占的比例来实现，在这些个案中，使用了因为一些与工作相关的原因而得知了工作信息的工作关系人。与此相应的数字呈现在表 14 的最后 4 列和开始 3 行中。计算得出的结果是 93/146 或 63.6%。这仅仅是一个上限，因为追溯第 4 种类型所提供的例证可以发现，某些个案并没有组织间联系的直接或间接因果关系。然而，这个数字仅仅被视为是大致相似的，真实的数字似乎是可靠的。

所有类型的组织间流动的重要性在于它的影响。在某种个体的公司看来，这种流动因涉及"侵犯专利权的活动"而遭到了极大的怨恨；但从一个更广的视野来看，它可被视为在交换人员的公司中间的一种有影响的聚合力。这些变换工作的人不仅从一个关系网络流动到了另一个关系网络，而且在这样做的同时，也建立了两个网络之间的联系。尤其在专业和技术特性界定相对明确的领域，产生了一个关系的精致安排的效应，这些关系将更具聚合性的关系丛联系起来，而这些关系丛构成了特定场景中的操作网络。

那些并没有统一定义的领域可能通过人员互换实现了流动。来源于人员互换的公司之间的网络，允许信息和思想公平自由地在某一领域内流动，给予这一领域某种聚合力或"社区意识"。原来在 A 公司工作的人现在流动到了 C 公司，通过把在原来公司形成的某种习惯、工作风格和思想带到新的工作环境中，有可能缩小两家公司之间的差异。

一个例证：联合并购的结果

本章观点的价值在于抨击组织分析中的传统问题。例如，最近社会学的一个共同主题是，随着组织进入新的、假定更加非人情化的领地，产生了日益增强的官僚化和工作的非人情化。这种合并和接管可被视为组织间关系的一种类型。我们可以回忆沃纳对"扬基城"（新波特市）状况的描述，地方制鞋工业的所有权转移到了非本地的所有者手中；人们抱怨新老板不像其前任那样，他们对工作没有个人兴趣，而纯粹把它看成一种生意，从而使士气大跌（Warner and Low，1947；Stein，1960：70-93）。

在访谈过程中我注意到，在描述他们原来的工作为何消失的时候，大量被访者使用的短语可以很容易地被看作对沃纳的解释的模仿。这些人都是公司重组的牺牲品，公司重组服务于近期发生的联合并购。他们指出，新管理方式［几个个案中的国际电话电报公司（IT&T）］具有令人厌恶的"非人情化"特征，同时士气也相当低落；大量的工作，特别是他们自己的工作，成为公司重组的受害者。

但是假定我的一般结果是既定的，貌似合理的是，新管理方式非人情化的程度并非如此强烈，正如社会网络的人情化不同于目前所在组织的人情化一样。那些雇用当前雇员的人事专员，通常建立在以前私人认识的基础上，他们已经晋升为实际的领导。使工作环境看起来很友好和人情化的人际网络现在失去了保持其完整无缺的权威性；在某种程度上，这种网络的出现必然威胁新经理的控制权。当然，这些个人在获得自己的职业的同时，也获得了许多他们愿意与之一起工作的个人关系人。通过用与自己有关系的网络成员替代目前的网络，他们的实际行为与那些建立起当前组织的人的行为没有什么区别。

只要管理权易手，这样的事件就会出现。然而，许多个案是不同的。如果一个组织被关系密切的竞争者收购，或者被因为其他原因与之保持密切关系的某个公司购买，此时将以新旧管理者之间的充分联系为起点，保留以前的组织间关系，避免激进的公司重组及由其导致的非人情化的感觉。从定义上来看，联合并购几乎不属于这个类别；公司并购可能完全不同于在没有任何私人关系基础上购入其他公司的股权。

"纵向"联系的公司将会被卷入彼此之间的买卖行为；而"横向"联系的公司至少要制定某些共同的标准，也许还会在价格或其他政策上达成非正式的一致。这种关系既是聚合力的源泉，又可产生组织间的流动，从而进一步增强上面提到的聚合力。横向与纵向合并似乎比联合并购更少发生关系破裂，由联合并购引发的个人网络瓦解（如果管理部门采取严肃的方法来接管公司控制权的话），可能会对生产率产生短期的影响，这与原来的预期完全相反。这也许是联合并购的表现迄今为止仍不能引人入胜的一个原因。

在任何时期，一些公司都会被转手。可以推测的是，当这种转手发生的比率比一般情况更频繁时，某些分析家将断言，正如很多人将处在特定的情境中一样，经济将会变得更加"非人情化"。有趣的是，沃纳的扬基城研究是在 20 世纪 30 年代早期进行的，刚好在合并与并购的五年狂潮（1925—1929）之后，这次狂潮直到 1965—1969 年才被超越（Statistical Abstract of the U.S., 1971, Table 743）。

对于沃纳的个案而言，下述论题有某种直接的合理性：当一个公司的所有者把公司转让给社区之外的外地所有者时，就引入了非人情化的因素。但是对专业技术管理领域来说，对此并不存在争论,因为无论是在地理还是人种学的意义上,他们都很少从所谓的地方社区中招收劳动力。在这些个案中,"非人情化"被视为一种过渡状态;一种新的个体网络闯入了旧有的网络。这种状态是不稳定的,将趋向于一种解决方式,即驱散某些旧群体,排斥其他人。在专业技术管理工作的层面上,假定通常的方式是将这类人员招募进组织中——这种方式部分来源于组织间联系的必要性,因此,"非人情化"不可能成为经济或许多公司的永久性特征。

第九章　比较的视野

在这一章中,我将要考虑在多大程度上我的发现是马萨诸塞州高级白领工人所独有的,而不是人类状况的一个方面。[1] 我将试图与过去和现在的、简单和复杂的其他社会进行比较。研究的问题在于,是否所有的工作系统都像在这里发现的那样运行,经济或社会结构的某些特征是否可能产生不同的结果。

然而,可用的相关资料极其缺乏。一般以这样一种方式提出的问题,并不能得出我所报告的有关人际关系的大量细节。即使已经阅读了有关各种类型的社会的经济特征的详尽论述,我们也并不清楚某些人员如何被雇用以从事某些类型的工作。例如,如果我们考虑到美国社会中门外汉的一般状况,那么我们不可能提供比本项研究中所呈现的一小部分资料更详细的信息,这并不令人惊奇。即使一个人在我们的工作和职位系统中拥有个人经验,他也不可能掌握有关其他人如何被雇用的详细信息(参见附录 A)。仅仅通过特别指定的资料收集方法才能获得这类信息;尤其不能从一个社会的其他已知特征——至少在我们目前的知识状态下——出发,做出预测。因此,本章仅仅是一个纲要,更多地指明了这个问题的重要性而不是展示可用于解决这个问题的资料的丰富性。

首先的观察是,我所研究的问题不能很好地运用于多数人没有从事一份特定"工作"——这种特定的"工作"与其他社会行为发生了明显的分化——的社会,或大多数人不在由其他人创造的组织中工作的社会。当然,这样的社会也要完成工作,也要使用各种各样的招聘技术。乌迪(Udy,1959)在领地的、社会的(例如,亲属)、监护的(例如农奴制、租佃制和奴隶制)、互惠的和契约的标题下很好地描述了这些技术。

工业社会中的多数工作都是"契约制"的,即双方签署一份合同,自愿进入、明确说明所要完成的工作类型、任职期限和报酬。除了其他类型的招募方式以外,按照契约来完成的工作明显不同于社会生活的其他要素。在招募是地区性的地方,即在一个既定地域中的所有人都努力地投入劳作的地方,工作是日常生活中不可缺少的一部分,并不会被认为是在很大程度上与生活脱离的。当按照亲属或其他社会标准实施招募时,完成工作被视为履行义务;当工作具有明显的互惠特征时,同样如此。在政治强迫下所做的工作明显地嵌入了权力分化和政治义务的系统之中。在与其他社会方面产生了极大的分化的情况下,多数现代化理论引导我们假定:契约制工作将出现在现代化的社会背景中。

类型学引导我们假定,契约制和其他类型的招募方式之间存在被明确界定了的质的差异,在契约制工作中没有预先确定的、可以使个人被招募的社会来源。然而,这是一种双面的欺骗。对于"契约制以前"的工作而言,真正的情况可能是,某些家庭的、政治的或宗教的、群体的成员被预先指定为某种工作招募的必备人选——但也留有大量的余地。在多数情况下,按照某种既定标准仅有一小部分人可以入选;如何挑选出这些特定的个人涉及当前研究中已经考虑的某些类似因素。当然,对于契约制工作来说,我的多数论点已经表明,由抽象标准指导的非人情的选择并不像人们想象的那么普遍。

如果我们将注意力限定于契约制劳动的社会,那么在前工业社会和工业社会的招募方式之间就会发现值得注意的连续性。我们主要按照相对非人情的招募模式来考察这种连续性:临时的工人挑选(shape-ups)、同业公会和劳动力承包商。

这里所使用的"临时的工人挑选"是这样一种普遍的安排形式,即在一个特殊的众所周知的物理场所,未来雇主和雇员在某个预定的时间见面,目的是使职位和求职者相互匹配。取决于工作的种类和经济形态,处于上风的有时是雇主、有时是雇员;实际上,临时的工人挑选几乎被视为经济学家的完美的劳动力市场理论的戏剧式表现。

英国第一次临时的工人挑选伴随着黑死病而出现,似乎是用来防止工人在由传染病流行导致的严重的劳动力短缺中过度获利。1351年的法律要求农民应该"公开地带着他们的双手和工具来到商业城镇,将在公共的而不是私人的场所中被雇用"（Mund，1948：96）。一年一度的"雇佣集市"便是从这些"临时的工人挑选"中发展起来的。据说一旦雇佣结束，工人们会将"雇佣集市"视为一个普遍的节日。

临时的工人挑选，正如它的名称所提示的，一般并不太适合于工人。在劳动力需求存在明显波动的情况下，这种招募方式经常在临时性非技术工作中普遍使用。码头装卸工人和季节性农场工人尤其熟悉这些最不体面的工作种类。正如经常发生的情况那样，当劳动力的供给大于需求时，这种状况类似于牲畜市场。詹森（Jensen，1964）描述了纽约、伦敦、利物浦、鹿特丹和马赛等地区的码头工人的临时挑选状况，费希尔（Fisher，1953）也描述了美国移民劳动力的状况。这种典型的早市交易开始于凌晨两点。虽然美国城市中数不胜数的犹太人聚居区和其他街角都是当地知名的非技术劳工雇佣场所，但是雇主经常将贫民窟选作地区的临时工人挑选场所。

在我的样本中，运用"临时的工人挑选"方式很容易确定专业技术管理人员的身份。在大学和专业会议上，经常安排系统性的面试，这样做的目的在于使未来的雇员与雇主相互匹配。这是临时工人挑选的一种形式，同时各种形式的变异也产生了多少令人愉快的后果。例如，在需求过剩的市场中，大学毕业生在读书期间参加各种公司的面试，他们的愉悦类似于英国黑死病之后稀缺工人找到他们的雇佣集市一样。另一方面，当工作稀缺时，专业会议上的临时挑选经常被看作"奴隶市场"。

在工作必须在许多不同场所完成的情况下,特别是在存在大量的季节性需求的情况下,"劳动力承包商"开始出现。劳动力承包商,一个在前工业社会和工业社会的劳动力市场中都存在的人物,是以转包合同的形式雇用工人;劳动力承包商也将个人或一群人提供给某个雇主。他的责任仅限于在一次性交易的基础上提供劳动力,或运用所有的方式处理劳动力的招募、提供住所、监管、运送和支付薪水等工作。然后为带来的同一群人找到另一位雇主,如此不断重复上面的过程。一般而言,除非招募的是非熟练工人,否则劳动力承包商并不会处理上述所有事情,正如在加利福尼亚收割劳动力市场中发现的一样(Fisher, 1953: 49 - 56)。由承包商供应的劳动力的类型包括从不熟练的移民农场劳工到已经受过相当程度训练的技术工匠。

很多被带到美国的移民成为劳动力契约制安排的一部分。"包工头"通常与被招聘的人属于同一种族群体,由美国雇主支付其供应劳动力的费用;意大利和中国移民经常以这种方式被带到美国来修建铁路。有时包工头的作用到此为止,有时也担当修路工人的监工。据美国移民委员会报告,这种系统经常会导致"奴隶制",因此在1885年被宣布为非法;所以,这项法律没有付诸实施(U. S. Immigration Commission, 1911)。

尤其是在具有封建和工业化因素的经济体系中,承包商系统表现出很强的家长制特征。在日本模式中,许多承包商拥有高度分层的组织,为新成员举行精心安排的仪式。组织中的等级是按照亲属关系形成的。在某些情况下这种安排是终生性的，尽管它是可以改变的。直到最近，劳动力承包商还在供应非熟练工人和熟练工人（尤其是在建筑业，工作被清楚地分派到各个项目中），承包商负责为工人寻找工作，保证他们的生活供应，甚至在工人生病时照料他们。某些承包商控制的工人多达五万名（Bennett and Ishino，1963：40－46；Yoshino，1968：Chap. 3）。雇主们喜欢这个体系，因为这样可以免除他们对雇员的义务，减轻了招募负担。雇员们也对该体系所提供的安全保障表示满意。

在美国，承包商在第二次世界大战以后也出现在工程和技术工作领域。他们的组织经常被称作"招聘临时工的场所"（job-shops），他们的雇员被称为"临时工"（job-shoppers），不要将后者与作为一种生产方式的"前店后厂"（jobshop method）或长期的工作搜寻者相混淆。几乎所有从事过技术工作的被访者都报告说，他们所在公司都存在临时工，尽管只有少数几个人现在或曾经是招聘临时工的场所的顾客。（如果从雇佣公司的角度来看，临时工应该被称为"合同人"或"按日计酬"人员。）为"招聘临时工的场所"工作的临时工所获得的报酬高于公司的"直接"雇员，但他们一般没有额外福利，而且可以被轻易地辞退。通常他们的工作被限定于公司收到的一些特定合同。在一家公司全体雇员的比例中，当无法预料的必须做的工作突然增加时，从这类劳动力承包商那里临时租借的人员将占公司全体雇员的15%—25%。像汽车工业等行业，它们的工作实际上都是季节性的，就特别需要大量地使用这样的雇员。

和劳动契约制相关的是（前工业社会的）同业公会、工会和某些专业性组织，专业性组织控制了某一特定行业中雇员的数量和身份，规定和明确了谁可以为谁工作。几乎所有的工作都容易受到这种安排方式的影响。甚至码头工人——他们通常是以偶尔临时的挑选方式来协调——也受到了行业公会的控制，实际上马赛市从 14 世纪到 1900 年一直是这样，发货人坚持从"自由市场"雇用工人（Jensen，1964：254–255）。现在残留的某些行业公会在专业技术管理工作领域——例如医药、法律和大学教师等行业——仍然控制着劳动力的供给。犹太教保守派的牧师雇佣仍然非常严格地沿袭着行业公会的程序。

劳动力契约制所涉及的组织处在一个连续统上，以职业介绍所为起点，范围包括从行业公会、招聘临时工的场所、咨询公司到日本风格的契约组织。相关的维度是雇员与中介联系的紧密度。在职业介绍所为某人找到一份工作，及支付固定的费用之前和之后，在这里并不存在相互的联系。招聘临时工的场所和行业公会用接连不断地提供工作的方式雇用其成员，因此要求其成员必须忠诚；但是因为工作的任期可能很长，这样的忠诚经常被转移给转包商。在通过招聘临时工的场所找工作的情况下，雇员经常试图让自己"直接"被雇用，这样就更加保险。咨询人员和移民劳动力同样（在由一家有密切联系的契约组织来供给劳动力的情况下）完成特定的短期任务，并保持对咨询公司和承包商的忠诚。咨询人员实际所做的大量工作自然是以咨询公司而不是以承包商为前提。沿着我已经用这些理想类型明确说明了的范围，自然也可以找到其他类型的公司。

迄今为止，我所讨论的主要观点意在表明，尽管现代化导致了革命性变迁，在前工业社会和工业社会劳动力市场的招募方式中仍然存在相当大的相似性，事实上，在非人情化普遍地浸入工业系统中的情况下，有趣的是人们发现了相对非人情化的主导机制，诸如挑选临时工人的集市和职业中介机构在前工业社会是普遍存在的，但是对我在美国专业技术管理人员调查中发现的个人关系的强调却很少。

然而，造成这种误导的原因有两个。首先，像我们前面描述过的制度化机制，是那些可能被后人重新记录的机制，而更多的私人安排内在地具有私密性，也可能永久地逃过了历史学家的眼睛。第二，劳动契约制的出现并不一定意味着非人情化。当一位劳动力承包商将一名工人提供给一家公司时，在许多情况下，承包商而非公司才是有效的雇主；就我们的目的而言，此时操作化的问题变成了一个人如何为某个既定的承包商工作的问题。个人关系可能充分地参与了这个阶段，但是这些细节很少被记录下来。就这个问题而言，我们可以得出的最有把握的结论是：当代经济中最"理性化"的部门和前工业社会的契约制之间在招募方式上的差异比我们一般假定的确实要小，同时并不一定导致"非人情化"的增加。

我们有必要去探究，在各种不同的工业化经济的求职模式中,是否存在重要的差异。除了美国,在我已经呈现的研究中,并没有任何研究直接涉及除美国以外的某种经济中的一般样本。因此,我简要地提出几个可能导致差异的因素。克尔指出,我们可以构想三种一般的劳动力市场类型:(1)"开放型市场"——这是古典经济学的完美劳动力市场;(2)"行会型市场"——劳动力被水平地分层;在公司而不是同业公会之间存在相对自由的流动;(3)"庄园型市场"——劳动力被垂直地分层;劳动力隶属于其工作位置,"工人一生都可能隶属于他所在的工厂"(Kerr,1954:106)。克尔认为,丹麦(至少对于熟练工人而言)是典型的行会型经济,德国和日本则是庄园型经济。但是我们并不清楚,是否存在任何工业化经济,在其中专业工作、技术工作和管理工作沿袭行会规则被强制组织起来。然而关于日本状况的一个一般论点是,其劳动力具有理想特征,奉行对某个单一公司的"终身承诺制"的惯例。埃伯格勒对日本大型工厂的研究使这种论点变得流行起来(Abegglen,1958),并通过断言这种惯例来源于日本文化的独特性——强调对群体的忠诚、父亲似的亲密和封建制的模式——而支持了这一论点。

一般而言,这种论点是我的研究所呈现的理论观点的一个主要的替代物。我的被访者都是卓越的经济人,按照最大化其个人利益的方式行动,并不认真地权衡目前所属公司的最终利益。如果他们感觉到对所在公司应该履行道德义务,那么他们就不可能实际使用将影响其流动的个人关系。然而,一个"庄园型"系统将是自我维持的,所以如此之多的美国公司之间的流动取决于之前的公司间流动。曾在几家不同公司工作的经历,使很多被访者在自己的领域建立了遍布多家企业的一系列个人关系。

然而,最近研究所增加的证据开始使我们怀疑,日本经济的特征被描述为"庄园型的"是否合适,或者"终身承诺"是否是其规范。首先,泰拉对日本劳动力市场历史的详细研究表明,雇主的家长式作风,"普遍地被归因于没有改变的日本传统,而它事实上是一种新的制度发明,这种发明是为了应对日本工业化第一次周期的劳动力市场条件"(Taira,1970:99)。直到20世纪20年代,雇员们随意地从一家公司跳槽到另一家公司,这为管理者制定长期经济计划带来了许多困难(Taira,1970:129-130;Yoshino,1968:Chap. 3)。特别是在20世纪20年代,这种模式日益制度化,即大公司雇用刚刚走出校门的男生,原则上,他们要在这个公司度过他们的整个职业生涯(Somers and Tsuda,1966:203)。然而,不同时期统计的数字表明,只有很小比例的日本工人在一家公司度过了他们的整个职业生涯(Taira,1970:157;Marsh and Mannari,1971:798)。

一种维持终身承诺制的方式来自于劳动力承包商雇用临时工的一种惯例。急剧扩张的汽车工业、造船工业和电子产品制造业雇用了很多这样的工人;丰田公司有42%的雇员是临时工(Somers and Tsuda,1966:215)。与美国的转包制工人("临时工")不同,这些日本工人所获得的收入低于正规雇员,同时也没有额外福利和工作保险。泰拉指出，公司低估了这些临时工的数量，许多人实际上是长期雇员，而公司在他们身上节省了很多钱（Taira，1970：161－162）。这种惯例，至少自20世纪30年代以来一直很普遍地实行，并与雇主的家长式作风和终身承诺制的理想形成了鲜明对比。

尽管有很大的保留，但是在日本，公司间的流动并不像在美国那样普遍（Marsh and Mannari，1971：798）。在全日本最高级别的执行董事中，大约46%在一家公司度过了其全部职业生涯（Yoshino，1968：88－89）。同时，这相当不同于任何终生承诺制的整体观念，也可能完全不同于美国的模式。这说明比美国更多的高层工作变动发生在内部劳动力市场中，因此必须用适合于单一公司的动力学框架来进行分析。比美国比例更高的非内部市场的工作变动个案属于入门级别的职位。在我的专业技术管理人员样本中，这些工作主要是通过正式途径和直接申请的方式获得的，应该跨越文化边界来探索造成这种现象的一般原因。我们可能会推测，在什么程度上一种经济是"庄园型"的，这些机制将不断增加其重要性。

某些证据支持了这种观点：一项最近的关于日本劳动力市场的研究表明，通过个人关系找到工作的比例大概占30%，大大低于大多数美国的数字（Robert Cole，1970，私人通讯）。另一方面，据公共职业介绍所和学校权威部门估计，它们的工作安置几乎占了所有新雇佣工作的45%（Somers and Tsuda，1966：221，230）。然而我们必须注意到，当一种正式机制逐渐被某些雇主大量使用时，正式机制的作用必将逐渐被削弱。索默斯和苏达报告说，尽管雇主在公共职业介绍所列出了空缺职位，"但雇主和学校权威部门之间诚恳与非正式的关系在填补空缺职位方面仍然发挥着更为关键性的作用"（Somers and Tsuda, 1966: 219）。我们也可以推测，学生和学校权威部门之间的关系在某种程度上并不像学生和职业介绍所之间的关系那样正式。

克尔将德国称为另一种"庄园型"经济。莱斯特估计"在专业管理领域，1/4 到 1/3 的新雇员是通过德国的职业介绍所找到工作的"（Lester, 1966b: 80）。与德国和日本的数字相比，我的专业技术管理人员样本中通过各种职业介绍机构找到工作的大约占 10%。然而，这里引用的数字来自于政府机构的记录和对雇主的调查。只有从工人的随机样本中获得数字，我们才能清楚地知道这些统计数字是否精确。

一般而言，影响日本情况的一个因素，即公司的规模，在确定我的发现的适用性上很重要。埃伯格雷（Abegglen, 1958）对大型公司的分析表明，似乎在某种程度上"终身承诺制"仅仅局限于大公司（Somers and Tsuda, 1966: 205; Marsh and Mannari, 1971: 799）。更何况我们可以预期：文化原因也使得大公司的流出率更小，同时平均任期更长，这仅仅是因为大公司拥有一个内部劳动力市场，个人可以在公司内部找到晋升机会。在我的被访者中，在 100 人以上的大公司工作的人，不太可能像小型公司的员工那样通过关系人找到工作（比例分别为

43%和60%),他们更可能使用直接申请的方式(比例分别为31.2%和13.3%;$N=228$;$p=0.06$)。马尔姆对旧金山劳动力市场的研究得出了类似的发现(Malm,1954:225)。这部分是外部人员填补工作趋势的结果,因为这样的公司所能提供的仅仅是"入门级别"的工作(对于专业技术管理人员来说,低级工作与高级工作相比,前者更可能通过正式途径来被填补);此外,大公司也更可能尽人皆知。这种声望将引发大量的直接申请,在某些情况下,可能将小公司置于一种不利的地位。

然而,一般的观点是,两种经济之间公司规模分布方面的差异将会产生某种影响,如果我的推测是正确的,从纯粹结构性的原因来看,这种差异将会减少公司之间流动中个人关系的使用率。在其他条件相同的情况下,这个比例将低于工人高度集中的大公司中的使用率。

不幸的是,美国和日本公司规模分布的比较研究并没有支持这个论点。马奇和曼纳瑞报告说(Marsh and Mannari,1971:799),1966年,16%的日本制造业工人在雇员超过1000名的大公司中工作。1970年,美国的数字至少是24%(U.S. Department of Commerce,1971:29,31)。[2] 但是,就公司之间的总体流动率和(可能)由关系人发起的流动率来说,美国的比例更高。日本大型公司可能由更有效的内部劳动力市场构成,因为它们比美国的大公司在更小的地理空间中聚集了更多的人口。必须分析大公司构成的其他因素——例如次级单位彼此独立的程度。当独立程度较高时,公司之间的流动率将会增加。

作为补充,个人关系必须跨越公司之间的边界。一项详尽的研究必须确定这两个因素的相对重要性,以及在美国和日本的流动率中"终身承诺制"意识形态存在或缺席的相对重要性。

在对美国以外的劳动力市场的粗略讨论中,没有得出许多一般性的结论,主要是因为没有可与目前研究进行严格比较的资料。我在分析影响各种劳动力市场的因素时得出的主要结论是,没有充分的理由期望美国市场之外的工业化过程,甚至是某些前工业市场的工业化过程,会与这里报告的过程有根本的差别,尽管某些过程的相对频率会因为跨越不同经济的结构性差异而变化。对待工作和雇员态度的文化差异可能具有实质性的影响,但是从现存的证据来看,这种影响绝对不明显。因此主要的结论是否定性的:我不清楚我的结果是否反映了广泛多样的经济的状况。要得出肯定性结论还有待于进一步的研究。

第十章　应用

在第四章和第七章，我提出了这项研究中的某些概念和观念的抽象应用：本研究与职业的"人口统计学"相关，也与那些与我们的探究类似的社会学、政治学研究相关。现在我希望提出某些更直接的实践应用——制定为特定群体寻找合适工作的规划。某些规划主要涉及蓝领失业者，其他规划现在被称为"积极的行动"，目的在于提升受歧视群体的就业地位——妇女和黑人是最经常被提到的例子。考虑到我的研究主题，讨论妇女、黑人和蓝领失业者，似乎超出了我的合法领域。但是我拿不准这实际上是否迈出了大胆的一步：除了极少的例外，我的发现与对蓝领工人的研究一致，尽管我并未探究同样数量的社会学细节。考虑到关于妇女、黑人和其他族群或地位群体的同类研究太少或者过于粗浅，以至于我们不能评价这些评论的恰当性。群体之间的差异是必要的，进一步的研究自然会使某些建议失效。

改善就业机会将导致许多衍生物；我将涉及的仅仅是与人们找工作所用的信息渠道有某种关系的部分。由于比任何其他领域更为经常地颁布单一条例，从而使得公共职业介绍所的扩展覆盖了比目前更多的空缺职位。（例如，参见 De Schweinetz, 1932：153；Lester, 1966b：210；Brown, 1967：179；Lurie and Rayack, 1968：377-378）目前已经通过了建立（美国）全国范围的计算机匹配系统的议案，并且正在进行初步测试（U. S. Dept. of Labor, 1970：199-205；1971：179-184；1972：141-145）。

这些系统试图在肯定性行动（affirmative action）中发挥作用，因为它们似乎通过普遍性标准提供了工作安置的可能性。然而，这种匹配能否在与雇主和雇员对更个人化的方法的偏爱的竞争中获得成功，还是一个问题。因此产生了两个主要的问题。第一个问题是，计算机系统是否能够提供通常只能通过关系人（参见第七章）才能获得的深度信息。霍尔特和哈伯（Holt and Huber, 1969）指出，这个问题可以通过从雇主和雇员那里获得有关其偏好结构的详细信息来解决。尝试这种做法也许是值得的，但是我的结果支持乌尔曼更加悲观的结论，即"某些数据不能在数字上被复制，因此超出了计算机的认识范围。还有一些因素取决于人们之间的微妙差异和他们的理解。最好的例子包含了个人人格与工作和组织的'个性'的匹配。特别应该指出的是，这些因素包含诸如工作的挑战及其与同辈和上级的关系等"（Ullman, 1969：51）。

第二个问题与第一个问题密切相关。考虑到对个人化方法的偏好，我们有充分的理由假定：计算机所涵盖的工作空缺将是不完全的,更好的工作和前景将通过"口头传达"来匹配,就像现在一样,使用计算机匹配的(可能)最初的劣势是永久性的。此外,在第一章定义的"准工作"和"准搜寻者"不可能通过中央化的信息系统而被挑选出来。

将计算机匹配系统和工作匹配手段进行比较是有益的。但同样出现了两个问题:匹配通常质量不高,因为信息不够精深,所涵盖的人口更多地偏向于运用个人方法求职失败的人。尽管很多人对这个观点产生了兴趣,并且用实验来验证它,但是很少能形成良好的匹配结果(虽然进行了多次配对)。类似地,那些临时和内部变动的工作可能最适合借助计算机来招募——就像码头工人的工作招募一样(Jensen,1967);这样的工作更像约会而不是结婚。只要能够满足某些最低标准,在长时间将会变得无法容忍的不相容就可以被作为一种临时的麻烦而抵消掉。

认识到这一点的分析人员有时会追求一种逻辑结论,乌尔曼建议求职者"培养非正式的劳动力市场关系人而不是依赖为他们寻找工作的中间人"(Ullman,1968:164)。卢瑞和雷亚克指出,"如果黑人社区能够发展一种非正式的结构,采取类似于其他少数民族群体所使用的非正式工作信息和安置服务的某些措施,将发挥相当大的帮助作用"(Lurie and Rayack,1968:378)。这些往往是说起来容易做起来难。如果这项建议意味着一个人应当去结识新的劳动力市场关系人,那么这个过程将是非常漫长的。在我的样本中,超过80%的为被访者提供工作信息的人，与被访者是在两年以前认识的；几乎 2/3 的人是在五年以前认识被访者的。即使这种观点是对的，那么也不可能按照这样一种完全人为的方式安排一个人的互动。将一个人"培养"成为潜在的劳动力市场关系人的观点，也将产生限制关系人的强烈动机。之所以提出这样的建议，仅仅是因为他们没有认识到劳动力市场行为嵌入其他的经济和社会行为之中的程度。

此外，认识到个人关系系统的自我维持的方面，是尤其重要的。黑人在使用工作信息的非正式渠道方面处于劣势，不是因为他们不能发展适合需要的"某种非正式结构"，而是因为他们目前没有充分地出现在就业结构中。如果目前就业于某个行业或公司的人没有黑人朋友，那么就不会有黑人通过个人关系进入这些环境。然而，一旦黑人的核心群体（或讨论中的任何群体）建立起来，就会产生某种预期的乘数效应，因为他们会招募朋友和亲属，他们的亲属和朋友也会这样做，如此循环往复。一旦达到这种状态，这个系统就进入了自我维持状态。

罗切斯特职业介绍所的一项实验提出了一种能够被有效地实施的方式。其"超越性"的努力表明，招募不仅仅在环形大厅、小吃店和其他公众场所是可行的，而且也可以挨家挨户地进行（Adams，1969：118 – 152）。如果我们抽象地询问如何才能最好地获得这种乘数效应，就会发现这个问题的重要意义。也即，如果我们能够拥有一个黑人工人的核心群体，这些工人将招募他们的朋友，而他们的朋友也会招募自己的朋友，如此循环往复，我们会询问如何选择这个核心群体才能使最终招募的总数最大化。抑制乘数效应的主要因素是朋友圈子的重叠。例如，如果每个处于规模相当大的初始核心群体中的人彼此都认识，人们通过这个群体所带来的总人数就会急剧地减少，因为不同个体的朋友圈子之间有实质性的重叠。当一个群体的成员共享许多相互的朋友时，他们作为信息传播者的效率将会很低（Granovetter, 1973）；乘数效应早就被切断了。

因此，如果可以获得关于朋友圈子的详细资料，就可以达到最大化的乘数效应，方法是选择一个初始群体，其成员共同拥有的朋友的数目最小。然而，由于这个数据的分布太宽泛而不能收集。几乎毫无疑问的是，下一个最好的方法就是将我们希望最终招募的新人所属总体人口的随机样本作为核心。（关于这种主张的某些解释可在拉波特和哈瓦茨的分析中找到，参见 Rapoport and Horvath, 1961。）假定没有收集对朋友关系有限制作用的数据，这将使最终招募到的不同的朋友圈子的数目最大化。罗切斯特的挨家挨户调查法（可能是无意的）基本上就是这种策略；其结果可以通过应用著名的随机抽样调查技术而得到改进（例如，参见 M. Hansen et al., 1953）。

由此得出的结论是，迄今为止的实践导致了所雇用的个人总是深深地陷入在同样的朋友的群体中，这种努力的效率并不像原本那样高。选择"上层精英人物"，最经常的做法是为各种项目仅仅选择那些最有前景的申请者，也许只有这样做才是有效的。因此除了目前做法的不公正和无效率以外，这种影响在未来可能还会成倍增加。（这些评论不仅适用于就业项目，而且适用于为社区提供服务的全部项目。）

一个扰乱训练或安置失业者项目的问题是，这些被安置的人员有很高的流转率。雇主们已经意识到这一点，他们经常认为雇用这样的人对他们是不利的。以工资率和标准人口统计学变量为基础的解释贫困项目受助者的工作流转率的努力，不像期望的那样成功（Doeringer, 1969: 250-253）。也许获得一份工作的途径可以在很大程度上解释这个问题。在我的专业技术管理人员样本中，我发现那些通过关系人找到工作的人比那些通过其他途径获得工作的人更不可能考虑在近期辞职。有人可能将此部分地归因于通过关系人找到的是质量更高的工作。但是夏皮罗等人也发现，在他的相当同质性的航空宇宙工程师的样本中，那些未通过关系人获得工作的人的辞职率更高（Shapero et al., 1965: 50）。

其原因不难想象，通过关系人进入工作环境的人可以自动地进入工作场所中的派系或者朋友圈子。除了使日常工作更加令人愉快以外，这种进入方式还可能通过"弄清内幕"而带来额外收益，知道如何完成任务——这些信息并不包括在公司的人事手册里面。那些通过职业介绍所、广告或某个就业项目进入公司的人，需要经历一段非常痛苦的时期才能适应这种社会结构；如果他们来自不同的种族群体，或者与其他工人可以分享的共同经历太少，将会加剧适应上的困难。即使目前的工人是善意的，一个孤立的新人也会遇到这个问题。更不用说，这样的善意并不总会出现。

在社会环境适宜的地方，工作也将是有效率的，并且工人的流转率会很低。例如，在 IBM 开设在布鲁克林贝德福德—斯图德沃赛特（Bedford-Studvesant）少数族裔聚居区的一家工厂中，工人的流转率几乎可以忽略不计。"从初创时期开始，贝德福德—斯图德沃赛特的工人就感觉工厂是他们自己的。如果他们被介绍进一家白人工厂做工，有可能缺乏这种自豪感，在白人的工厂中工作可能让他们产生某种仇视心理，因为他们必须适应或多或少的异化或敌意的环境"（Banfield，1969：55）。切尔尼克和史密斯报告说，在西方电器公司进行的一个试验项目中工人的流转率较低，首先在少数族裔聚居区的一个"进料器"车间训练工人，然后把工人分派到其他车间。尽管没有分析发现了工人流转率较低的原因，但是，很多人在训练中彼此认识，并且在常规工作中仍然保持着社会联系，从而使他们很容易地度过了过渡期（Chernick and Smith，1969：14 – 25）。

然而，作为一项长期的政策，这些观点并不令人乐观。把工人放进一个彼此认识的车间可以减少工人的流转率，但是也会走向相反的方向，即上文所述的预期乘数效应。在随机安排的工作群体较高的多重利益和从朋友群体中招募所产生的较低的工人流转率之间，必须达到某种平衡。

任何遭遇到不同寻常的失业或未充分就业的群体成员都遇到这样一个问题，即他的朋友也都不成比例地处于失业或未充分就业的状况，因此他们也处于不能提供工作信息的劣势位置。很多工程师和技师发现，大概从 1970 年开始，伴随着美国国防合同数量的减少，他们自己也处于这样的位置。这种情况并不特别适合与黑人群体的情况进行比较，因为在这个个案中实际可以获得的工作总数下降了；因此上文所建议的策略并不可行。面对如此之多的失业的技术工人，我们应该做些什么呢？也许仅仅是因为他们可以胜任的工作并不存在，也许他们感觉到技术部门不能安置他们（Rice，1970：95）。如果是这样，从我的结果中可以提出一个取而代之的建议，仔细地考虑一下家庭或社会关系是否可以帮助他们。一旦回忆起这样的关系人，对于这些失业者或接近失业的人将是有用的，因为这些关系人可以作为他们职业流动的媒介。如果一个人想起了某位关系人，可以推断，失业的专业技术管理人员将会充分利用所有的可能性，但是我们并不清楚，是否所有人都以这种方式来看待这个问题。

另一个问题是，某个人在自己的范围内是否确实没有机会——如果是这种情况，那么这个人就需要全国性的计算机工作匹配计划。这样做的困难在于，就像我已经指出的，即使计算机指明了一个良好的匹配，但是雇主和雇员还是倾向于从彼此熟悉的个人关系那里获得信息。是否有某种方式可以将这种个人维度补充到计算机系统中？假定任何雇主和潜在的雇员通过计算机完成了匹配，假定存在将他们联系起来的个人关系链，即雇主知道某人认识另一个人……某个人又认识雇主。米尔格兰姆（Milgram，1967；或参见 Travers and Milgram，1969）

发展了一种成本相对低廉的方法,可以在任何两个指定的个体之间找到这条信息链。假定我们在某个既定的个案中知道这样一条链,在这条链中,雇主认识 A,A 认识 B,而 B 又认识 C,C 认识潜在的新成员。假设 C 为 B 提供了对新聘成员的一个评价;然后 B 向 A 传递了他所推荐的 C 的资格评价,他也可能给出一个对于 C 的直率的看法。A 将这些信息(包括他对 B 的评价)传递给雇主。如果信息链很长,这个方案不仅不切实际,而且也不能模拟劳动力市场中实际出现的情况——当某个人通过一个关系长链寻找工作时,他并不能保证获得的推荐比在大街上找工作更可信(参见第三章)。如上所述,即使推荐链的长度为 3 级,仍然很难指望它发出回音。

但是米尔格兰姆的研究提供了希望,即短链可能是正常的。他发现,对于随机选择的几对美国人来说(一对是从马萨诸塞州随机选择的,另一对是从内布拉斯卡州随机选择的),必须联系的平均链接点的数目在 6—8 之间。在同一领域的雇员和工人之间的平均链接点应该更少。我的研究结果表明,长度为 2 或 1 的信息链是最有用的。因为人们实际上是通过这种长度的推荐链被雇用的,雇主更愿意在此基础上雇用员工,而不是通过职业介绍所或者雇员的直接申请而雇用他不认识的某个人。

要将这样一项计划制度化是困难的;人们通常并不把朋友的推荐作为正式规划项目的一部分,而宁可在规范的社会化和专业化的行为轨道中寻找工作。如果一个新的系统导致了推荐

第十章 应用 | 153

的买卖行为，那么这种推荐不仅在原则上是不合期望的，而且也是没有价值的。应该相当谨慎地制定详尽的计划。

当问题是在某些行业或公司的劳动力中增加某些未被充分代表的群体的数目时，追溯雇主和目标群体成员之间最短链的技术将是有价值的，有必要指出某些人或某类人是否可以典型地充当信息链的中介人。这些人在招募过程中可以提供特殊的帮助。

本章的建议特别具有尝试性。预测建立在下述假定的基础上：人们的最佳策略是采用模仿他人成功找到工作的常规方法。我并不清楚这是否是一个切实可行的命题。但是，作为一种与常规思考根本不同的方式，它应该引起某些关注。详尽地研究既定目标总体常规获得工作的方式，可能会修正目前的这些观点，并将提出新的观点，这些观点的应用限定于讨论中的群体。在这里我试图建立的主要观点仅仅是，在进一步企图理解和修正美国人的求职模式时，不应该忽视这样一个事实：寻找工作的过程是一个社会过程。

后记 重新思考和一项新的议程

导言

在这篇后记中,[1] 我希望根据 20 年来的研究来评价本书的发现是如何继续被坚持的,并总结这项研究,提出什么样的经验和理论议程将最大限度地丰富我们对于"人与工作是如何联系起来的"这个问题的理解。

虽然自 1974 年以来该领域的研究成果卷帙浩繁,但是多数研究的焦点是狭隘的;和过去一样,经济学和社会学的研究是独立进行的,就像行驶在黑夜中的两艘轮船一样。这种相互忽视部分地产生于动机的差异。社会学研究特别关注资源是如何通过社会网络分配的,关注不平等和劳动力市场,在某些情况下直接回应了本书所提出的研究问题。很多经济学研究详细阐述了"工作搜寻"理论,它强调分配效率是否可以通过保留工资、临时工作(job shopping)和获取信息来实现。尽管在假定、方法和修辞上存在的差异阻碍着交流,但主要关注不平等的经济学家和社会学家更倾向于属于同一个研究社团。

我将进一步评论这些视角之间的差异。但是,首先简单地评论一下大规模调查研究的发现是有用的。

描述性调查结果

本书的一个主要假定是,通过社会网络提供的信息找到工作是普遍的和重要的,因此需要对此进行比以前更充分的分析。尽管在过去 20 年的调查结果中有些变异,但是这个假定获得了明确支持。

像通常一样,被调查人口和如何提出问题的差异限制了结果的可比性。例如,1973 年 1 月的《实时人口调查》(Current Population Survey)报告说,在从 1972 年开始工作的男性专业和技术工人中,35.7%通过正式渠道找到了工作,27.3%通过直接申请找到了工作,27.4%通过个人关系找到了工作(U.S. Dept. of Labor, 1975)。[2] 这与我在本书第一章所报告的 18.8%、18.8%和 55.7%的数字完全不同。我将在下面对造成差异的来源进行更充分的评论。像许多调查一样,这项调查并没有追问下述问题:如果被访者否认进行了职业搜寻,那么他们是如何获得工作的,占被访者 33.4%的 550 万人是这种情况。如果我们仅仅考虑我的原始数据中的工作搜寻者,那么如何找到工作的数字将调整为 26.0%通过正式渠道,26.0%通过直接申请和 45.7%通过关系。这在某种程度上缩小了两项调查之间明显的差距。

更一般地说,对于整个工作搜寻总体而言,这项《实时人口调查》(CPS)发现,27.4%的被访者通过关系找到了工作。《收入动态追踪调查》(PSID),通过一组典型对象的设计追踪了 5000 个美国家庭。这项调查发现了更高的比例：对于 1978 年 45 岁以下的户主及其妻子来说，52% 的白人男性、47.1% 的白人女性、58.5% 的黑人男性和 43% 的黑人女性通过朋友和亲属找到了现职（Corcoran, Datcher, and Duncan, 1980：12）。另一项大规模求职问题追踪调查是 1982 年的《全美青年纵贯调查》（NLSY），询问 17—25 岁的样本是如何找到现职的。斯蒂格勒报告说，即使将通过关系找工作的个案限定为那些被访者说某人为其找工作提供了特别的帮助，而帮助者为他未来的雇主工作的案例，大约 40% 通过这种方式找到了工作（Staiger, 1990：7）。[3]《1989 年全美经济研究局劣势青年调查》，在波士顿 3 个高度贫困的街区中发现，51% 的白人和 42% 的黑人通过朋友和亲属找到了工作。在 1982 年印第安纳波利斯地区的 52 家制造业工厂的雇员样本中，51.4% 的被访者报告说他们通过朋友和亲属找到了工作（Marsden and Campbell, 1990：68）。

其他国家的调查也显示了使用关系找到工作者的实质比例。在英国，《综合家计调查》（General Household Survey）表明，20 世纪 70 年代至 80 年代，30% 到 40% 的被访者通过朋友和亲属找到了工作（Harris et al., 1987：94；Fevre, 1989：92）。在日本，《1982 年就业地位调查》（1982 Employment Status Survey）显示，34.7% 的 15 岁以上的被访者通过关系找到了工作，虽然对特定城市的研究的数字高达 70% 到 75%（转引自 Watanabe, 1987：50-51）。渡边深 1985 年对东京大都会地区 2003 名男性工人的调查，所使用的问题与本书具有广泛的可比性，在某些情况下与本书一致。这项调查发现，在那些变动工作的人当中，54.6%通过个人关系、31.5%通过正式渠道、8.3%通过个人申请实现了职业流动（Watanabe，1987：141）。波克斯曼、德格拉夫和弗兰普（Boxman，DeGraaf，and Flap，1991）在对1359名荷兰高级经理的调查中发现，其中61%通过关系找到了工作。

所以我们继续追问本书中的原始主题：尽管现代化、技术和令人头晕目眩的社会变迁的步伐加剧了，但是这个世界中永恒的问题仍然在于：多数成年人生活的最大一部分，即我们在哪里和如何度过工作时光，在很大程度上取决于我们是如何嵌入社会关系网络中的，这种社会关系网络，即朋友、亲属和熟人，并没有被永不停止的、使用某些自动化的技术程序（诸如全国计算机程序）来将工作与人配对的建议抵消。过去20年的研究为我们了解关系如何、为何及在何时发挥关键性作用提供了更多的洞见，在后记的其余部分我将评述我们所认识到的问题。然后，我将回溯和询问劳动力市场中的网络如何影响了机会平等、能干的群体是否因为没有关系而遭遇失败等关键性问题。

经济学的工作搜寻理论

为了进一步理解大量的研究发现，我们必须首先探索经济学家所说的"工作搜寻"意味着什么以及这种意义如何塑造了研究。我在本书中对工作搜寻理论的解释需要在 1994 年进行更新（参见 Mortensen，1986；Devine and Kiefer，1991，后者是对求职框架内的经验研究的综合评述）。早期求职理论中的非现实特点现在已经被削弱了。许多限制性假定已经被扩展或抛弃，而在复杂性方面取得了相当大的收获。最近的模型不仅涉及雇员，而且也包括寻找雇主，可以从两方面进行解释（Mortensen，1986：913；Burdett and Wright，1994）。早期模型仅限于失业状况下的搜寻的情况被缓解了（Mortensen，1986：869ff）。关于"临时工作"文献的发展解除了对下述不现实假定的疑虑：一旦你得到了一份工作出价，你将会清楚地了解这份工作的所有特征（参见我对这些文献的述评，Granovetter，1988：190）。

但是工作搜寻模型仍然绕过了重要的现实。正如两位倡导者所言："搜寻理论本身从未得到验证。我们能够足够精确地写下的这个用以检验的模型明显是错误的。问题在于可否写出简单到足够有用的模型，而这种模型与劳动力市场的数据不会产生可怕的不一致。您将看到的是，论据是混合的。"（Devine and Kiefer，1991：8）

例如，继续强调保留工资（Reservation Wage）——低于这种工资的工作出价将是求职者不能接受的——对于我们可以获得什么产生了收缩的影响。实际上，我们观察不到保留工资（Devine and Kiefer，1991：29），几乎没有数据报告被接受和拒绝的工作的特征。作为将所有相关数据置于合适位置的为数不多的几项研究之一，布劳（Blau，1992）发现，估计的保留工资事实上不能很好地预测工人可能接受哪些工作。似乎有两个原因致使保留工资假定产生了误导。一个原因是，保留工资并未反映工作所涉及的未来职责的许多非货币因素。另一个原因是，与传统模型关注接受和拒绝工作出价相反，"工人几乎总是接受一份工作出价——一旦接受了一份出价……行动就接近了（出价的）价格"（Devine and Kiefer，1991：139）。德温和基弗总结了这个问题："工人在几乎所有工作都可以接受的市场上寻找。因此，失业周期的波动似乎产生于接受出价可能性的变异。"（Devine and Kiefer，1991：302）他们注意到，虽然模型典型地将工作的接近价格描述为外在的，但是似乎相反，出价却是内在的，亦即出价受到搜寻深度和搜寻策略的驱动。他们的结论是，"在研究工人获得工作出价的过程中确实存在预付行为"（Devine and Kiefer，1991：308），本书的作者几乎不怀疑这个提议。

也许工作搜寻理论对研究产生的最负面的影响在于：它没有注意到大量工作——不管采用任何方法界定——并不是经过搜寻找到的。关于这个主题，我在本书第一章的批评并不需要修改。历史上，工作搜寻理论产生的环境使其处于特殊的盲点。这些模型并没有将理解人员与工作匹配的全部过程视为其主要目标，而是解释了人们在失业和就业之间流动的动力，特别是失业收益对有效劳动力配置的影响——收益是否不适当地阻碍了失业工人寻找工作，而这种搜寻将把工人与合适的新工作联系起来。默特森评论道,"至少从寻找工作的工人的角度来看,这种理论将花在搜寻可接受工作上的时间视为一种'生产性'活动。因此,对非就业的工人而言,那些被归类为失业的人才会寻找工作。这种理论提出,'失业'是劳动力市场参与的一个生产性阶段。这个推论在 20 世纪 70 年代早期引发了许多争论,特别是在占主导地位的凯恩斯宏观经济学派中间。然而,接受马歇尔微观经济学新古典传统训练的劳动经济学家并不拒绝这种思想"(Mortensen,1986:861)。

虽然工作搜寻模型现在常规地进行被雇佣及未被雇佣状态下的搜寻的比较,但是在经验上展开讨论更有效。这个起源于失业问题的思想致使它很难发现未经搜寻而获得雇佣的重要性。此外,这种获得并不适合于方便地建构模型。如果工作出价不是有意识地运用已获得的资源去获得的,那么行动者在稀缺资源中做出何种选择是不明显的。

这个严肃的问题已经在本书的发现中提出:接近 30% 的样本否认进行了积极的搜寻,这个数字接近于上面报告的 1973 年《实时人口调查》中的 34.4%。坎贝尔和罗森费尔德从《实时人口调查》数据库中选取了 20—55 岁的在过去 5 年(也是本书的时间框架)中改变过雇主的被访者,他们发现非搜寻者所占的比例依次如下:36% 的白人男性,28% 的黑人男性,37% 的白人女性,30% 的黑人女性(Campbell and Rosenfeld,1985:159)。他们评论道:"不搜寻是所有种族/性别群体最常用的一种找工作的方法。"(Campbell and Rosenfeld,1985:161)

在特定的时间和地点，不通过搜寻找到工作的比例会提高。在渡边深的东京男性样本中，49%的工作变动者否认进行了积极的搜寻，这个数字在管理人员中提高到 63.8%，在最高收入类别的工作中提高到 60.2%（Watanabe，1987：225 - 258）。在汉森和波拉特 1987 年对马萨诸塞州沃斯特市的抽样调查中，51%的男性和 57%的女性表示并没有积极地寻找现职（Hanson and Pratt，1991：236），这导致汉森和波拉特断定："传统工作搜寻模型固定在获取信息的成本上……这似乎是误置。因为对于我们样本的多数个案来说，通过现存的社会网络获得导向新工作的信息对于工人来说是完全没有成本的。"（Hanson and Pratt，1991：237）曼农（Menon）研究了马尼拉移民中的求职行为，仅有 28%的被访者进行了搜寻；多数人报告说，在移民之前他们的工作就已经被安排好了。

人们会怀疑过多不经过搜寻的职位可能是为那些舒适的在业者保留的，但是奥斯伯格在对加拿大全国数据的分析中指出，"许多无业的加拿大人找工作并没有经过有记录的工作搜寻"（Osberg，1993：350）。例如，他报告说，1981 年劳动力中 68.7%的无业男性在 1 月份并未报告积极的工作搜寻，但是这些人中的 1/8 在 2 月份找到了工作。运用没有经过搜寻的求职者作为指标来测量，1981 年、1983 年和 1986 年其人数分别占男性失业者的 8.6%、5.5%和 5.6%，而在这 3 年中，女性失业者的 9.9%、7.8%和 7.7%没有经过 1 月份的搜寻却在 2 月份找到了工作（Osberg，1993：351）。[4] 凯兰德关于威尔士女性失业工人（由于一家服装厂部分关闭造成了女性失业）的研究表明，"多数人否认她们在积极地寻找工作。然而当提供一份工作时，她们却乐意接受；或是她们听到了一直在热情追求的某个职位的空缺信息。确实，几乎一半妇女以否定的方式回答这个问题，但实际上她们找到了工作"（Callender，1987：26）。[5]

  关于非搜寻者我们知之甚少；工作搜寻视角妨碍了对非搜寻者的兴趣，因为这种视角并没有提供理解非搜寻者的框架。例如，以《全美青年纵贯调查》（NLSY）数据为依据，霍尔泽（Holzer）撰写了一部关于白人和黑人青年失业者非正式的工作搜寻状况的重要著作。他在一个脚注中简要地提到："那些获得了最近一份工作却声称没有经过搜寻的个人被从样本中剔除。"（Holzer，1987：447n）由于倾向于工作搜寻的调查没有向那些否认搜寻活动的被访者询问任何问题，所以我们对他们的特征或他们事实上如何被与工作联系起来没有什么见解。坎贝尔和罗森菲尔德清晰地将 1973 年《实时人口调查》数据中的非搜寻者解释为使用"非搜寻方法"来寻找工作的人，他们发现，与自动失业时的搜寻相比，不搜寻和在职时的工作搜寻更可能带来工资收益，男人比女人更可能通过非搜寻产生工资收益（Campbell and Rosenfeld，1985：161 - 163）。他们还注意到，一个人离开劳动力市场的时间越长，越可能在没有积极搜寻的情况下找到工作。这是白人妇女搜寻行为的比例相对较低的一个原因，对于她们来说，重新进入劳动力市场经常是偶然的事件。如果存在经济的紧急状况，已经离开劳动力市场的妇女会重新进入,但并不是在积极的搜寻之后,而是在她们接近所渴求的工作时(Campbell and Rosenfeld, 1985: 169)。对不经过搜寻找到工作的频率的一种估计,可能是指那些直接从外部劳动力市场获得了新工作、而没有经历过失业期的求职者所占的比例。工作搜寻理论对这些人的解释力很弱,就他们巨大的数量而言,他们可能会驳斥当前宏观经济学的预测模型。

非搜寻者如何与工作联系起来?对此我们没有什么线索,因为多数研究忽视了非搜寻者与工作的匹配,然而线索是一致的。在本书中,82.5%的非搜寻者通过个人关系找到了工作,而45.4%的搜寻者通过个人关系找到了工作(来自未发表的为本书准备的表格,1972)。在汉森和波拉特的沃斯特样本中,可比较的比例是73%和32%(Hanson and Pratt, 1991: 237)。在渡边深的东京样本中,比例是71%和41%(Watanabe, 1987: 263)。因此,不经过搜寻找到工作可能接近于通过个人关系找到工作,这并不令人惊奇,因为"落在你衣兜中"(fall into your lap)的工作不可能在没有某个个人中介的情况下获得。但是忽视那些未经搜寻而找到工作的人,相当于针对通过其人际网络位置而找到工作的个案的选择偏差,这种偏差产生于搜寻理论的变形镜。

如果工人可以不经搜寻而找到工作,那么许多雇主在填补空缺时也同样显得漠不关心。但是,未能进行搜寻也从调查数据的视野中消失了。通过分析1980年雇主机会试验项目调查的 3100 名雇主，巴伦、毕晓普和敦克尔伯格（Barron, Bishop, and Dunkelberg, 1985）提到，当雇主被问到开始招聘和填补最近职位之间的时间长度时，他们的报告显示："28%的被访者回答说他们并没有为那个职位招聘雇员。不幸的是，如果雇主回答说没有招聘，被访者被指示跳过了有关雇佣活动的问题。"（Barron, Bishop, and Dunkelberg, 1985：45）他们推测："'没有招聘'可能意味着工作是为某位特别有前途的申请人创造的。或者该职位将由当前某位雇员的朋友或亲属来填补。"（Barron, Bishop, Dunkelberg, 1985：50n）在本书中，我将工作分类为另一个人直接替代（一个明确的空缺）；增加另一人从事与其他人类似的工作；创造一个初次为被访者拥有的新工作。新创造的工作占 35.3%。由于我没有收集有关雇主搜寻的信息，关于这方面我不能谈论任何确定的事情。然而，显而易见的是，在许多情况下，雇主为认识的被访者量身定做新的工作；在这个意义上，职位的填补没有经过雇主对潜在申请人的系统搜寻。70%的新创造的工作是通过个人关系来填补的，这个比例高于直接安置或增加新工作（本书导论表 0.3，按照相反的方向重新计算百分比）。似乎合理的是，工人和雇主的非搜寻行为与使用关系网络密切相关。菲尔运用威尔士失业钢铁工人的研究数据，证明了雇主的招聘策略和工人求职之间存在有说服力的联系——"如果招聘过程导致劳动力使用非正式方法，那么雇主将退出招聘"（Fevre, 1989：104）。如果雇主并不公开空缺，可能部分地因为他们知道现存雇员的朋友和亲属将填补这些空缺。不搜寻行为意味着工人完全知道他们会默认地诉诸其网络,这对于将要填补的工作来说是充分的。

因此,搜寻理论及其传递给经验研究者的导向忽视了人们是如何与工作联系在一起的一些重要方面。这种差距来源于下述事实:多数通过关系网络获得的工作信息是其他活动的副产品,因此对获得信息的成本和收益进行理性计算是不合适的。当工人和/或雇主未经任何明显的搜寻活动而完成了与位置的匹配时,这种现象特别明显。这些来自现存证据的匹配源于人们嵌入导向经济和非经济目标的当下的社会互动网络中。当我们忽视了正在发生什么事情这样一个中心方面时,很难发现我们如何才能很好地把握人员与职位匹配的问题。与何时填补一份工作的不确定性相对应的是,谁在寻找和谁"处在市场上"也是不确定的,这实际上反映了现存的空缺。正如我们目前所建构的那样,这就提出了如下问题:就业、劳动力和工作空缺统计是否十分接近于个人如何与工作联系的现实,也为我们提供了关于劳动力参与的不同状态之间的转换的见解。

劳动力市场偶然性的源泉

在这一节,我将评述有关人员与职位如何匹配的主要经验发现,我将涉及种族和性别等人口学变量,以及所使用的社会关系类型和求职方法。某些相关关系是经常重现的,我将首先报告那些发现。但是多数发现在一项研究和另一项研究之间有所不同,本节的多数内容将专注于分析背景中的差异如何导致了不同的结果。

一项经常重现的发现是：年龄、教育、职业地位和通过个人关系找到工作的可能性之间存在负相关关系。虽然该发现在1973年的《实时人口调查》研究中并未浮出水面，但是1978年《收入动态追踪调查》（Corcoran et al.，1980：34）、《印第安纳波利斯研究》（Marsden and Campbell，1990；Marx and Leicht，1992）和1970年的《底特律地区研究》（Marsden and Hurbert，1988）的结果却令人震惊。虽然这些发现在总体上是真实的，但是与某些相当高级的工作——特别是需要信任和兼容性的高级职业——通过关系来填补并非不一致（例如，参见：本书；Hanson and Pratt，1992：389；Simon and Warner，1992；Boxman，DeGraaf，and Flap，1991）。

有证据表明通过关系找工作是有效率的，因为更多的工作录用是通过这种方式获得的，也更可能被接受（Blau and Robins，1990：646；Holzer，1987：447；Holzer，1988：2；Weilgosz and Carpenter，1987：159）。例如，在《全美青年纵贯调查》关于失业青年的报告中，霍尔泽提到通过朋友和亲属接受和得到的工作机会达到令人惊喜的81%，上述比例是所有列出的方法中最高的（Holzer，1988：11）。正如本书所指出的，那些通过关系与工作匹配的人也不太可能辞职（Grieco，1987；Devine and Kiefer，1991：Chap.8；Licht，1992：229；Wanous，1980：32-34）。

但是多数其他主要的发现受到了其他设计良好的研究所呈

现的相当不同的发现的挑战。运用关系的人所占的比例显示：种族、族群或性别并未表现出连续性的形态；而研究同时表明，运用关系和所获得的工作质量（按满意度或工资水平来衡量）之间的一致性也不明显。因此，布里奇斯和维尔曼兹（Bridges and Villemez, 1986）与马斯丹和赫伯特（Marsden and Hurlbert, 1988）发现求职方法对工资没有影响。但是考察科科兰、达彻尔与邓肯（Corcoran, Datcher, and Duncan, 1980）和斯蒂格勒（Staiger, 1990）分别运用《收入动态追踪调查》和《全美青年纵贯调查》数据的研究结果发现：与使用其他渠道的配置相比，通过关系找到的工作在初始阶段具有工资优势，但随着时间的推移工资优势将会下降。这个论点意味着，最初的通过关系形成的匹配提供了更好的信息，直到他们在某个时间发现了一份工作，未经过关系人的匹配才出现，于是，如果他们仍然从事那原先的工作，他们的工资也会提升。卡沃迪尔（Coverdill, 1994）运用1982年《雇主机会试验项目》中雇主调查的数据发现，那些运用关系的人在被雇用的第一年获得了较好的工资增长和提升机会。

考虑到人们通过关系网络获得工作信息的环境存在巨大差异，我们对于来自不同研究的不同发现并不感到惊奇。既不是关系的使用对结果没有影响，也不是这种影响完全是不可预测的及依赖于每个个案中私密的详细资料。相反，我相信，差异的源泉虽然复杂，但也是可以确认和加以系统化的，现在我试着对此进行清楚的说明。

所使用的社会网络的类别

哈利斯、李和布朗简明地阐述了差异的一个基本来源:"如果关系网络可以把求职者和就业机会联系起来,那么使用非正式的关系网络将是一种有效的求职方法。"(Harris, Lee, and Brown, 1987: 184) 这种近似同义反复的陈述直接表明,将"非正式方法"引入试图预测工作之间工资增长的回归方程,为什么仅仅是一个粗糙的起点。比"正式渠道"和"直接申请"更复杂的是,"个人关系"所指的是这样一种现象:它的细微的结构和社会位置会产生极其不同的结果。

于是一些相互联系的问题就出现了:求职者和关系人之间关系的性质;关系所处的网络的特征;这种网络与工作信息和机会的联系。

对于求职者和关系人之间关系类型的探索,几乎全部是由社会学家做出的(蒙哥马利是例外,参见 Montgomery, 1991, 1992, 1994)。在本书和"弱关系的强度"(Granovetter, 1973;也可参见"a weak ties 'revisited' piece", Granovetter, 1983)中,我提出了弱关系在将人与信息联系起来时是强的,弱关系超越了典型地通过强关系可以接近的领域。因为我们的熟人不太可能比亲密朋友更彼此熟悉,熟人更可能在不同于自己的圈子中流动,而且可以超越自己的圈子流动。虽然亲密朋友和亲属更具有帮助我们获取工作信息的动机,但是我认为"弱关系"所处的结构位置使得它们更可能提供帮助,我提出这是为什么我的多数被访者通过关系找到工作的一个原因,他们仅仅偶然地在工作信息传递的时刻见到了关系人(见本书第三章)。我并没有声称通过弱关系找到的工作在收入或满意度方面一定比通过强关系或其他方法找到的工作更好。这样一种主张将受到怀疑,因为仅了解关系强度一般并不足以知道通过关系寻找的工作的质量。我主张强关系、亲属关系和社会(而不是与工作相关的)出身最可能被失业的或对新工作有极大需求的求职者使用。[6]

布里希思和维尔曼兹(Bridges and Villemez, 1986)在1981年芝加哥的一项调查中发现,通过弱关系而不是强关系寻找工作的工人获得了较高收入,但是当增加了种族、性别、教育和经验等控制变量时,这种差异就消失了。马斯丹和赫伯特在他们对于1970年《底特律地区研究》数据的再分析中也发现,使用强关系与使用弱关系的求职者的收入并不存在纯粹的差异,研究并未揭示求职方法对收入有较大影响。然而,在两个方面,这就提出了使用的控制变量是否会无意识地成为感兴趣的网络现象的代理变量的问题,在这种情况下零序相关关系的消失可能是误导性的。在马斯丹和赫伯特的研究中,增加了工作特征作为预测因子,他们评论道,我对工作匹配的讨论(Granovetter, 1981)意指"工资大体上是工作特征的函数,社会资源在解释个人如何被挑选到具有独特特征的位置时是重要的"(Marsden and Hurlbert, 1988:1048)。换言之,如果关系人的关系强度决定了非货币的工作特征,这些特征又反过来决定了收入，控制这些特征会掩盖关系强度与收入之间间接然而有效的因果关系。布里希思和维尔曼兹评论道，如果事实上这部分是包括社会网络的某些方面的假定"社会资本"的代理变量，他们将工作经验作为控制变量就是有问题的（Bridges and Villmez, 1986：579）。蒙哥马利（Montgomery, 1992）强调了这种观点，他建构的求职模型包含了关系强度假设。他论辩说，关系强度对工资的净影响没有提供有关关系强度重要性的知识，因为必须考虑到而不是控制个人的全部网络结构（Montgomery, 1991：590-594）。我将补充的是，任何跨部门的分析都会遗漏个人关系在构造职业生涯时的作用。如果通过关系找到的早期工作的较好收益转换为后来在劳动力市场上的优势，那么事实上更多的差异可以归结为社会网络而非跨部门。下面我将回到这个主题，讨论职业生涯的内部结构。

一组更一般的关于所使用的社会关系和网络的种类的问题被林南及其合作者以"社会资源"理论的形式提出来。林南认为，有价值的资源通过与社会结构中处于同自己相似层级的和自己类似的那些人的互动而得到了最好的保护，但是获得新的资源诸如好的工作，需要更明确的工具性行动，因为一个人必须达到社会结构的较高层次，这最有可能通过弱关系来实现。关于这个论点，仅仅当弱关系将人们与某些层级制结构中较高层次的人联系起来时，人们才会期望使用弱关系来找到较好的工作，这个命题在林南、恩赛尔和沃恩的论文中被经验地证实了（Lin, Ensel, and Vaughn, 1981）。一个人能否建立这种联系首先依赖于他的网络的多元化程度,所以在网络资源和通过某个特定的个人获得的结果之间存在一种一般性的联系(Lai, Leung, and Lin, 1994)。林南、恩赛尔和沃恩认为,由于天花板效应,弱关系对于那些处在层级结构顶端的人是没有优势的,因为在他们之上没有更多可以触及的距离。魏格纳(Wegener, 1991)赞同在一个网络内那些处在高层的人不可能更多地使用弱关系的观点,但是他指出,因为存在不同的个人网络,这仅仅意味着那些处在网络高层的人必须通过与来自不同网络的人建立联系来接触到地位更高的人,多数人只有通过弱关系才能接近地位更高的个人。他还提出,在不同的网络内,虽然人们的地位层次不同,但是在其他非垂直的维度上(例如,族群)应该具有充分的同质性,所以人们可以通过强关系接触上层。弱关系对处于较高地位的上层来说具有最大的好处,而对处在底层的人来说最没有好处。这将会解释为什么高地位个人的样本过高估计了弱关系的重要性,一般样本并未产生线性的影响。在1987年收集的德国数据中,魏格纳精确地发现了他所提出的互动影响。类似地,埃里克森和扬西(Ericksen and Yancey, 1980)发现那些运用弱关系的人具有收入上的优势,但是仅仅对于那些具有高中或高中以上文凭的人才是有效的,即收入随着教育年限的提高而上升(Ericksen and Yancey, 1980: 24-25)。我相信,来自本书中的论据支持了第三种观点——如果他们接触其他网络中可比较的高地位的个人,使用弱关系的那些高地位的人将会受益。其他网络中的人拥有不同的资源，他们属于与自己迥异的组织的或制度的环境。关于这个主题的论据是混合的，澄清这个问题需要更动态地描述网络结构如何随着时间而变迁和对于网络边界的更好理解，那样我们便知道说一个关系人位于一个人的网络的里面或外面是什么意思。

社会资源视角要求我们思考，不同个人和群体的网络关系是在哪里打通的，而不是建立一个有关使用关系人的收益的涵盖性假设——这是一种过度个人主义的观点，就像个人不是作为定义明确的群体的一部分而进入劳动力市场一样。因此，在某些群体中，通过关系找工作可能是一个人的最佳选择，但是如果这是该群体能够提供的一切的话，按照一般标准来看，所找到的工作可能质量太差。就像你不可能从石头中找到血一样。茅斯塔茨—卡尔扎娃拉（Mostacci-Calzavara，1982：153）在她的多伦多样本中发现，工人阶级的族群关系经常能带来工作，但是，与其他求职方法相比，一个人所属的种族群体的平均收入越低，运用相同的群体联系所带来的收入越没有优势。霍尔泽在对1981年《全美青年纵贯调查》（NLSY）数据的分析中发现，黑人和白人青年求职概率的40%以上的差异可以用白人比黑人运用朋友和亲属的更高效率来解释（Holzer，1987：449-452）。

科伦曼和特纳用1989年美国《国家经济研究局劣势青年调查》（NBER）的数据（关于波士顿贫困地区的青年男女的一项研究）指出，尽管具有较高的教育成就和类似的福利使用历史,黑人青年的工资比白人青年低 15%;黑人青年较低的工资大致可以用下述事实来解释:"通过关系找到的工作并不能向黑人青年与白人青年支付一样的工资。"(Korenman and Turner,1994:3) 他们在《全美青年纵贯调查》中并未发现这种一般的影响,但是引用了西班牙裔中对于社会关系较低回报的论据。在波士顿样本中,51%的白人和 42%的黑人通过关系找到了工作,通过关系找到工作的白人青年的工资比用其他方法找到工作的白人青年高出 24%;相应地,在黑人中则高出 3%。通过亲属找到工作的白人的小时工资比黑人高 38%。对于没有使用关系的黑人和白人来说,白人的工资仅仅高出 5% (Korenman and Turner,1994:8)。他们推测白人通过关系找到的工作经常是工会或建筑工作,这些工作是相对有利的。

这些发现自然会导向下列观察:仅仅着眼于求职者和关系人之间关系的性质是不充分的,还应了解影响结果的整个网络的不同特征。蒙哥马利(Montgomery,1992)指出,弱关系强度论点是关于自我中心网络结构而非求职者关系类型和结果之间相关关系的一个合适的观点,虽然多数研究聚焦于后者。遵循着博特所做的"紧密联系"和"松散联系"网络之间的经典区分(Bott,1957),对以关系结构为基础的网络进行分类是自然的。例如,卡森在失业被访者中区分了"隔离的"、"限制的"和"延伸的"网络。第一种网络中的人们不具有常规的社会关系;在限制型网络中,"他们常规地看到一些朋友、亲属和熟人,典型地是在彼此的家中或外出购物的场所会面";

属于延伸型网络的人"拥有广泛的社会圈子……通常是在家中或制度性场所如地区俱乐部或运动竞赛中见到广泛的朋友、亲属和熟人"（Carson，1992：152）。虽然人们关心编码规则是否可以清楚地区分为这些类别，但是卡森（在一项概率回归模型中）发现，延伸的、限制的和隔离的网络与更少的重新雇佣的机会和所研究的两个时期内寻找一份新工作的更长的时间相关（Carson，1992：152-156）。这样一种发现并不能从调查中显现出来，却可以从被访者使用的特定关系的密度中得出。

琳达·莫里斯区分了集体的、个人主义的和分散的网络。集体型网络包括高水平的相互联系、信息共享、共同的身份、相互信任和义务、在知名的公共场所（如酒馆）经常聚会。分散型网络具有某些类似的特征，但是人们单独的而不是在集体场所会见他们的朋友。个人主义的网络并不相互联系，其成员在地理上是分散的。她提出，在集体型网络主导的场所，如她及同事所研究的威尔士钢铁制造地区，雇主和工人很容易签署短期合约（Morris，1984；Chris Harris et al.，1987）。男人们在高度集体化的网络中听到有关这种合约工作的信息，雇主也偏爱通过这种方式雇人，因为工作经常是无控制的和脱离规章的，它要求工人受到严格的社会控制而不是轻率地传播口信。正如史密斯先生所言，"他们知道我总是悄悄地工作。我不在酒馆里大声喧哗吹牛闲扯，我仅仅通过我认识和信任的人接受工作。那些整洁的男孩，即使你切断他们的手，他们也不会告诉你任何东西"（Morris，1984：349）。莫里斯观察到，没有这样制度化和集体性地嵌入网络的男人，不太可能得到短期合约的工作，他们"倾向于通过正式渠道获得更可靠的就业，或是长期保持失业状态。然而，在经历相对较长的失业期之后，他们通常可以获得一份可靠的工作"（Morris，1987：134）。

一个人工作经验的详细资料也会以一种方式塑造社会网络，只有很少的研究去探索这个问题；不是将网络结构视为静止的和外生的，重要的是看网络结构是如何通过日常活动的细节生产和再生产的。李骏育（Jung-Kyu Lee，1993）运用（纽约市）长岛航空宇宙设备厂失业工人的一个随机样本的数据和1985年综合社会调查的资料进行了这样一项研究。李发现，一个人在公司中的位置——特别是处在将工人联系起来的位置的人——对关系的内容和网络结构产生了重要的影响。尤其是，那些其工作角色卷入高度复杂的与他人的互动的人，显然更可能拥有受弱关系支配的低密度网络（Lee，1993：Chap.4）。对于新就业的人来说，低密度网络和工作与短期待业期之间的较少收入损失相关。高密度的强关系网络经常会在较短的时间内带来新的工作，但是一般而言会造成相当明显的收入损失（Lee，1993：Chap.6）。

如果卡森、莫里斯所区分的网络类型和李呈现的强关系后果是相对粗糙的，那么需要进行更详细的论述。这些论述将许多近期对社会网络结构的综合测量（例如参见：Wasserman and Faust，1994）与个人行动的成功如求职和整个地区典型的匹配过程联系起来。这类工作可以从个人的策略分析的角度进行，如伯特（Burt, 1992）提出的"结构洞"对法人行动者效用的分析，或是从古典人类学著作如纳达尔（Nadel, 1957）及其代数和块模型传统中的社会学继承者提出的更全面的社会网络分析视角出发的（White, Boorman, and Breiger, 1976; White, 1992; Pattison, 1993）。但是，所有这些尝试都需要进行比已经取得的进展更详细的自我中心网络和局部网络的测量。

个人生涯中的偶然性

个人层次上相关测量中变异的进一步来源在于，工作搜寻模型中的假定，典型地明显或不明显地导入一阶马尔可夫过程（Markov Process）的经验研究中，亦即，所有与个人及其流动相关的因果信息都会被概括为新工作以前的个人信息（参见本书第五章）。德温和基弗注意到，"这个假定是典型的不可验证的……当然，不存在明显容易处理的替代性假定"（Devine and Kiefer, 1991: 105）。不管是否容易处理，这个假定在某种程度上是不正确的，因为存在对大部分个人生涯的因果影响，但是测量跨部门的相关关系将过低估计某些变量的因果影响。

这其中的一个方面与早期劳动力市场的经验有关。在本书（第六章）中，我从自己收集的数据出发，指出以社会网络为中介的早期成功，在流动中形成了一个滚雪球过程，将产生越来越多的所需要的关系人，因而是自我维持的。在后来的一篇论文中，我详细论述了涉及青年失业争论的论点（Granvotter, 1988: 196–197）。法伯关于1979—1988年《全美青年纵贯调查》的资料表明，近期流动仅仅"与当前而非早期流动边际地正向强相关"（Farber，1993：31），这与我关于关系人的滚雪球效应的论点一致。虽然频繁流动者只是在某个方面与其他人不同，这在逻辑上是可能的，但是法伯注意到，一个纯异质性模型在统计上很容易被驳回。如果将一个人在职业生涯的任何时间通过关系找到好工作的优势归结为他在劳动力市场中终身积累的优势，那么，即使在他不通过关系找工作时，所使用的资源也部分地是早期网络的结果。因为抽样调查仅仅典型地询问最近从事的工作的情况，所以这种生涯动态变得不可见。

黑根提出了一个相关的论点：如果早期联系导致了年轻人的合法就业，同样的情况对于非法就业也是真实的。早期经验是关键性的，所以"连续的犯罪行为和关系人进一步使青年人嵌入非法网络中，从而与其求职的个人化网络相隔离"（Hagan，1993：469）。这是具有讽刺性的结果：通常引用的从无业到犯罪的因果性是相反的。他报告了一项关于出生于20世纪50年代的伦敦男孩的长期追踪调查的结果，"截止到18岁，自我报告的青少年犯罪对21岁时陷入失业的可能性具有显著的净影响"（Hagan，1993：482），而失业对于青少年犯罪则没有产生滞后的影响。他指出，"聚焦于犯罪嵌入性有时有助于解释令人惊奇的事实：多数青年人，甚至是处在最贫困环境中的青年人，成长为守法的拥有职业的成年人"（Hagan，1993：487）。

尽管本书和少数其他研究提供了启发性的材料（如

Spilerman, 1977; Rosenbaum, 1984; DiPrete, 1989），但是几乎没有对一致性或生涯偏离做过研究。这有点令人惊奇，虽然多数数据未询问被访者从一种工作转到另一种工作所用的方法，但是最近几年积累了劳动力市场的纵贯数据。详细地询问被访者有关他们的职业生涯的细节，如我在本书中所做的那样，似乎是一种明显的补救方法。虽然还没有进行过研究，但下面这个研究依然是一个有意义的题目：被访者热情地做出快速反应，就像在突访中被访者很少有机会回顾其整个职业生涯一样。他们关于自己生活和历史的隐私知识允许其提供最与众不同的及意料之外的却是适当且有效的细节，能将复杂的可能性的链条带入更清晰的焦点。在收集到更多的开放性访问的材料之前，我仍然怀疑我们能否通过大规模封闭式问卷调查数据来回答这些最有趣的问题。

雇主的目标和行为

运用阿尔弗雷德·马歇尔（Alfred Marshall）的隐喻，仅仅从一个方面分析市场就像试图用剪刀的一个刀片来裁剪东西一样。当人们在寻找工作时，雇主也在找人填补职位。雇主的行为、策略和目的在人员和职位匹配的过程中发挥着中心的然而经常被忽视的作用。

在最广泛的层次上，雇佣组织的变化将工人未来的依附视为决定了采取何种策略和行动在求职中将是有效的。具有普遍的"终身制"特征的市场——像在老套的日本大公司中一样

（Abegglen，1958）——将会使大多数工作搜寻回到这一点，即来自学校的毕业生进入将确定他们职业生涯的公司。在这样一种制度中，某些求职行动受到教育机构和就业组织之间准正式关系的协调，我将在下面更充分地讨论这个问题。[7]在另一种极端情况下，一种经济体制中的公司仅仅有少数核心的永久雇员，在临时工帮助下从事多数商业活动。外部化雇佣或更具体地在内部和外部雇员中来回摆动的倾向，导致了日益复杂的公司网络（参见 Granovetter，1994；Powell and Smith-Doerr，1994）和模糊的公司边界。赛博尔将这种状况称为"麦比乌斯带"组织（Moebius-strip organization）：将一张纸带的一个边扭转180°，再与另一边相连时，纸带的里面和外面都不能彼此区分开来的拓扑学诡计。他指出，这样的公司意味着"开放的劳动力市场"，"个人通过参与邻里群体、嗜好俱乐部或其他的公司之外的专业性和社会性网络来保护他们的长期职业地位。只有那些参与这种多元的、松散联系的网络的人才可能知道他们当前的工作何时会处在危险中，哪里存在新机会，为了抓住这些机会需要哪些技术。公司劳动力市场变得越开放，这些网络不得不承受的负担就越重，参与到它们组织的社会活动中的经济强迫也就越强"（Sabel，1991：43）。萨克年对硅谷中的公司生活的描述（Saxenian，1994）传达了一个特定行业中的类似情况。

在一个特定的工业组织体制内，不同类型的雇主在不同的环境下具有不同的目标，这些差异在决定对求职者而言什么将发挥作用或什么不会发挥作用时也是关键的。从经验意义上来讲，在工厂层次上的研究，甚至在相当同质的环境下的研究，诸如印第安纳中部一家大型制造厂的样本（1982年完成），指出不同工厂之间的实质性差异在于工人是如何被招聘的。平均而言，51.4%的工人通过朋友和亲属找到了工作，但是在52家工厂中，这种差异从23.1%到89.3%不等（Marsden and Campbell，1990：68）。因为没有更精确的资料，所以很难知道这种令人惊奇的工厂间差异中的哪些部分来源于明确的雇主招聘政策，哪些部分来自于求职者和雇员网络的性质。

公司采用的确保对工人的控制的综合策略部分地影响了招聘政策。正如梯利和我所论证的（Tilly and Granovetter，1988：201-207），控制系统所运用的强制在程度上是不同的，从一端的直接监控和制裁转变为另一端的通过忠诚来控制，忠诚体制是工人对企业的承诺，工人受到了积极的刺激及象征性策略的鼓励，它超过了他们获得的物质回报。某些忠诚体制不是建立在对公司认同的基础上，而是更多地建立在先前存在的群体忠诚的基础上，这种群体忠诚发挥着监控表现和提供训练与支持的作用。这些群体包括广泛不同的实体如专业性和族群性网络。在控制建立在原始团结诸如族群划分的意义上，招聘自然采取了通过现有雇员口头传播的方式。

格里克论辩说，雇主经常有意识地在家族内招聘，这建立在伴随亲属关系而产生的社会控制的基础上，这导致他们雇用"爸爸的儿子"（Grieco，1987：37）。她指出，工作场所强化了而不是削弱了亲属联系。她补充说，当雇主希望一个劳动力受到其他劳动力成员的社会控制时，他们希望通过强关系而不是弱关系招聘（Grieco，1987：43）。她还指出，当雇主特别关注社会控制时，他们会通过族群和亲属网络进行远距离招聘，这样招聘的劳动力没有工厂工作的经验，因此更可能是驯服的而不是好斗的；她在英格兰的米德兰·斯科尔比钢厂和卢敦沃克斯霍尔汽车厂的研究表明，雇主明显偏爱来自苏格兰的劳动力，在这方面是一个精彩的案例。同样重要的是在新地点的族群网络是隔离的，在那里他们被看作外来者，因此他们拥有的可替代招聘他们的公司的选择很少，这极大地削弱了他们的议价能力（Grieco，1987：Chaps. 4 - 7）。在研究文献中涉及这种现象的个案如此之多，以至于它们比通常假定的具有更大的理论重要性。例如，梯利和我指出，亨利·福特在第一次世界大战劳动力短缺时期决定"鼓励黑人宗教领袖招聘南方黑人在福特的底特律工厂的隔离的部门工作，从而建立了一种迁移、就业和失业的系统，塑造了底特律长达40年的经验"（Tilly and Granovetter，1988：189，202）。汉森和波拉特引用了（马萨诸塞州）黑石谷的一家羊毛处理公司避开当地劳动力而偏爱波兰移民的例子。雇主描述道：

> 我有六位波兰工人为我工作——他们具有良好的移民工作伦理。他们倾向于居住在同一地区，并且一起开车上下班。其中一位工人写信回家介绍他的工作经验。我们为他们拍摄了身着制服的照片，他们将这些照片寄回家。他

> 们感到自豪;他们正在从事受人尊重的工作。这些人离开波兰以后工作了两到三年——他们所做的工作是七天的夜班——他们寄钱回家。当他们回波兰老家的时候,我们一般会让他们的堂兄弟或亲兄弟顶替他们的职位(Hanson and Pratt, 1992: 389)

公司的目标不仅仅是劳动力控制。温多夫(Windolf, 1986)以英国和德国公司的一项研究为基础,将公司的招聘战略与其特定的行业小生境和一般的公司目标联系起来。他询问的问题是,公司需要什么样的员工来实现其目标。他指出,最可能通过各种网络来招聘员工的公司主要是试图维持现状的公司——它们被导向传统的市场分割。许多这类公司喜欢在产品市场中拥有高度垄断,他们坚定地将工人代表吸收进招聘部门。最不可能通过各种网络来招聘的公司是他所谓的"自动化的公司",市场领袖对需要什么类型的雇员有严格的要求,这受到了技术标准和一些版本的科学管理规定的指导。处于二者之间的是"革新型"的公司,这种公司可能会吸引许多潜在的革新者,所以撒开了一张捕获许多申请人的大网,这些申请人会接受仔细的甄别;还有那些"灵活的/可随便应付的"公司,一般是那些处在较弱的市场位置的、小型到中等规模的公司,它们并没有清楚的理想候选人档案。虽然他的资料仅仅提供了对该假设的有限证实,但是招聘应该被视为一个特定小生境下公司综合战略的一部分,这种观点值得很好地继续研究。

失业和经济不景气

做出如下想象是自然的：处于失业的境况，或普遍的失业率将对人们如何找工作以及求职方法与工作质量之间的相关性产生影响。例如，一般而言，当流动是自愿的而非作为失业的结果时，人们希望看到在工资和职业声望方面对流动的较好回报（关于这个观点的论据概述，参见我 1988 年的论文，Granovetter，1988：195）。因此，通过关系找到的工作是否将导致更高的工资，需要按照流动的自愿/非自愿性质的净值来评估，但是很少能获得做出这种区分所需要的资料。

在本书中，我提供了论据，证明了对新工作有巨大需求的人（包括失业者）比其他人更可能使用家庭和社会关系而不是工作关系求职（参见本书第二章），也更可能使用强关系而非弱关系求职（参见本书第三章）。随后的研究报告了失业者是否或多或少更可能比其他人通过强关系寻找工作的不同的发现。在奥地利失业的肉类包装工人的样本中，卡森发现，多数人使用弱关系找到了新工作，与 38% 使用强关系的人相比，69% 的人得到了弱关系人的"推荐"（Carson，1992：167）。另一方面，李在对失业的威尔士钢铁工人的研究中发现，多数失业者使用了强关系（Lee，1987：120），格里克运用其英国的人种志资料论证说，强关系在劳动力过剩期是重要的（Grieco，1987：48），因为强关系可以证明（求职者的）技能，有助于将稀缺的工作提供给关系密切的朋友和家庭成员。卡森指出，格里克所强调的亲属的强关系可能与"年轻的求职者或移民有关……但是过分强调了工人的特定声望是他们凭借自己的资格赢得的"（Carson，1992：212），他的被访者强调了这种声望的重要性（Carson，1992：220-221）。我的原始观点可以简单地表述为，强关系具有更多在紧要关头帮助提供工作信息的动机，而弱关系更可能提供良好的信息。没有办法事先知道这些因素中的哪些更重要及它们如何抵消。总而言之，在其他条件相同的情况下，亦即在一个人持续地占有通过他的关系网络获得的资源的情况下，一个人期望得到的来自强关系的帮助越多，他的工作状况越令人绝望。但即使这种状况也是微不足道的，因为一个人恶化的工作状况经常是与很多其他人的同类状况一起发生的——比如在大规模失业时期——所以一个人的网络资源会发生急剧的改变。

因此，失业率和随之发生的劳动力市场的供不应求或供过于求，对劳动力市场的影响远远大于对任何特定个人状况的影响。我在本书中提出，由于雇主和雇员类似地认为通过关系进行的招聘将是低成本和有效率的，这种招聘的可能性不会过多地受到商业周期的影响。在供不应求的劳动力市场中，雇主不得不使用更昂贵的和他们不太偏爱的正式渠道，但是由于求职者在这种条件下这样做的动机较低，这两种倾向应该粗略地相互"抵消"（参见本书导论）。

许多研究者不同意这种评估，最一般的论点是，在经济不景气时期，口头的招聘方式会增加。以1980年和1981年在英国和联邦德国所做的研究为基础，伍德报告说，经理们断言"在当前的失业水平下，他们不需要使用非正式方法以外的任何方法"，许多公司在招聘时偏爱使用朋友和亲属关系，将它视为"对当前雇员的一种额外福利，在失业率很高的时候，这种方法特别受欢迎"（Wood, 1985：111；类似的观点也可参见 Jenkins et al., 1983；Wial, 1991：405）。其他研究同时表明，在劳动力短缺时期如第二次世界大战期间，非正式方法不得不被补充以广告、中介机构等方法，这在以前被认为是最后采用的方法（Licht, 1992：42）。

但是费尔引用20世纪80年代《英国综合家计调查》数据表明，非正式方法似乎并未在不景气时期系统地增加。他指出，事实上许多作者论证说，劳动力短缺应该驱使雇主更强烈地使用非正式招聘方法（Fevre, 1989：92-95）。

这些相冲突的发现，表明我们应寻找其平衡驱动了过程的基础的偶然性，我认为前两节提供了明确的可选答案。人们在不景气时期是否通过关系找工作不仅取决于动机，也依赖于他们的关系人是否可以将他们与工作联系起来，这反过来又依赖于关系网络是否跨越了就业与失业的边界，或你所认识的人是否都是失业者，在最后一种情况下他们不可能提供更多的帮助。因此，在某个地区出现大规模失业的情况下，特别是在没有这个地区之外的关系人的人群中，正式渠道将是唯一的就业方法，奥斯伯格确实在加拿大发现，虽然公共职业介绍所提供的工作"在商业周期顶峰时基本没有社会收益，但它在不景气的商业低潮期却非常成功"（Osberg, 1993: 369），因为此时那些在其他情况下避免使用它的人却使用了它。我的猜测是，这些人曾试图使用关系，但未能成功。

李论证说，不景气对于人们如何找到工作没有产生确定性的影响，相反的情况是"市场越供过于求，相对于劳动力卖方的劳动力市场行为的劳动力买方的招聘策略的重要性越大"。因此，在不景气时期，"需要研究雇主的招聘策略而非工人的求职策略"（Lee, 1987: 125）。因此，在雇主拥有所有议价能力的情况下，他们选择的任何招聘工人的方式，都可能是潜在的雇员找到工作的方式。因此，上一节关于雇主策略的所有考虑都是切题的。

在所有的经济环境下，求职者网络中的资源和招聘策略及雇主行动之间的某些平衡将决定人们通过关系找到工作的程度。但是在不景气时期，似是而非的是：这种平衡将受到雇主行动的支配，在劳动力短缺时期，则将受到求职者及其网络的制约。这个论点与许多关于商业周期的经验分布一致，取决于劳动力市场双方详细的资源和策略。

差异的制度和文化根源

在人员与职位匹配的偶然性方面的最后一个源泉是跨文化和制度环境的差异。在什么范围内环境中的差异将导致匹配的差异，此问题的答案是不明显的。上文引用的印第安纳中部地区的研究显示，其他方面类似的制造业工厂在招聘策略方面存在巨大的差异。某些证据指出城市将是差异的一个根源。利希特关于在费城找工作的历史研究强调,行业组织造成了在如何找工作方面与其他城市的系统的差异。到 20 世纪中期,费城具有高度的产品多样化特征,占优势地位的是小型到中等规模的由家庭所有和经营的企业,与其他城市相比,在费城,全国性公司的分支工厂很少,移民也较少(Licht, 1992: Chap. 1)。在相对缺乏正式化的程序与人事部门,及地方性管理高度参与人员挑选的情况下,上述因素可能导致了高比例的求职者通过社会网络寻找工作。到第二次世界大战时期,多数工人工作距离的邻近放大了这种效应,由此提高了以邻里为基础的网络的重要性(Licht, 1992: 54)。汉森和波拉特强调(马萨诸塞州)沃斯特市具有"高于平均水平的居住稳定性",这导致了更广泛的社会网络,方便人们在求职时使用关系(Hanson and Pratt, 1991: 237)。

似乎在通过关系求职的比例方面并不存在由国家造成的显著差异,然而制度差异会导致具体过程的差异。例如,一些研究提出了关系强度重要性的差异。以一些个案研究为基础,罗杰斯和金凯德强调了强关系在墨西哥求职中的重要性(Rogers and Kincaid, 1981: 245 - 247)。在日本的随机样本中,渡边深发现了强关系而非弱关系在通过个人关系变换工作中的主导地位。为了与本书中的研究相匹配,他选择了一个子样本来考察,他发现与 29.5% 的美国人相比,仅有 6.3% 的日本的职业变动者使用了弱关系。[8] 差异的一个重要源泉在于,工作关系对美国人来说是弱关系，而对日本人来说是强关系。另一个有趣的差异是，与本书的发现相反，被访者以前工作的任职期限越长，他越可能通过关系找到工作（Watanabe，1987：342）。渡边深引用了日本的互惠模式，在这种模式中人们倾向于投资长期关系。这在工作任期相当长的大型公司的部门中尤其重要。另外，他论证说，在日本将人员与职位联系起来的关系人类似于传统的中间人角色，因为其提供介绍角色与其担保人的角色相联系（Watanabe，1987：Chap. 11）。但是当蓝领工人在不同的职业间流动时，弱关系会特别有用，这表明甚至在这种环境下，弱关系也发挥了桥梁的作用，只是不像在其他地方那样频繁（Watanabe，1987：398）。

边燕杰（Bian，1994）呈现了一幅完全不同的图景，在这种图景下，强关系比弱关系更有价值。在新中国建立之后、改革开放以前，中国实行国家为个人分配工作的制度。他的数据来自1988年天津1008名成人的代表性抽样调查。超过45%的被访者表示某个人帮助他们获得了首份工作。边燕杰指出，并非所有使用个人交换网络的行为在劳动力市场中都是被允许的。在这种环境下，向工作单位分配（工人）是政府部门的一种特权，从一个单位流动到另外一个单位并未被假定是通过关系来实现的，（使用关系完成流动）与中央的劳动力资源计划不一致。违规者原则上会受到严厉的惩罚。因此，除非求职者和中间人之间具有相当强的个人信任，亦即他们之间是典型的强关系而非弱关系，否则他们都不能从事这种交换。结果，多数帮助者是强关系人,有时也通过家庭关系来达到目的(Lin and Bian, 1991: 681)。

虽然这些个案都极其有趣,但并不表明基本的文化差异会戏剧性地重塑求职行为。例如,日本、墨西哥或中国比西方国家更加注重强关系的文化因素,差异的多数原因似乎在于这些国家的制度差异。因此,我们应该希望看到强关系在那些其公司可以提供较长职业任期的国家中运用,就像在日本,或者在那些禁止使用关系的地方,如改革开放之前的中国。后一种情况,事实上,是上面描述的威尔士南部状况的重现,在威尔士通过地方社区网络中的强关系来招聘不签署书面合约的工人,部分地保证了这些非法的非正式安排不会被揭发。

正式匹配过程的竞技场

到目前为止的多数讨论涉及通过个人关系完成劳动力市场匹配的环境,这是人们希望看到的。这些环境也是共同的,保持良好联系的求职者和雇主偏爱非正式招聘方法,他们将这种方法视为便宜的和有效的。但是,更充分地理解匹配过程也需要评估正式程序何时具有优势,以及我们期望何时发现它们。这是一个我们知之甚少的重要主题。

正式机制纯粹是非人情的,正式的中介人事先并不知道求职者和工作机会,仅仅扮演不偏不倚的中介者的角色,试图依据双方提供的信息做出最好的匹配,但这种方式似乎很少成功。这样一种机制的原型是公共职业介绍所,虽然这类服务机构在不同的国家有不同的名称。虽然应该考虑到最近做出的一些修改，但是公共职业服务机构仍然典型地被市场双方视为不受欢迎的不得已而使用的手段。例如，奥斯伯格（Osberg，1993）指出，就他的加拿大数据而言，在非常严重的经济不景气时期，职业介绍所发挥着有用的功能，部分地因为它吸引了普遍想避开职业介绍的求职者（Osberg，1993：366－369）。此外，他指出，虽然通过职业介绍所的平均搜寻期限一般都长于通过其他手段的搜寻期限（参见威尔高兹和卡彭特引用的 NLSY 数据；Wielgosz and Carpenter，1987：159），但是并不能得出它的服务是没有作用的，因为职业介绍所的使用者并不是随机样本，而可能不成比例地来自那些缺乏关系网络的求职者；因此，这个特定群体的搜寻期实际上被缩短了（Osberg，1993：354）。托马斯（Thomas，1994）报告了来自英国的数据：那些使用职业介绍所找到工作的人报告的部分较长的搜寻期产生于下述事实：他们首先使用了其他方法，但是没有成功。波茨报告说，1970 年至 1992 年间美国使用职业介绍所的失业求职者的比例发生了实质性的下降，从 30.2% 下降到 22.6%。她怀疑这个结果部分来源于制造业就业机会的下降，部分来源于获得救助的失业者比例的下降，因为寻求救助的求职者必须到职业介绍所登记。与此相比，使用报纸和其他广告的比例则稳步上升，从 1970 年的 23.4% 增加到 1992 年的 41.7%，这也许反映了服务业和扩张的白领职业更多地使用广告来进行招聘（Ports，1993：65）。毕晓普提出，职业介绍所的声望在过去 20

年显著地降低,其预算也被实质性地削减(Bishop,1993:381)。

一般而言,人们会期望在没有方便的方法被求职者和招聘者用来评估彼此质量的情况下,正式渠道会发挥重要的作用。这种情况也会发生:例如,学生离开学校,不具有以前的工作经验,因而也没有以前工作的关系网络。实习制度或学校安置制度也在劳动力市场中发挥重大的作用,但是关于它们是否这样做存在相当大的变数。布林顿和卡瑞亚(Brinton and Kariya,1994)提出,教育机构按照这种方式发展,其声望依赖于学校将学生安置到较好工作位置的能力,像在日本一样,学校将发挥这种角色。

罗森鲍姆等(Rosenbaum et al., 1990)描述了几个国家从中学到工作岗位转换中的差异。在日本,特定的公司与特定的中学建立长期关系,学校选送成绩最好的学生参加最好工作的面试。而公司则觉得是被迫录用了被推荐的中学生,为了维持这种关系,学校按照学生的表现——是用分数来测量的——做出推荐。在其毕业生不准备上大学的中学里面,雇主雇用了80%以上的由学校推荐的学生(Rosenbaum and Kariya,1989)。在德国,学校与雇主的联系更间接,这种联系受到了由工会和公司管理的学徒制度的调节,许多学生通过公共职业介绍所建立了联系渠道。大约2/3的德国劳动力完成了两年到三年半的实习(参见Harhoff and Kane,1994)。在这种安排中,职业介绍所并不纯粹是非人情的中介,它也建立了与公司、工会和学校的部分网络关系，这些都需要重新进行深入的研究。

在美国，从 19 世纪中后期实习制度开始式微之时至今，没有任何一种体制占据过主导地位；相反，一个直接由公司运作的学校和私立、公立职业教育的混合物在过去 100 年间也是起起落落，并没有形成任何确定的模式（参见 Nelson-Rowe，1988，1991；Licht，1992：Chap. 4）。具有讽刺意味的是，由于日本的某些公司与中学之间是强关系，因此其教师与公司里的同僚之间的关系不像美国那样清晰；在美国，组织层面上的制度性关系很少，学校与公司之间的关系一般取决于雇主和某些教师之间建立的个人联系，学生的流动取决于这些特定的联系（Rosenbaum and Binder, 1994。类似地，渡边深在一次私人谈话中告诉我，他利用对工作变动者和经理的详细访谈资料，发现在大学层次上，日本的雇主和学校官员之间的个人联系，在这个层次上正式安置不太确定）。大体上，多数美国中学生在毕业或更早地离校之后，要完全独立地找工作，他们经常光顾劳动力市场，从一份工作转到另一份工作，其流动频率高于多数其他国家。毕晓普引用世界经济合作与发展组织（OECD）的数据指出，从事某份工作不满一年的工人，未来 12 个月离职的比例在美国是 59%，与此相比，日本是 24%。美国人的工作任职期限也低于比利时、加拿大、法国、德国、意大利和英格兰（Bishop, 1993：339）。类似的显著差异也可以在美国与日本、德国或法国的工人流动率中发现（Hakusho, 1988）。

我们并不清楚这些形成对照的体制是否在效率方面存在引

人注目的差异。劳动经济学的一个观点是,从事临时工作是青年工人有效求职的一种方式,他们这样做可以发现劳动力市场的真相,以及他们的技能如何最好地匹配可得到的工作;到三十多岁的时候,他们将习惯于从事那些与其品味和能力相匹配的工作。这些文献将一份工作的任职长度等同于一次匹配的质量。霍尔评论道,多数工人"在一生的工作中像上紧的发条……多次尝试以后最终才取得成功"(Hall,1982:720-721)。[9] 另一方面,毕晓普注意到跳槽而不是临时工作是糟糕的初始匹配的代价昂贵的结果。这种糟糕的初始匹配可以通过信息(包括高中的成绩)的自由流动来改善(Bishop,1993:340)。罗森鲍姆等(Rosenbaum et al.,1990)同时注意到,即使在提出明确请求的情况下,美国中学在提供诸如成绩副本的信息时是极其不严格的。但是他们也注意到,多数美国雇主怀疑高中成绩与技能之间的联系。虽然他们提供了存在某种关系的证据,但是这方面的研究非常少见;一些陈旧的文献也怀疑教育年限与职业表现之间的联系,但是并没有提供有关成绩的作用的具体证据(Berg,1971;Squires,1979)。

罗森鲍姆等指出,美国的高中生没有为找工作而取得良好成绩的动机,因为它们没有明显的经济回报;在相对应的日本体制下,成绩直接与好的工作联系起来。但是假定存在这种动机结构,成绩与技能之间的相关关系事实上较低,因为几乎不存在获得良好成绩的动机,具有良好学术能力的学生会用其他方法分配其时间和精力。雇主的看法是正确的,这种状况不会改变，除非引进一种让成绩确实发挥作用的体制；但是缺乏雇主的需要也不可能发生改变。一个类似的难题涉及流动。美国雇主不愿意投资于中学毕业生，因为担心他们会很快离职。比较数据显示，这种担心是有事实根据的。因此，没有部分地由公司与学校的系统联系产生的较长的任职期限，这种联系也是很难建立的，特别是在大规模的去中心化的经济比如在美国经济中。关于公司与高等教育之间联系的研究很少。虽然来自特定的美国知名公司的招聘人员与他们将面试的特定学校建立了长期的联系，但是研究文献并未被充分地发展以为我们提供关于这类联系在配置中如何重要的更多知识。

一种引起关注的状况是，大量的个人在一个时间为了多少有些类似的工作而进入全国性的劳动力市场。例证包括医学院实习医生或住院医生、法律援助人员、初级职业运动员、刚刚获得博士学位的寻找学术工作的人或为管理职位而考察公司的MBA。兴趣特别集中在，中心化匹配体制的进化将取代以前存在的非正式匹配与特定研究机构（诸如一所特定大学）的招聘行为的结合体。卢斯和邢（Roth and Xing, 1994）提供了最综合的解释。

他们指出，在某些市场中，将要进行许多交易，参与者有时通过"抢跑"来获利，参与者之间的交易早于竞争者发生。如果某些最好的位置较早地被填补，那么双方等待的参与者将会相对地处于劣势。这可能是一个拆散的过程（unraveling process），很早很早以前位置就被填满了，在一些个案中位置早在就业开始两年以前就被填满了。这是有问题的,因为在雇佣行为发生时雇主并不知道未来的需求或两年之后当雇员完成训练时他们的质量。一般而言,首先尝试补救的措施是在提出工作出价之前建立一套统一的数据,在获得早期的数据之前不能进行面试,在获得近期的数据之前不能答复被访者(Roth and Xing, 1994: 5)。这样一种补救措施一般是不稳定的,会瓦解为早期的拆散或向前转入中心化匹配。[10]

卢斯和邢指出,如果"与可能的收益相比,与早期雇佣相关的不确定性相对较大",市场将不受拆散的支配(Roth and Xing, 1994: 60)。因此,对新近获得博士学位的正在研究型大学寻找职位的人来说,一篇成功的论文一般被认为削弱了证明一位学者可能具有创造性和学术生产能力的其他证据;因此,在论文的实质部分完成之前很少有人能被雇用。与此相比,法官实习或医学实习中的表现被认为是证明律师或医生资质的较好指标。

关系网络在这种入门层次的专业市场中的作用是什么?因为新来的人不具有工作经验,他们没有高度发展的关系网络,以便向未来雇主传递有关其技术和人格的详细信息。在关系网络处在合适位置的意义上,它们并没有解决而似乎正在使拆散问题恶化。例如,在中心化体制被置于合适位置之前,那些最有效地抢跑的人,其导师或老师与控制实习医师或文员职位招聘的人的网络之间有很好的联系。在没有关于技能的确切信息的情况下提前雇佣的风险较小,因为雇主认识的、可以信任的推荐人为候选人提供了保证。卢斯和邢报告说,20世纪70年代试图建立招聘日本大学毕业生的公司的数据的做法,部分地受到了地下招聘即"通过某所大学的校友会的'老生'网络做出的非正式安排"的阻碍(Roth and Xing,1994:29)。当遵守规则的人输给违规者时,会产生强烈的抢跑动机;使这种情况可能成为"事实上是通过非正式渠道进行的招聘"(Roth and Xing,1994:30)。要了解什么类型的关系网络会导致这个结果,需要进行更多的研究。布林顿和卡瑞亚(Brinton and Kariya,1994)报告了他们所研究的六所精英大学的情况,年轻雇员被公司派遣到他们原来毕业的大学去招聘。如果学校和公司的关系是稳定的,而且招聘是决定性的,就像日本的中学那样,抢跑似乎就不会发生(Rosenbaum et al.,1990)。

甚至在中心化匹配体制就位的情况下,也可能存在问题。医学专业的学生可以在其他机构"试听选修课程",当实际的匹配发生时,他们更可能处在较好的选择位置上。加拿大法学专业的学生从事的暑期实习是正式匹配程序启动之前的一种扩展的面试。这是拆散的一种形式,因为在正式过程之前,实际的选择被有效地延后了(Roth and Xing,1994:30-43)。了解这种拆散受到关系网络促进的程度以及没有工作经验的学生如何建立这种网络是有趣的。

卢斯和邢评论道,"本文较重要的一个主题是,市场可能需要许多组织。这与隐含在多数经济学文献中的论点正好相反,后者认为市场基本上是自我组织的"(Roth and Xing,

1994：2）。关于这点，我想补充一点：具有讽刺意义的是，产生了他们所研究的市场中的时间选择问题，因为或多或少在同一时间存在许多位置和许多竞争这些位置的候选人，也即，因为这种情况类似于竞争性市场。对多数求职者的处境来说，几乎没有什么位置是他们正在认真寻找的，也几乎没有什么申请人认真地考虑任何既定的位置。巴伦等报告了一项全国性雇主调查的数据，大约 90% 的工作是由单一的工作出价填补的（Barron et al.，1985：50）。在这样一种碎片化的市场中，直接申请、关系网络和某些正式手段的通常机制被用来填补未经拆散的位置。

在本节的开始部分我提到，纯粹是非人情的正式中介人很少取得成功。分散的数据指出，正式中介的成功运作产生于他们采用了一种混合的形式，正式程序被非正式网络补充，或通过非正式网络来运作。例如，虽然没有对为公司提供潜在雇员的"猎头"代理机构做过系统研究，但是我们一般也听说过，这种公司是由以前在某个行业工作、其成功依赖于以前职业网络的人开办的。类似地，如果职业配置人员很好地了解了再培训的客户，也与当地雇主建立了长期关系，那么社会服务机构对再培训的残疾工人的安置就会更好。然而，这些关系受到了许多康复专业人员的临床心理倾向的阻碍，康复专家认为了解当地劳动力市场的任务与他们的技能无关或有损于他们的技能（参见 Granovetter，1979）。

一个有趣的关于正式与非正式手段混合使用的论据来自于

格里克关于苏格兰工人如何被招聘到英格兰的工业就业部门的解释。苏格兰的公共职业服务机构,名义上是一种非人情的和正式的工作指导源泉,实际上起到了强化亲属网络的作用,而亲属网络协调着工人的迁移行为。当英格兰雇主在苏格兰列出了职位目录时,由职业服务机构来甄选未来的工人,所以感兴趣的各方并不能同等地进入这份名单。如果你未被列入经核准的名单,你的亲属却被列入,那么你会提出抗议,职业服务机构会将你的名字添加到名单上。一位职业服务机构的官员说道:"如果某人处在边界线上,我们已经列上了他的父亲或兄弟,如果他努力争取的话,十之八九我们会将他加入。如果有人与他同行,那么他可能不会被列入名单中!"(Grieco,1987:120)这是正式和非正式渠道相结合的寻找工作的途径,与我们的统计数字截然不同,会使实际的日常实践变得模糊不清。

在一项大规模调查中,布林顿和卡瑞亚报告了他们所说的"准制度性网络"协调着日本的精英大学与公司之间的就业关系。第二次世界大战以后,日本的大学在建立毕业生和就业的联系方面发挥了重要的作用,这种联系是如此密切,以至于雇主仅仅将工作空缺告知他们偏爱的研究机构。但是这种做法在20世纪70年代招致了激烈的批评,因为那些没有进入顶尖大学的人完全被排除在最有声望的公司门外。在20世纪80年代,批评终止了这种很明显的关系。根据调查数据,比以前少得多的毕业生报告说学校将他们引向一个职位,任何学生都可以申请任何工作。但是事实上,布林顿和卡瑞亚提出,大学和公司不愿意完全放弃已经为它们做出的令人满意的安排。公司因此运用近期的校友（一个年轻的"老男孩"网络）作为非官方的招聘者，以非正式方式联系潜在的应聘者；他们论辩说，这种正式和非正式方法的混合试图恢复旧体制。通过保留近期校友的记录和向毕业生查询其行踪，大学参与了这种共谋。因为这些咨询经常发生在官方具体指定的可允许的最早联络的日期之前，所以这是试图保留所偏爱的招聘对象的一种不确定性的副产品，已经进一步拆分为试图监控已经达成协议的招聘日期。

关系网络与机会平等

几乎没有人怀疑在多数经济条件下人们没有获得平等机会，在种族、性别和族群等方面存在着实质性的不平等。在结论部分，我将讨论这种不平等如何与配置的社会结构相关。

我从性别（不平等）开始。关于妇女是否比男人更多地使用关系寻找工作的研究是有差异的，但是某些模式在妇女使用的关系类型上反复出现。麦克弗森和史密斯-洛文（McPherson and Smith-Lovin, 1982）研究了以男性和女性分组的志愿组织的规模和类型。他们发现，一般而言，妇女比男人隶属于更小规模的组织，妇女不是倾向于参与经济活动，而是倾向于参与当地的、与家庭相关的事务。他们的结论是，这不太可能使妇女遇到传递工作机会信息的弱关系。虽然没有直接涉及妇女的求职，但是卡兰德的威尔士研究提供了一个可比较的阐述。在她的研究中，从服装厂失业的妇女运用网络找工作，这种压倒性地以亲属和社区关系为基础、由强关系组成的网络，将她们引向性别隔离的工作——"女性工作"。她观察到，特别是在考虑到了她们的家庭责任的情况下，她们不太可能像男人那样发展与同伴工人的外部关系，而男人"介入了俱乐部和酒馆之类的公共领域"（Callender, 1987: 36），实质上所有再就业妇女都通过个人关系找到了新工作，卡兰德评论道："这种策略显然并没有为所有工人提供类似的工作机会。妇女在劳动力市场上的劣势也被通过非正式社会网络寻找的工作增加了"（Callender, 1987: 42）。

在马萨诸塞州沃斯特市男性和女性的比较研究中，汉森和波拉特得出了类似的结论，他们强调地理上的集中化是由妇女的关系模式产生的；邻里关系典型地将妇女引向当地工作，"这反映了这些女性关系人更本地化的活动模式——包括更本地化的工作经验"（Hanson and Pratt, 1991: 242）。他们发现，拥有的工作典型地是女性职业的妇女，比其他妇女更可能从女性邻居那里了解女性职业的信息；与32%的男性关系人相比，60%的女性关系人来自于家庭或社区（Hanson and Pratt, 1991: 240）。

另一方面，强关系在某些环境下也为妇女提供了向上流动的通道。在本书中（第二章）我注意到，社会或亲属关系特别可能是人们做出重大职业变动时运用的关系，因为多数工作上的熟人将你与那些和已有工作类似的职业联系起来。汉森和波拉特留意到，就他们的样本而言，在男性主导的职业中就业的妇女比其他职业中的同类更可能通过个人关系找到工作，在这些情况下，关系人经常是拥有雇佣权力的男性家庭成员。他们的结论是，"建立网络对于扩展由男性主导的职业中的女性的机会而言是关键性的"（Hanson and Pratt, 1991: 240）。[11]

对于劳动力市场的另一面——雇主，也必须在任何关于不平等的讨论中进行分析。关于其作用的讨论一般都聚焦于"歧视"问题，正如加里·贝克尔（Gary Becker, 1971）和他的批评者之间关于任何雇主"体验到"的歧视是否在适度竞争的市场中持续存在的长期争论一样。但是只聚焦于消极动机的做法太狭隘了，因为雇主偏爱某些群体，同样也讨厌某些群体。对某些群体的偏爱必须与整个可用的储备人选有关；因此，一种环境下不受偏爱的群体可能在另一种条件下被认为是最可用的，即使群体的等级排序不发生变化，不同群体的比例变化也可能影响任何特定群体可获得的工作的质量（参见利博森关于"职业排队"的讨论，Lieberson, 1980: 376 – 381）。西蒙和沃纳将"偏袒"定义为"因为与生产力无关的原因"而偏爱某些工人（Simon and Warner, 1992: 307）。这样的定义是歧视的另一方面。虽然雇主经常对群体中的某些人有明显的偏爱，但是他们的评论几乎没有传达偏袒或歧视的信息，因为实质上他们总是通过宣称群体生产力的差异来解释偏爱。这并不是基于计量经济学上的简单原因而做出的挑选。西蒙和沃纳指出，被推荐的工人的工资明显高于通过广告或职业介绍所受雇的工人，他们注意到，这个发现与下述论点一致：推荐导致了人职的较好匹配，但是偏袒并不能被排除，设计一项"区分偏袒和工作匹配的试验为进一步研究提供了一个富有成效的领域"（Simon and Warner，1992：328）。

  雇主偏爱某些群体和他们通过网络雇用这些群体的倾向，可能会对有关"空间上的错配"在创造不平等时的作用的合理推断产生破坏性影响。威廉·J. 威尔森（William J. Wilson，1987）和其他人（参见费尔南德兹1992年的精彩评论，Fernandez，1992）指出，居住在市中心的黑人处于困境中，因为不久以前的制造业工作，曾为地位层级制中的低种族群体提供了向上流动的阶梯，而这些工作如今已经移出他们以前占据的中心城区，或是被远离这些劳动力的服务行业取代。市中心区的制造业工作确实变得越来越稀缺。但是在通过网络而非地理上的邻近来取得工作入场券的意义上，隐含的假定——邻近的工作自动地对居民有效——是虚假的。因此，卡斯尼兹和罗森伯格研究了（纽约市）布鲁克林红胡克地区，市中心社区大约有13500名居民。这个主要由黑人和西班牙裔组成的地区有3600个私营部门的工作，但是"一般的当地居民和某些住在公共住宅的黑人居民很少拥有工作"（Kasinitz and Rosenberg，1994：8）。对雇主的访问帮助研究者弄清了其中的原因：尤其对于非技术工作来说，雇主期望可靠性，并且相信可以通过个人推荐最好地获得雇员。但是这种"对推荐人的依赖和不愿通过'街头小报'的广告雇人的做法经常等同于对族群网络的依赖"（Kasinitz and Rosenberg，1994：13），存在有利于某些族群——如爱尔兰、波兰、墨西哥或西班牙移民，而不包括黑人和波多黎各人——的积极歧视。雇主不会明显表达对黑人的歧视，但是偏爱雇用邻里之外的员工，当地人则被视为危险的和不可靠的。"一位大承包商报告说，我的工人超过一半是来自西班牙的移民，他们每天在红胡克市与新泽西州的泽西市和纽沃克市之间往返（开车一小时多一点的路程，使用公共交通工具的时间更长一点）"（Kasinitz and Rosenberg，1994：13）。美尔和吉鲁斯（Mier and Giloth，1985）发现，芝加哥匹尔森邻近地区的墨西哥裔美国人实质上并没有介入当地许多的就业机会；相反，他们的网络和当地公共职业介绍所将他们引向邻近地区之外较大的雇主，他们受到积极行动契约的约束，诸如医院、公共职业介绍所、建筑公司和大型国内制造厂等（Mier and Giloth，1985：305）。同时，出于历史原因，地方公司通过口头信息招聘工人，因此将他们引向本地区之外。一名在匹尔森一家大型工厂工作的墨西哥裔美国人解释道，当一份工作开放时，"口信传播到儿子和侄子那里，他们中的多数人现在住在郊区（这个邻近地区以前主要是东欧移民的家园）。我是这里的极少数拉丁裔工人之一，仅仅因为我父亲在第二次世界大战时期闯入这里"（Mier and Giloth，1985：305）。

清晰的意义在于，工作与预期工人的空间匹配仅仅是一个必要的但不是充分的就业和社区复兴的条件。也必须密切关注当地居民如何与市中心通过诸如"企业区"或其他刺激项目开发出来的新工作相联系。相反地,现存工作与当地居民密切相关,因为需要确认由历史决定的招聘模式,并将目标指向与当地人口的再结合。

当然,雇主并不总是通过忠诚体制来招聘工人,这种体制通过团结的网络来指导招聘。梯利和我讨论了导向这种策略的一些条件(Tilly and Granovetter,1988:201 – 207)。曼纳林(Manwaring,1984)指出,这种招聘可以导向比管理者期望更高的工人团结,所以也期望它仅仅发生在管理已经处于一个与劳动力相对的有利的强力位置时(Manwaring,1984:169)。他进一步论辩道,地方招聘将导向社区内的劳动力团结,在社区内他们本身具有高度的稳定和团结,因为其他受聘居民将不能形成工作上的内聚群体。因此,他所说的"扩大的内部劳动力市场"——招聘仅限于那些与当前的雇员有联系的外部人——将在特别稳定的社区内被发现,那里的人们有较长的居住时间,例如在(英格兰)伯明翰;但很少会在不太稳定的地区诸如伦敦西区被发现。他注意到,在伦敦西区,他研究中的唯一的这类招聘是为少数族群如亚裔人举行的。在一家公司中,90%的工人是亚裔,雇主观察到,"我们不是在寻找笨蛋,而是平静的人……亚洲人吗?他们不可思议"(Manwaring,1984:182)。这些思考有助于确认空间错配可能发生的条件,即在当地招聘的社区将不能产生许多雇主所偏爱的内聚性工作群体。但是这意味着正是在不稳定和不团结的社区中,人们最不可能相互帮助,甚至从事邻近地区的工作也不能解决首要的就业问题。

排外性地关注雇员或雇主的动机与行为,模糊了群体如何设法构造雇主所展示的表现和机会的问题。亲属群体经常排外性地声称对小生境劳动力市场的权利。例如,格里克 1977 年在阿伯丁市鱼类加工厂的调查中发现,小型公司和大型公司一样,都强烈地偏爱通过现有的雇员来雇用工人。一名雇主说道:"我们的多数女孩来自多年从事渔业的家庭。"(Grieco,1987:13)试图超出占优势的家庭的扩展范围的雇主将受到惩罚。一位雇主解释了为什么他偏爱在家庭和朋友中间雇人:"有许多这种职业的诀窍从来都不包括在训练手册中;你不得不通过某个明确地知道他们在做什么的人来示范。女孩们互相训练,但她们不训练随便的某个人。她们将训练她们自己的人,但是如果你要求她们去训练一个陌生人,你很快便会碰壁。当然,她们也许会走个过场,就是这样。"(Grieco,1987:13)这个评论很好地证明了为什么这种观点是错误的:认为所有潜在的工人都拥有明确的一组人力资本品质,他们的生产力是可以预测的,而不管他们在工作场所的社会结构中居于什么位置。

这些家庭和较大的群体试图形成马克斯·韦伯所说的经济关系的"封闭":

> 一个经常的经济决定因素是为了谋生——为了竞争公职、客户和其他有报酬的机会——而竞争。当竞争者的数

量随着利润的增加而日益扩大时,参与者对抑制竞争的兴趣也随之增加。通常一个竞争者群体采用另一个竞争者群体(实际的或潜在的)的某些外在的可以确认的特征——种族、语言、宗教、籍贯或社会出身、世系、住址等——作为试图排斥的借口。在个别情况下选择哪种特征是无关紧要的:无论如何它提出了本身最容易把握的因素。(Weber,1968/1921:342)

曼纳林指出"扩大的内部劳动力市场是特定群体组织起来从物质利益上排斥其他人"的一种重要方式(Manwaring,1984:162n)。除非一个人认识公司的某个人,否则他将会被排斥在工作之外,这是封闭的一种彻底的形式。在典型的持续两周的职位招聘期间,工作在内部做广告,那些外来者也开始与工厂内部的工人联系。曼纳林提出,经常由那些不是求职者的人来填补的工作,以及从未出现过空缺的工作,表现出了更大的封闭性(Manwaring,1984:166)。上述引用的证据是,黑人的劣势在于在低层次上接触其关系网络中的工作,关于"社会资源"文献中的相关论据必须被视为不只是纯粹描述性的事实:这也是特定群体为了排斥外部人的机会所做的必要事情的最终结果。他们的动机也许是,为内部的人保留机会;这类行动的集聚结果与当排斥是主要目的时没有什么区别。

在一个替代的竞技场中,普通的族群封闭是公共就业封闭。庇护体制,典型地仅仅部分地受到文职改革的抑制,按照这种体制分配大量的工作。利希特描述了费城的历史状况,在每一个周期,那些政治上联系紧密的族群群体统治着城市的就业(Licht,1992:Chap.6)。沃尔丁格(Waldinger,1992c)关于纽约市政府族群身份的详细的历史重构展现了一幅更复杂的图景:政治联系必须伴随着用群体的劳动力供给来解释所出现的结果。因此,在20世纪70年代之前,这种状况是典型的"扩大的内部劳动力市场","与当地工人有联系的人口实质上成为后备的申请人"(Waldinger,1992c:15)。但是,当大量的雇员经过消耗而损失,白人对文职工作的兴趣下降,从而导致少数族群文职工作的实质性增加时,这种状况发生了急剧的变化(Waldinger,1992c:19-20)。例外的是消防部门这类单位,白人在其中所占的比例仅仅从1963年的96%下降到了1990年的93%。因为与其他部门不同的是,它继续吸引着大量的白人后备申请人,非正式的资料来源指出,在纽约市和郊区的消防部门,"1/3到1/2的消防队员是家族成员"(Waldinger,1992c:28)。黑人在其他部门获得了立足点,他们的网络发挥着排斥其他群体的作用;因此,虽然城市的黑人和西班牙裔人口均等,但是后者把持的当地工作仅仅为黑人的1/3。在所有这些环境下,其结果是特定群体的政治动员能力和城市财政状况的某种结合的产物——不管是被雇用还是缩小规模,不管竞争群体是否对城市工作感兴趣,都取决于这些工作相对于其他机会的吸引力如何。对于刚刚到来的新移民而言,在城市官僚制中形成的立足点,像他们以前的群体一样,引荐其同伴乡亲以形成族群飞地，比如生活在布鲁克林和泽西市的埃及会计师群体（Waldinger，1992a）。[12] 移民们发现：城市官僚制组织是相对好客的，比其他的私有部门更少歧视、对语言和宗教实践更宽容。

具有讽刺意义的是，因为所有空缺都必须在内部张贴广告，当前雇员的社会网络延伸到拥有完全行动自由的职业介绍机构外部，拥有有效网络的群体具有较大的优势。由此提出了一个基本未经考察的极为重要的问题：族群或其他群体在推荐网络的功效方面存在差异吗？虽然大量证据澄清了族群网络支配着许多状况下的雇佣，但实质上我们并没有试图系统地确定这些网络的详细特征和差异。但是，文献中存在与这些差异有关的线索。

沃尔丁格引用了纽约市一位信息服务经理的话："印度人的联系是令人惊奇的，这是一种现象。他们疯狂地结网，他们虚幻地彼此寻找。"一位城市工程职业介绍机构的执行经理说，"一旦我们举办只有受到邀请才能出席的经理和工程师的招聘活动，那天肯定会有某个印度人突然闯进来"（Waldinger，1992a：22）。与此相比，片断的论述提出，美国黑人的推荐网络发挥的功能较小。洛杉矶一位酒店经理向沃尔丁格抱怨道，黑人雇员"并不能成为推荐人"（Waldinger，1993a：18），对黑人、韩国人和白人承包商的比较显示，在用同族群成员填补位置时，黑人雇主比其他群体遇到了更多的困难（Waldinger，1993c：29-31）。沃特斯（Waters，1992）提供了一个个案：一家大型食品服务公司持续20多年的雇员主要为黑人,尔后他们主要被加勒比移民替代。雇主认为这种状况是由于加勒比移民比本地人具有更好的工作态度。但是也存在这种情况,即移民的数量优势使得通过推荐网络的极其有效的雇佣得以维持,因此以前占据优势地位的黑人工人在这个维度上不再有效。

莱特(Light,1972)解释了与非裔美国人相比,亚裔美国人的企业家精神更突出,后者而非前者利用了循环信用协会——一种每位参与者通过定期捐献而积累资金的制度,由此集聚的"一大笔钱"相继转到每个人手中。这种被迫储蓄的制度之所以可以运行,是因为与美国黑人不同,中国和日本移民对于特定村庄或祖国的特定地区具有强烈的认同意识,这种团结为监控和保证定期捐款的运作提供了一个框架。美国黑人在南方并没有一个构造其日常生活的家乡区域。[13]类似的逻辑也支配着移民推荐网络的功效。做出良好推荐的动机和能力被一个团结群体中的成员身份强化,团结群体与某些特定的、有界线的群体是一致的,这些群体通过某些地理的或其他确定的界线来区分。非裔美国人社区的社会结构更开放、更流动——如果是这样的话——不太有利于从事这种活动。但是,对此问题实质上完全缺乏研究,这些评论纯粹是推测性的。

另一发挥作用的因素是群体彼此隔离的程度。不管出于什么原因,某些小生境下的族群控制变得更可能,就像群体发现很容易将自身想象为具有独特身份和利益的族群一样。[14]然而,这消减了两个方面,因为在彼此相当隔离的群体中会更容易地发现流动，但是他们自己也具有明显可见的排斥目标，正像美国黑人那样（参见 Massey and Denton，1993）。

一旦群体被安置在一种工作环境中（这种情况已经出现），他们也可以排斥其他群体——也许具有不同程度的有效性。以上引述的格里克的论述，解释了为什么在苏格兰渔业加工工业中家族成员排除了其他人的实习机会，这反映了一种共同的现象。沃尔丁格证明了在 20 世纪 50 年代以前的制衣工业中，为何多数黑人成员仅限于低层次工作，因为即使提高了其他工人所需要的训练水平，也不可能从支配高层次工作的犹太人和意大利人中获得低层劳动力（Waldinger，1993a：5－12；关于"技术"为何是群体行动产物的一般论述，参见 Granovetter and Tilly，1988：207－213）。有效推荐网络与支配性非正式训练的结合，可被用来反对道德欠佳的亲属、族群或朋友群体，这将对整个劳动力市场排斥那些没有立足点的群体发挥极大的影响。雇主抱怨说，某些群体的成员是无效率的雇员（例如，Kirschenmann and Neckerman，1991），部分原因是：这些个人被嵌入其他同质性族群网络中，确实不能有效地发挥功能。

从社会平等和社会政策的视角来看，这些思考提出了令人困惑的问题。当同时永存的系统性群体不平等存在时，工作中的群体团结有利于提高生产力。在本书第十章，我讨论了人们如何通过不同项目将不喜欢的群体嵌入以前对其封闭的就业场景中来追求机会平等，并注意到团结（如果一群内聚的雇员被选中）和超越之间的交易（如果这个群体具有较弱的内在联系)。我也提出了个人如何人为地构建推荐网络的问题;事实上在所谓的"小贷款"项目中实现了这类目标,在这类项目中模仿自然团结使循环信用协会得以维持(例如,Holloway and Wallich,1992)。虽然这篇太长的后记呈现了过去20年关于劳动力招募动态的大量研究成果,理解了使不平等生产和再造的复杂的网络过程,以及这种再造如何受到阻碍,但这类研究在劳动力学者的研究议程上并不具有可比的优先权;因此,我们所知道的关于本书主题的推测比我们实际所做的更少。按照我的观点,这是一个最需要填补的单一的研究空白。

参考文献

Abegglen, James. 1958. *The Japanese Factory*. Glencoe, Ⅲ.: The Free Press.

Baron, John, and John Bishop. 1985. "Extensive Search, Intensive Search and Hiring Costs: New Evidence on Employer Hiring Activity." *Econcnnic Inquiry* 23 (July): 363 - 382.

Barron, John M., John Bishop, and William C. Dunkelberg. 1985. "Employer Search: The Interviewing and Hiring of New Employees." *Review of Economics and Statistics* 67 (February): 43 - 52.

Becker, Gary. 1971. *The Economics of Discrimination*. Chicago: University of Chicago Press.

Berg, Ivar. 1971. *Education and Jobs: The Great Training Robbery*. Boston: Beacon Press.

Bian, Yanjie. 1994. "Bringing Close Friends Back In: Interpersonal Trust, Bridging Strong Ties, and Status Attainment." Manuscript, Department of Sociology, University of Minnesota.

Bishop, John. 1993. "Improving Job Matches in the U.S. Labor Market." pp. 335 - 400 in *Brookings Papers in Ecorwmic Activity*, vol. 1, edited by Martin N. Baily, Peter C. Reiss and Clifford Winston. Washington, D.C.: The Brookings Institution.

Blau, David M. 1992. "An Empirical Analysis of Employed and Unemployed Job Search" *Industrial and Labor Relations Review* 45, no. 4 (July): 738 - 752.

Blau, David M, and Philip K. Robins. 1990. "Job Search Outcomes for the Employed and Unemployed." *Journal of Political Economy* 98, no. 3: 637 - 655.

Bortnick, Steven, and Ports, Michelle. 1992. "Job Search Outcomes for the Employed and Unemployed, 1991." *Monthly Labor Review* (December): 29 - 35.

Bott, Elizabeth. 1957. *Familyand Social Network*. London: Tavistock.

Boxman, Ed, Paul DeGraaf, and Hendrik Flap. 1991. "The Impact of Social and Human Capital on the Income Attainment of Dutch Managers." *Social Networks* 13: 51 - 73.

Braddock, Jomills, and James McPartland. 1987. "How Minorities Continue to Be Excluded from Equal Employment Opportunities: Research on Labor Market and Institutional Barriers." *Journal of Social Issues* 43, no. 1: 5 - 39.

Bradshaw, Thomas F. 1973. "Jobseeking Methods Used by Unemployed Workers." *Monthly Labor Review* (February): 35 - 40.

Bridges, William, and Wayne Villemez. 1986. "Informal Hiring and Income in the Labor Market." *American Sociological Review* 51 (August): 574 – 582.

Brinton, Mary, and Takehiko Kariya. 1994. "Institutional and Semi-Institutional Networks in the Japanese Labor Market." Manuscript, Department of Sociology, University of Chicago.

Burdett, Kenneth, and Randall Wright. 1994. "Two Sided Search" Manuscript, Department of Economics, University of Essex.

Burt, Ronald. 1992. *Structural Holes*.: *The Social Structure of Competition*. Cambridge, Mass.: Harvard University Press.

Callender, Claire. 1987. " Women Seeking Work." pp. 22 – 45 in *Unemployment*: *Personal and Social Consequences*. Edited by Stephen Fineman London; Tavistock.

Campbell, Karen, and Rachel Rosenfeld. 1985. "Job Search and Job Mobility: Sex and Race Differences." *Research in the Sociology of Work* 3: 147 – 174.

Carson, Edgar. 1992. "Social Networks in the Labor Market: Job Acquisition by Retrenched Workers in South Australia." Unpublished Ph. D. dissertation, Faculty of Social Sciences. Department of Sociology, Flinders University of South Australia.

Cole, Robert. 1979. *Mobility and Participation*: *A Comparative Study of American and Japanese Industry*. Berkeley: University of California Press.

Corcoran, Mary, Linda Datcher, and Greg Duncan 1980. "Information and Influence Networks in Labor Markets.: pp. 1 – 37 in *Five Thousand American Families*: *Patterns of Econnmic Progress*, vol. Ⅷ. Edited by Greg Duncan and James Morgan Ann Arbor, Mich: Institute for Social Research.

——. 1980. "Most Workers Find Jobs through World of Mouth." *Monthly Labor Review* (August): 33 – 35.

Coverdill, James 1994. "Personal Contacts and Post-Hire Job Outcomes." Manuscript, Department of Sociology, University of Georgia.

Devine, Theresa, and Nicholas Kiefer. 1991. *Empirical Labor Economics*: *The Search Approach*. New York: Oxford University Press.

DiPrete, Thomas. 1989. *The Bureaucratic Labor Market*: *The Case of the Federal Civil Service*. New York: Oxford University Press.

Ericksen, Eugene, and William Yancey. 1980. "The Locus of Strong Ties." Manuscript, Department of Sociology, Temple University, Philadelphia.

Farber, Henry S. 1993. "The Analysis of InterFirm Worker Mobility." National Bureau of Economic Research Working Paper No. 1462. Cambridge, Mass.: NBER.

Fernandez, Roberto. 1992. "Race, Space and Job Accessibility: Evidence from a Plant Relocation." Manuscript, Graduate School and Job Business, Stanford University.

Fevre, Ralph. 1989. "Informal Practices, Flexible Firms and Private Labour Markets." *Sociology* 23, no. 1 (Februrary): 91–109.
Granovetter, Mark 1973. "The Strength of Weak Ties." *American Journal of Sociology* 78 (May): 1360–1380.
——. 1979. "Placement as Brokerage: Information Problems in the Labor Market for Rehabilitated Workers." pp. 83–101 in *Placement in Rehabilitation: A Career Devetopment Perspective*. Edited by D. Vandergoot and J. Worrall. Baltimore: University Park Press.
——. 1981. "Toward a Sociological Theory of Income Differences." pp. 11–47 in *Sociological Perspectives on Labor Markets*, Edited by Ivar Berg. New York: Academic Press.
——. 1983. "The Strength of Weak Ties: A Network Theory Revisited." *Sociological Theory* 1: 201–233.
——. 1984. "Small Is Bountiful: Labor Markets and Establishment Size." *American Sociological Reuiew* 49 (June): 323–334.
——. 1986. "Japanese Firm Size: A Small Note." *Sociology and Social Research* 71 (October): 27–28.
——. 1988. "The Sociological and Economic Approach to Labor Markets: A Social Structural View." pp. 187–216 in *Industries, Firms and Job: Sociological and Economic Approaches*. Edited by George Farkas and Paula England. New York: Plenum Press.
——. 1994. "The Economic Sociology of Firms and Entrepreneurs." In *The Ecmunnic Sociology of Immigration*. Edited by Alejandro Portes. New York and Princeton, N. J.: Russell Sage Foundation and Princeton University Press.
Granovetter, Mark, and Charles Tilly. 1988. "Inequality and Labor Processes." pp. 175–221 in *Handbook of Sociology*. Edited by Neil Smelser. Newbury Park, Calif.: Sage Publications.
Grieco, Margaret. 1987. *Keeping It in the Family: Social Network and Employment Chance*. London: Tavistock.
Hagan, John 1993. "The Social Embeddedness of Crime and Unemployment." *Criminology* 31, no. 4: 465–491.
Hakusho, Rodo. 1988. "Labor White Paper." Tokyo: Japan Ministry of Labor.
Halaby, Charles. 1988. "Action and Information in the Job Mobility Process: The Search Decision." *American Sociological Review* 53 (February): 9–25.
Hall, Robert. 1982. "The Importance of Lifetime Jobs in the U. S. Economy." *American Economic Review* 72: 716–724.
Hanson, Susan, and Geraldine Pratt. 1991. "Job Search and the Occupational Segregation of Women." *Annals of the Association of American Geographers* 81,

no. 2: 229-253.

——. 1992. "Dynamic Dependencies: A Geographic Investigation of Local Labor Markets." *Economic Geography* 68, no. 2: 373-405.

Harhoff, Dietmar, and Thomas Kane. 1994. "Financing Apprenticeship Training: Evidence from Germany." *National Bureau of Eccmomic Research Working Paper* No. 4557. Cambridge, Mass.: NBER.

Harris, C. C. 1987. "Redundancy and Social Transition" Chapter 11 (pp. 218-231) in Chris C. Harris, P. Brown, R. Fevre, G. G. Leaver, R. M. Lee, and L. D. Morris. *Redundancy and Recession in South Wales*. Oxford: Basil Blackwell.

Harris, C. C., and P. Brown. 1987. "The Determinants of Labour Market Experience." Chapter 10 (pp. 195-217) in Chris C. Harris, P. Brown, R. Fevre, G. G. Leaver, R. M. Lee, and L. D. Morris. *Redundancy and Recession in South Wales*. Oxford: Basil Blackwell.

Harris, C. C., and P. Brown. 1987. "The Fate of the Redundant in the Market." Chapter 9 (pp. 177-194) in Chris C. Harris, P. Brown, R. Fevre, G. G. Leaver, R. M. Lee, and L. D. Morris. *Redundancy and Recession in South Wales*. Oxford: Basil Blackwell.

Harris, Chris C., P. Brown, R. Fevre, G. G. Leaver, R. M. Lee, and L. D. Morris. 1987. *Redundancy and Recession in South Wales*. Oxford: Basil Blackwell.

Holloway, Marguerite, and Paul Wallich. 1992. "A Risk Worth Taking." *Scientific American* 267, no. 5 (November): 126.

Holzer, Harry J. 1987. "Informal Job Search and Black Youth Umemployment." *American Economic Review* 77, no. 3: 446-452.

——. 1987. "Job Search by Employed and Unemployed Youth" *Industrial and Labor Relations Review* 40, no. 4 (July): 601-611.

——. 1988. "Search Method Use by Unemployed Youth." *Journal of Labor Ecorwmics*, no. 1: 1-20.

Jenkins, Richard, Alan Bryman, Janet Ford, Teresa Keil, and Alan Beardsworth. 1983. "Information in the Labour Market: The Impact of Recession." *Sociology* 17, no. 2 (Mary): 260-267.

Kasinitz, Philip, and Jan Rosenberg. 1994. "Missing the Connection: Social Isolation and Employment on the Brooklyn Waterfront." Working paper, the Michael Harrington Centr, Queen College, City University of New York.

Kirschenmann, Joleen, and Kathryn Neckerman. 1991. " 'We'd Love to Hire Them, But . . .': The Meaning of Race for Employers." pp. 203-232 *in The Urban Underclass*. Edited by Christopher Jencks and Paul Peterson. Washington, D. C.: The Brookings Institution.

Korenman, Sanders, and Susan Tuner. 1994. "On Employment Contacts and Differences in Wages between Minority and White Youths." Manuscript, Humphrey Institute of Public Affairs, University of Minnesota.

Lai, Gina, Shu-Yin Leung, and Nan Lin. 1994. "Network Resources, Contact Resources and Status Attainment." Manuscript, Department of Sociology, Duke University.

Lee, Jung-Kyu. 1993. "Organizational Constraints, Network Matching, and the Reemployment of Displaced Workers." Ph. D. dissertation, Department of Sociology, State University of New York, Stony Brook.

Lee, R. M. 1987. "Looking for Work." Chapter 5 (pp. 109 – 126) in *Redundancy and Recession in South Wales*. Edited by Chris C. Harris, P. Brown, R. Fevre, G. G. Leaver, R. M. Lee, and L. D. Morris. Oxford: Basil Blackwell.

Licht, Walter. 1992. *Getting Work: Philadephia, 1840 – 1950*. Cambridge, Mass: Harvard University Press.

Lieberson, Stanley, 1980. *A Piece of the Pie: Blacks and White Immigrants since 1880*. Berkeley: University of California Press.

Light, Ivan. 1972. *Ethnic Enterprise in America: Business and Welfare among Chinese, Japanese and Blacks*. Berkeley: University of California Press.

Lin, Nan. 1990. "Social Resources and Social Mobility: A Structural Theory of Status Attainment." pp. 247 – 271 *in Social Mobility and Social Structure*. Edited by Ronald Breiger. New York: Cambridge University Press.

Lin, Nan, and Yanjie Bian. 1991. "Getting Ahead in Urban China." *American Sociological Review* 46: 393 – 405.

Lin, Nan, Walter Ensel, and John Vaughn. 1981. "Social Resources And Strength of Ties: Structural Factors in Occupational Status Attainment." *American Sociological Review* 46: 393 – 405.

Manwaring, Tony. 1984. "The Extended Internal Labor Market." *Cambridge Journal of Economics* 8: 161 – 187.

Marsden, Peter, and Karen Campbell. 1984. "Measuring Tie Strength." *Social Forces* 63, no. 2: 482 – 501.

——. 1990. "Recruitment and Selection Processes: The Organization Side of Job Searches." pp. 59 – 79 in *Social Mobility and Social Structure*. Edited by Ronald Breiger. New York: Cambridge University Press.

Marsden, Peter, and Jeanne Hurlbert. 1988. "Social Resources and Mobility Outcomes: A Replication and Extension." *Social Forces* 66, no. 4 (June): 1038 – 1059.

Marx, Jonathan, and Kevin Leicht. 1992. "Formality of Recruitment to 229 Jobs: Variations by Race, Sex and Job Characteristics. *Sociology and Social

Research 76, no. 4 (July): 190 – 196.

Massey, Douglas, and Nancy Denton. 1993. *American Apartheid: Segregation and the Making of the Underclass.* Cambridge, Mass.: Harvard University Press.

McPherson, J. M., and Lynn Smith-Lovin. 1982. "Women and Weak Ties: Differences by Sex in the Size of Voluntary Organizations." *American Journal of Sociology* 87, no. 4: 833 – 904.

Menon, Ramdas. 1989. "The Impact of Social Networks on the Duration of Post-Migration Job Searches." *Journal of Asian and African Studies* 24, nos. 3, 4: 252 – 259.

Mier, Robert, and Robert Giloth. 1985. "Hispanic Employment Opportunities: A Case of Internal Labor Markets and Weak-Tied Social Networks." *Social Science Quarterly* 66: 296 – 309.

Montgomery, James. 1991. "Social Networks and Labor-Market Outcomes: Toward an Economic Analysis." *American Economic Review* 57, no. 5.: 586 – 596.

——. 1992. "Job Search and Network Composition: Implications of the Strength-of-Weak-Ties Hypothesis." *American Sociology Review* 57, no. 5: 586 – 596.

——. 1994. "Weak Ties, Employment, and Inequality: An Equilibrium Analysis." *American Journal of Sociology* 99, no. 5: 1212 – 1236.

Morris, Lydia. 1984. "Pattem of Social Activity and Post-Redundancy Labour-Market Experience." *Sociology* 18, no. 3: 339 – 352.

Morris, Lydia D. 1987. "The Household and the Labour Market." Chapter 6 (pp. 127 – 140) in *Redundancy and Recession in South Wales.* Edited by Chris C. Harris, P. Brown, R. Fevre, G. G. Leaver, R. M. Lee, and L. D. Morris. Oxford: Basil Blackwell.

Mortensen, Dale. 1986. "Job Search and Labor Market Analysis." Chapter 15 (pp. 849 – 919) in *Handbook of Labor Economics*, vol. 11. Edited by O. Ashenfelter and R. Layard. Amsterdam: Elsevier.

Mostacci-Calzavara, Liviana. 1982. "*Social Networks and Access to Job Opportunities.*" Unpublished Ph. D. dissertation, Department of Sociology, University of Toronto.

Nadel, S. F. 1957. *The Theory of Social Structure.* Melbourne: Mellbourne University Press.

Nelson-Rowe, Shan. 1988. "Markets, Politics and Professions: The Rise of Vocationalism in American Education." Ph. D. dissertation, Department of Sociology, State University of New York, Stony Brook.

——. 1991. "Corporation Schooling and the Labor Market at General Electric." *History of Education Quarterly* 31, no. 1: 27 – 46.

Osberg, Lars. 1993. "Fishing in Different Pools: Job-Search Strategies and Job-Finding Success in Canada in the Early 1980's." *Journal of Labor Economics* 11, no 2: 348 – 385.

Pattison, Philippa. 1993. *Algebraic Models for Social Networks*. New York: Cambridge University Press.

Pfeffer, Jeffrey, and James Baron. 1988. "Taking the Workers Back Out: Recent Trends in the Structuring of Employment." pp. 257 – 303 in *Research in Organizational Behazrior*. Edited by B. Shaw and L. Cummings. Greenwich, Conn: JAI Press.

Ports, Michelle Harrison. 1993. "Trends in Job Search Methods, 1970 – 1992." *Monthly Labor Rerriew* (October): 63 – 67.

Powell, Walter, and Laurel Smith-Doerr. 1994. "Networks and Economic Life." pp. 368 – 402 in *Handbook of Economic Sociology*. Edited by N. Smelser and R. Swedberg. New York: Free Press.

Rogers, Everett, and Lawrence Kincaid. 1981. *Communication Networks: Towarda New Paradigm for Research*. New York: Free Press.

Rosenbaum, James, and Takehiko Kariya. 1989. "From High School to Work: Market and Institutional Mechanisms in Japan." *American Journal of Sociology* 94: 1334 – 1365.

Rosenbaum, James, Takehiko Kariya, Rick Settersten, and Tony Maier. 1990. "Market and Network Theories of the Transition from High School to Work: Their Application to Industrialized Societies." Annual Review of Sociology 16: 263 – 299.

Roth, Alvin, and Xiaolin Xing. 1994. "Jumping the Gun: Imperfections and Institutions Related to the Timing of Market Transactions." *American Economic Review*, no. 4: 992 – 1044.

Sabel, Charles. 1991. "Moebius-Strip Organizations and Open Labor Markets: Some Consequences of the Reintegration of Conception and Execution in a Volatile Economy." pp. 23 – 54 in *Social Theory for a Changing Society*. Edited by P. Bourdieu and J. Coleman. Boulder: Colo.: Westview Press.

Saxenian, AnnaLee. 1994. *Regional Advantage: Culture and Cmnpetition in Silicon Valley and Route* 128. Cambridge, Mass. ; Harvard University Press.

Simon, Curtis J., and John T. Warner. 1992. "Matchmaker, Matchmaker: The Effect of Old-Boy Networks on Job Match Quality, Earnings and Tenure." *Journal of Labor Economics* 10, no. 3: 306 – 329.

Spilerman, Seymour. 1977. "Careers, Labor Market Structure, and Socioeconomic Achievement." *American Journal of Sociology* 83, no. 3: 551 – 593.

Squires, G. D. 1979. *Education and Jobs*. New Brunswick, N. J. : Transaction

Books.
Staiger, Doug. 1990. "The Effects of Connections on the Wages and Mobility of Young Workers." Manuscript, Kennedy School of Public Policy, Harvard University.
Thomas, Jonathan. 1994. "Public Employment Agencies and Unemployment Spells: Exploring the Relationship." Manuscript, Center for Urban Affairs and Policy Research, Northwestern University.
U. S. Department of Labor. 1975. "Jobseeking Methods Used by American Workers." *Bureau of Labor Statistics Bulletin* No. 1886.
Waldinger, Roger. 1992a. "The Making of An Immigrant Niche." Manuscript, Department of Sociology, University of California, Los Angeles, February.
——. 1992b. "Taking Care of the Guests: The Impact of Immigrants on Services — an Industry Case Study." *International Journal of Urban and Regional Research* 16, no. 1: 97 – 113.
——. 1992c. "The Ethnic Politics of Municipal Jobs." Manuscript, Department of Sociology, University of California, Los Angeles. December.
——. 1993a. "Who Makes the Beds? Who Washes the Dishes? Black/Immigrant Competition Reassessed." Institute of Industrial Relations Working Paper 246, April. University of California, Los Angeles.
——. 1993b. "Who Gets the Lousy Jobs? New Immigrants and African Americans in New York, 1940 – 1990." Manuscript, Department of Sociology, University of California, Los Angeles. October.
——. 1993c. "The 'Other Side' of Embeddedness: A Case Study of the Interplay of Economy and Ethnicity." Manuscript, Department of Sociology, University of California, Los Angeles. December.
Wanous, John P. 1980. *Organizatiunal Entry: Recruitment, Selecticm, and Socializatiun of Newcomers*. Reading, Mass. : Addison-Wesley.
Wasserman, Stanley, and Katherine Faust. 1994. *Social Network Analysis: Methods and Applications*. New York: Cambridge University Press.
Watanabe, Shin. 1987. "Job-Searching: A Comparative Study of Male Employment Relations in the United States and Japan." Unpublished Ph. D. dissertation, Department of Sociology, University of California, Los Angeles. UMI Dissertation Information Service Order No. 8727817.
Waters, Mary. 1992. "Hiring Practices and Racial and Ethnic Dynamics at American Food Services." Unpublished manuscript, Harvard University, Department of Sociology. Forthcoming in *Black Like Who?* University of California Press.
Weber, Max. 1968/1921. *Economy and Society*. Totowa, N. J. : Bedminster Press.

Wegener, Bernd. 1991. Job Mobility and Social Ties: Social Resources, Prior Job and Status Attainment. *American Sociological Review* 56 (February): 60 - 71.

White, Harrison C. 1992. *Identityand Control: A Structural Theory of Social Action*. Princeton, N. J. : Princeton University Press.

White, Harrison, Scott Boorman, and Ronald Breiger. 1976. "Social Structure from Multiple Networks: I. Blockmodels of Roles and Positions." *American Journal of Sociology* 81: 730 - 780.

Wial, Howard. 1991. "Getting a Good Job: Mobility in a Segmented Labor Market." *Industrial Relations* 30, no. 3 (Fall): 396 - 415.

Wielgosz, John, and Susan Carpenter. 1987. "The Effectiveness of Alternative Methods of Searching for Jobs and Finding Them: An Exploratory Analysis of the Data Bearing upon the Ways of Coping with Joblessness." *American Journal of Ecmwrnics and Sociology* 46, no. 2 (April): 151 - 164.

Wilson, William. 1987. The Truly Disadvantaged Chicago: University of Chicago Press.

Windolf, Paul. 1986. "Recruitment, Selection, and Internal Labour Markets in Britain and Germany." *Organization Studies* 7, no. 3: 235 - 254.

Wood, Stephen. 1985. "Recruitment Systems and the Recession." *British Journal of Industrial Relations* 23, no. 3 (November): 103 - 120.

附录A 研究设计与操作

无论是好是坏，我们也许都值得指出：像目前这样的一项研究可以用相对较低的预算来进行。主要的花销是用于文中交叉分析统计的计算机耗时。其他的花销是1968年和1969年牛顿城居民的姓名地址目录（90美元），来往于剑桥城和牛顿城之间的汽车维修费（75美元左右），少量的电话费、复印费以及手稿输入费。我没有更详细的数字，但是可以确定全部费用不超过900美元。关于这何以可能的问题，答案是显而易见的：我自己完成了所有的访谈、编码、邮寄问卷、回收问卷和统计分析工作。我必须说一下，我想起当时的主要情况，这是一位有远大抱负的研究生必须能够忍受的磨难。因此，我并没有想到要将必须做的事当成出于好心而为之。哈佛大学出版社的一位编辑对我说，在研究经费被缩减的时期，低预算的研究一般必须与方法论上的主题相关。我的手稿的另一位读者也力劝我强调"高质量和高效度的结果"，这可能来源于如下事实：所有的田野工作和分析工作都是我一个人独立完成的。麻烦在于，处在这样一种位置，我完全意识到我所收集到的资料的局限性和模糊性,因此,我认为鼓吹这些资料的高质量有点勉强。我将在下文中清楚地说明某些具体问题。

说到这里,我也要表示对以下事实的惊讶:几乎没有几个调查项目的主持人事实上很了解其资料的意义。在这一点上,我赞成对社会学资料进行民族志方法论的批评。许多研究者不仅从未见过他们的被访者(或没有到过他们的调查现场),甚至也从未见过从被访者中引出调查结论的那些人。一些研究适合进行直接的、封闭式的问卷调查,在这种情况下这种设计将是适当的。但是在主题内容很模糊(我认为本项调查就属于这种情况),研究目的又是探索性的(如本项调查)情况下,如果雇人调查,不仅花费不菲,而且也可能产生误导。如果访问全部都是开放性的,首先,任何一位访问员都会具有一种系统性偏差。这种偏差至少是一贯的,如果访问员就是研究者本人,或者访问员与研究者关系密切,就会对这种偏差给出一种解释。大量的访问员会导致大量的偏差。即使调查项目主持人与访问员保持联系,他也很难意识到这种差异的来源。然而,另外,如果雇用一位或多位编码员将开放式问题简化为特定的编码(或更坏的,简化为尺度),那么调查项目主持人就不可能认识到收集资料时产生的模糊性,或解释资料过程中的模糊性。

学术职业的结构使得我们不可能广泛采用独自一人研究的模式。对于研究生或者全美民意研究中心(NORC)来说,外出访问被访者是最好的研究方法——但是当一个人向等级上层流动的时候，就会发展出一个假设，即这种未经计划的研究方式是适用于其下属的。我自己也想知道我是否能在没有帮助的情况下，再次完成这样一个详尽的研究项目。秘书所提供的最低限度的帮助也会减轻某些负担。当研究者增加其他的帮助层级时，本项调查的低成本特征就会黯然失色，研究者与资料的密切程度也会被削弱。然而，扩大项目的范围也是可能的。显而易见，独自一人的研究最适合于对有限范围和一定规模的明确问题的研究。例如，没有任何一位单个的调查项目主持人希望对一个复杂的大都市社区进行综合性研究。然而，我相信允许我将如此多的问题充分地限定为概括在这里的某些有趣的思考。

传统上，我提出的问题产生于对参与式观察或人类学方法的讨论，而问卷调查或社会学研究则与之相反。社会学家形成了一个尚未被明确提出的假设：操作良好的调查应该是大规模的问卷调查，而小的研究项目必须进行"软"分析。参与式观察和人类学方法的支持者并不反对这个假设，而是倾向于为软分析的优点辩护。

两分法将我推向了错误的方向。我们都知道，在统计学上，一个仔细抽选的具有较高回答率的样本，即使规模相当小，也能精密地代表总体。小样本的主要不足是：(1) 难以进行多变量分析；(2) 从小规模的子样本推论到相应的次级总体的不可靠性。但是，我们在潜心运用高深的统计技术时，却忘记了"纯粹的"边际相关和零序相关或一级相关具有相当的启发作用和提示作用。因此，它们对探索性研究而言是很理想的。经济学的优势与日益开放的人类学风格的意料之外的发现结合起来，而不需要以牺牲严格的抽样设计为代价。至少，这是我追求的目标。读者最好从下面我对研究方法的详细叙述中来判断我是否成功地做到了这一点。

抽样

选择被访者的方法是对由雷诺兹（Reynolds，1951）报告的方法的修正。关键是要有商业城市的姓名地址目录，年度出版的目录包括姓名、住址、职业及每位居民的雇主的情况。从出版商——波士顿的 R. L. 波尔卡（Polk）公司那里[1]，我购买了马萨诸塞州牛顿城 1968 年和 1969 年版的姓名地址目录。在 1969 年的目录册里，我按照美国人口普查（1960 年）的分类，每隔一页在每一位专业技术管理人员的姓名下面划线。自雇者或为家族企业工作的人不包括在内，因为在这种情况下当场询问这些人是如何找到工作的没有任何意义。因此，有效的总体是所有 1969 年居住在牛顿城、从事专业技术管理工作的非自雇者（亦非家族雇佣者）的系统性的 50% 的随机样本。[2]

然后，对照前一年的名录核对每个姓名，以确定出现在 1969 年目录上的雇主的名字是否不同于 1968 年，或雇主的名字是否第一次出现在 1969 年的目录上。在每个个案中，核对过的名字被输入索引卡片。用这种方法选择了 515 个名字，我打算在本项研究中使用其中的 300 个（515 个名字占全部划线名字的15.3%)。那些被列在目录上的已经变换了雇主的人自动进入样本。当列在1969年目录上的名字是第一次出现时,如果证实这个人在五年之内没有换过雇主,就删掉这个名字。乍看起来,五年的标准可能会生成一个新居民的次级样本,与在变换工作时仍然住在牛顿城的人相比,新居民的工作变动更不可能是近期发生的。然而,事实上,由于这些目录资料的收集滞后,被假定为在最近一年内发生最后一次工作变动的人,实际上在过去五年内也有变换工作的经历。因此,权宜之计是将新居民纳入同样的研究范围。原则上,我的样本是从最近五年之内所有变换过雇主的人当中随机抽取的。但实际情况并不完全如此,因为比较连续的早期目录(例如,1967年和1968年),也会找到一些这样的人;通过这种比较发现的工作变动在时间分布上可以回溯到1964年之前。因此可以说,通过这种方法不能清楚地界定样本,除非通过对目录的无一遗漏的核查来筛选数不胜数的潜在被访者。即使那样做,我也不能捕捉到在1969年目录编撰完成以后才迁到牛顿城的那些人。虽然在时间和成本方面超出我的范围的研究方法可以更精确地界定样本,但是这种努力似乎不值得。

在收集到所有的资料后,我试图确定找到工作的年份是否对被访者的劳动力市场行为产生了影响。我把样本分成三组:访问(或邮寄问卷调查)前一年之内开始工作的人($N=94$);访问前一年到两年之间开始工作的人($N=92$);访问前已经在目前岗位上工作了三到五年的人($N=96$)。这三组人在职业、求职行为、寻找现职的方法或工作满意度等方面都不存在系统性差异。

在一项试验性研究（15 个人的访谈）之后，我认为，为了提高访谈的效率，地理位置集中的样本是令人满意的。如果将集群而非个体作为抽样单位，我损失在不在家的特定被访者身上的时间将更少，因为其他人就住在附近。出于类似的原因，雷诺兹（Reynolds，1951）使用城市街区作为初级抽样单位（PSU's）；而（波士顿）郊外的牛顿城，有点像矩形的格子，不太适合进行街区抽样。因此我将牛顿城的地图分成若干个小方块，确定了每位潜在的被访者在方块中的位置。在集群抽样中，具有重要意义的是形成包含的被访者数量大致相等的初级抽样单位（参见 Hansen et al.，1953：244–246，337）。因此，我将大于平均规模的初级抽样单位分解，与某些规模更小的初级抽样单位合并。最后，形成了 140 个初级抽样单位，每一个初级抽样单位平均包括 3.7 名被访者；没有一个初级抽样单位包括的被访者少于 1 名或大于 8 名。将这些初级抽样单位按顺序标上 1—140 的号码。用费希尔与耶茨统计表（Fisher and Yates，1963：134–139，337）中的随机数码表，从初级抽样单位中随机选择样本，包含在初级抽样单位中的每个样本都有被抽中的机会。首先抽取的 125 个初级抽样单位组成了我的访谈样本；随后抽中的初级抽样单位被包括在邮寄问卷调查样本中。最后，515 个名字中的 457 个被列入了最初的调查名单。

访谈调查

我首先向被抽中的访谈样本寄出了附录 C 中的第一封信。我认为，在小规模的样本中，高回答率是重要的；预研究的结果显示，与多少有点匿名的电话访问相比，人们不太可能拒绝已经等在门外的学生的访谈要求。100 次访谈中的 89 次于 1969 年 6 月至 8 月之间完成，其余的则在 9 月和 10 月进行。除了星期六，每天晚上，我都会在傍晚七点半左右到达牛顿城，然后开始登门访问一两周内收到我的信件的潜在被访者。如果被访者当时正好不在家，我就转到同一个初级抽样单位的其他人家。如果被访者在家，我就问他当时是否方便接受访谈。我对 3/4 的个案进行了即时访问（因为被访者在家的概率大约是 1/2，这就占了全部个案的 1/3 以上）。如果被访者认为晚上不方便进行访谈，我就重新安排时间。对于当时不在家的被访者，我就再次登门造访。26 例访谈是在第二次访问时完成的。我用电话与当时不在家的被访者联系过两次，试图重新安排访问时间。在我联系的 109 人当中，实际上只有 9 人拒绝接受访问。大约 10 位潜在的被访者表示，除非我已经在牛顿城，否则他们会拒绝接受访问。这种方法并不是非常无效：在整个夏天我只有一两次是无功而返的；在某些晚上，我可以完成 2 到 3 例访问。但是，这种访问方法很浪费时间，也会使我产生某种挫折感；我开始明白自己必须像一位跑来跑去的推销员一样。如果资源允许我抽取更大规模的样本，85%—90% 的回答率就会显得不那么至关重要。如果不考虑地理聚集的需要，也可以更容易地抽取样本。

我的预研究表明，已经从牛顿城搬走的人会给抽样带来一些困难。我采用了两种权宜之计来解决这一问题：（1）我在出版商发行 1969 年姓名地址目录几天以后便开始编写抽样名单；（2）对那些在我联系到他们之前就已经搬出牛顿城的个案（$N=22$），我试图从现在居住在他们的住所的住户或邻居那里确定他们的新地址。我成功地找到了 14 个这样的个案，其中 5 个个案的新地址在剑桥城的地理范围之内（3 个在牛顿城，2 个在布里奇顿），因此我将访谈安排在他们的新住址。在 9 个个案中，新地址不在方便访谈的范围之内；我就将这 9 个个案加在邮寄问卷调查的名单中，他们全部寄回了调查问卷。还有 8 个个案未能追踪到；另外，有 38 位我亲自联系的潜在被访者不符合调查条件：他们不符合在 5 年之内从事一份专业技术管理类全职工作而非自雇工作的抽样标准。

访谈调查的回答率达 85.5%；9 名拒绝调查的人和 8 名联系不上的人构成了 14.5% 的无回答率。如同在后来的邮寄问卷调查中得出的无回答率一样，这个估计是保守的，因为它假定所有联系不上的人都是符合条件的人选；这是不太可能的，因为在与我取得联系的被访者中，有 25% 是不符合条件的。

我的访谈使用附录 C 所示的第一份访谈规划作为访谈大纲；我询问了列出的所有问题，但是没有必要在每个个案中都按照顺序或精确的语句来提问。相反，我使用开放的风格，因为我在预调查中发现，这种风格对于收集我想知道的有关会面时间、地点和环境以及谈话内容等各种不太清楚的细节来说是必要的。通过开放式访谈也可以获得多数逸事材料和许多新鲜的见解。每次访谈的平均时间是 44 分钟，从 20 分钟到 90 分钟不等。虽然在开始访谈时有些被访者有点勉强，但一旦开始讨论问题，几乎所有被访者都非常配合。

出于可重复性方面的考虑，我应该补充关于访谈程序的评论。如果文中的逸事材料看起来太直接，就不容易摘录。许多被访者没有想到访问员竟然对"琐碎的"细节感兴趣，因此，他们对于工作信息传递的环境问题的回答对于我所做的分析来说太模糊了。社会生活的复杂性在于，一个人偶然遗漏的关键细节是什么；在少数个案中，直到被访者后来提到了某些细节，我才会勾画出有关他如何找到一份特定工作的清晰图景。有时这与被访者的防备心理有关，但更多时候是与他们认为什么重要、什么不重要的概念有关。在许多个案中，完整的画面并不能从有关如何找到工作的初始问题中得出，而是通过连续地回答开放式问题获得的。我要求被访者回忆的几年以前的详细的系列事件，就不一定被看作具有重要的意义。这并不意味着他们不能这样做——在多数个案中，回忆似乎是明确和清晰的——但是他们的回忆并不总是及时的。当他们回答不同的相关问题时，从记忆中过滤出来的相关细节进入了他们的知觉。在少数个案中，这些细节散落于整个访谈过程中，虽然它们更经常地是突然出现在相关问题附近。

问题并不在于不能重构一幅相当完整的画面,而在于我们按照一种机械的方式是难以做到这点的。这与对效率的考虑和访谈工具在主体间的应用相反。我建议其他研究者修订附录 C 中的访谈指导并牢记在心,或者补充一些他们感兴趣的细节方面的考虑,使记忆空间达到最好的状态。而我在这里提到的手段都是探索性的。

这里遇到的困难向我们提出了一个有趣的有关开放程序的价值问题。被访者一般是聪明的,他们经常能感觉到他们自己的情况,但他们很少能理解为什么我想要那些细节。可以从这些访谈细节中形成封闭的调查问题和标准化的图景,多数被访者(和许多社会学家)都有一个有序发展的职业生涯,后者取决于教育水平和其他"人口统计学"变量。

在一项预研究中,我询问被访者:"你们的工作领域中的其他人一般是如何被雇用的?"结果我得到的是他们迷惑的眼神。除了所涉及的核心人物(被访者)之外,其他人显然不知道我在前面章节里描述的逸事的细节。问题在于,虽然每个人都完全了解自己的个案,但是多数人都对自己的个案缺乏观察。对"您是如何打听到目前工作的消息的"这一问题经常的答案是"那是一个很有趣的故事";但是接下来讲述的故事经常是很普通的。

正因为被访者没有有关这类现象的普遍的信息,他们就没有一个知识框架来回应我的探究,所以他们试图将自己的经历融入有关生涯模式的标准文化智慧中。没有人伪称开放式提问不会让被访者沿着访问员的特定路线走——这是众所周知的。需要进一步强调的观点是，对于高度结构性问题的回答并不是完全"客观的"，反而倾向于引出很好地证明了那些我们已经"知道"的事情的答案。

邮寄调查

邮寄调查的主要目的是为访谈结果补充统计上的支持数据。调查表的分类（如附录 C 所示）来源于我在预访问中的经验。附录 C 中显示的第二封信与调查问卷一起被寄给每位被访者。调查表上印出了被访者的地址，以便我追踪已经寄回的问卷。4 周以后，我给没有回应的被访者寄出了附录 C 中显示的第三封信和调查问卷。超过 4 周以后，我通过电话联系那些仍然没有回复的潜在被访者；在某些个案中，我可以用电话访谈来向被访者询问调查表上的问题。在其他个案中，被访者答应将问卷寄回，而他们通常也是这样做的。我一共寄出了 302 份问卷，在寄回的问卷中，有 72 份不适用于本项研究。在有效的问卷中，109 份在第一封信后寄回，38 份在第二封信后寄回，17 份在追踪的电话之后寄回。18 份问卷是通过电话访谈填写的；2 名被访者拒绝邮寄调查问卷，14 个被访者回答了我的电话访谈。5 个人答应将问卷寄回，但却食言了。27 个被访者既没有把问卷寄回，也未能通过电话联系到。邮寄调查的回答率达到 79.1%。

尽管邮寄问卷的回答率较高，但看起来我仍有必要探索由未回答引起的偏差的本质。为了达到这个目的,我把邮寄样本分成三组:在第一封信之后回复的被访者($N=109$),在第二封信之后回复的被访者($N=38$),以及仅仅通过电话访谈提供资料的被访者(在访谈调查中不能发现这种可以比较的区别)。我假定,每一个连续组都比前一组与完全没有回应的人更类似;因此,任何系统性趋势都可以表明回答偏差的方向。

这三组被访者在职业或收入上不存在显著差异。[3] 较早回复的被访者更可能拥有博士学位或法律学位,更可能在声望较高的大学获得学士学位,更可能是年轻人和已婚者,他们的父亲更可能从事专业技术管理工作,也更可能是新教徒而不是天主教徒。在这些相关关系中,只有最后一组达到显著相关($p=0.06$)。

在工作和职业方面不存在系统性差异。所有这三组人几乎同时开始从事现职,而且从事专业工作、技术工作和管理工作的人所占的比例也相似。回复越早的被访者,越有可能已经找到了现职,而不是正在使用个人关系寻找工作,对工作的满意度也越高。这些趋势没有一个是显著的,虽然与寻找工作的关系接近显著($p=0.12$)。45%的被访者收到第一封信后就寄回了问卷,但是60%的被访者是在收到第二封信或追踪电话之后才回复的,这60%的人是通过关系找到工作的。因此,不回答可能导致对个人关系使用比例的低估。但是,一般来说,似乎没有重要的偏差与不回答相关。

但是,如果可以改变提问的方式,我就会做出某些改变。

在第7题中，对"我曾经和他一起工作"的回答就太模糊了，对"我曾经在他手下工作"的回答同样也是模糊的。前者没有指明一个人的同事是否和他在同一家公司工作（参见第八章关于组织间关系的讨论），而后者也没有区分主管和老板。第10题不是特别有用，它应当被替换成"在获得工作信息时双方联系的频率"。另外，关于觉察到的关系的亲密程度的问题也是有用的。

第14题关于工作满意度的提问，改编自南希·摩尔斯（Nancy Morse）的"白领工作满意度量表"。我对它的感觉是很复杂的。一方面，它产生的变异很小，只有大约5%的人承认对工作不满意，另有8%的人无所谓满意不满意。可能更高的满意度会具有启示意义。另一方面，许多以二分类别（诸如1-2对3-4-5）为基础的统计表是有趣的。当然，当以这种方式提出问题时，它更可能被与其他研究进行比较。

邮寄调查与访谈调查的可比性

因为对许多问题，我在文中给出了邮寄调查和访谈调查的共同答案，但是有必要指出，在这两种样本之间不存在实质性的差异。在457名以任何一种方式寄回问卷的人中，有24.1%是不合格的。不合格的比例在这两个子样本之间基本一致：在访谈调查样本中占24.5%，在邮寄调查样本中占23.8%。

系统地比较本研究所收集的两种子样本的数据，我也没有发现任何显著的差异，尽管存在某些差异。职业分布与工作满意度接近一致。访谈样本中的被访者（76%）比邮寄调查中的被访者（68%，$p=0.17$）更可能进行了工作搜寻。虽然关于如何找到工作的一般模式在两种子样本中没有显著的差异（$p=0.13$），但访谈样本中的被访者（66%）比邮寄调查中的求职者（51%）更倾向于使用个人关系寻找工作。这可能部分归因于访谈调查中提的问题更深入从而揭示了关系的使用，而同一个被访者可能在邮寄的调查表中选择"直接申请"[4]。

在使用集群抽样方法的情况下，与牛顿城的空间组织相关的人口特征差异有可能造成两个子样本的差别。访谈子样本中的被访者可能：受过较低的教育（$p=0.20$），授予其理学士学位的大学的声望较低（$p=0.14$），是犹太人而不是新教徒（$p=0.25$），是马萨诸塞州本地人（$p=0.101$）。这些细小的差别大部分都是因为牛顿城北部相对贫穷地区的访谈样本过多，而牛顿城南部的犹太人样本过多而造成的。在两个子样本中，被访者的年龄分布、收入和城镇规模几乎是一致的。基本上，两种资料来源之间的差异足够小，从而可以证明混合那些为相同变量提供数据的子样本的做法是适当的。

牛顿城：一个代表性的个案？

假定本研究的发现确实可以代表马萨诸塞州牛顿城，我们自然会想在什么程度上这些发现可以推广到更大规模的（美国的）专业技术管理人员总体。那些熟悉波士顿地区的人将牛顿城视为一个"非典型"的郊区，主要是因为此地区是犹太人和专业人员聚集的地区。这个观念建立在对整个城市的一两个主要街区认识的基础之上。我认为牛顿城是极具异质性的,既有被明确区分的"英国新教徒后裔"(WASP)富人区(包括有声望的犹太人和有地位的人),也有大大小小的农村和城市贫困区,还有较低的中产阶级的族群地区。在其中的一个地区我遇到了困难,因为我不能讲意大利语,向行人问路是不现实的。也许与多数城市一样,在牛顿城,实际上在两条街区之间存在惊人的差别。

牛顿城样本的宗教背景是:37.2%信仰犹太教,31.2%是罗马天主教徒,29.3%是新教徒,2.3%无任何宗教信仰。犹太人是最大的群体,超过了样本总体的1/3。难以获得全国性的数字与此进行比较,因为我们没有掌握职业群体宗教构成的普查数据。在许多大规模的、非南部的和滨海的大都会地区,专业技术管理人员的比例不存在明显的差别,虽然在许多滨海的南部内陆城市,专业技术管理人员中犹太人和天主教徒的比例明显被低估了。

在职业和流动方面进行某些全国性的比较是可能的。根据1967年《美国统计摘要》(1967 Statistical Abstrout of the U. S.)中表330的数字,1960年大约60%的男性专业技术管理人员(非自雇者)从事专业和技术工作。我的样本的数字是71.3%。这些差异部分地归因于长期的趋势:1960—1969年的专业技术人员群体成长为专业技术管理部门的日益增长的一部分(参见《美国统计摘要》表327);部分是因为它反映了许多大学集中在波士顿地区。在 1960 年全美专业技术管理人员群体中,大学教授占 2%(参见《美国统计摘要》表 330),他们在我的样本中大约占 20%。然而,应该牢记这个差别,因为我的样本不是一个综合性样本,而是近期发生了职业流动的人的样本,因此,难以进行比较。

  重要的是要指出,我在导论中分析了不同人口特征的次级群体在劳动力市场中的行为。感兴趣的读者可能从这一分析中知道:如果牛顿城样本中没有过多地出现这个或那个类别的个体,将会导致什么差异。尤其有趣的是,在不同宗教和种族群体的劳动力市场行为中,我们几乎没有发现显著的差别。在更宏观的意义上,我根本不关心这个问题。一个地区性样本并不一定要代表可能的全部抽样整体。我的主要希望是:在更大规模的及在不同背景下进行的研究中,应该进一步调查和详细解释这些需要验证的联系。

附录 B 编码规则与问题

一个人掌握的信息越多，编码时遇到的困难也就越多。最好的解决方法是一贯地使用相对武断的规则，并试图解释它们的逻辑。

寻找工作的分类

在本书导论中我区分了三种找工作的方式：使用个人关系、使用正式途径和直接申请，并给出了每种类型的简要定义。编码的主要困难在于，有些个案既使用了正式途径，也使用了直接申请，又涉及个人关系。对这类个案的编码规则的要求是，在一般意义上对哪种渠道在个人获得某份工作中发挥了重要作用做出实质性判断。但是，因为我的重点在于个人关系的运用，所以，我尽量保守地使用编码规则，即避免将模糊的个案编码为使用了个人关系。

下面的个案显示了正式途径是如何与个人关系混合在一起的：

个案23：弗里德里克·Y大学毕业后仅仅从事兼职工作。为了安抚家人，他答应某天和哥哥及哥哥的朋友一起吃午饭，他哥哥的朋友开了一家职业介绍所。他把Y先生带回自己的办公室，并打电话给需要一位信用部经理助理的波士顿报纸的管理人员。在简短的面试之后，Y先生接受了他们提供的工作（很有帮助的是，面试他的人认出了他的姓氏——Y先生的父亲曾经拥有过一家报社）。

个案24：厄尔·W现在是一家大型工业公司的采购代理人。在从事前一份工作时，他认识了人事部门的某位熟人A；A说他的一个朋友B是一家职业介绍所的合伙人，正在找人填补W先生感兴趣的一个工作职位。B认识A，是因为他先前与其在同一家公司的人事部门工作；而B之所以知道那个工作空缺，是因为他曾经安置过的一个人恰巧负责招聘。W先生后来得到了那份工作。

个案25：约翰·W，19岁，是一位失业技师。他的一位同样失业的好朋友，有一天看到了一份报纸上的招聘广告，然后他们俩一起应聘。最后，两个人同时被雇用了。

个案26：肯尼斯·D是芝加哥一家濒临破产的公司的经理。他到一家人事咨询部门登记，希望应聘某个新职位。一家波士顿公司正在招聘一个看起来很有前途的岗位,那家公司的代表飞往芝加哥对他进行面试。原来那位代表竟然是 D 先生在缅因州成长期间与他住在同一个小区的邻居,他们已经 13 年没见面了。在缅因州时他们仅仅是熟人,但是有许多共同的朋友;他们花了四个小时来交换意见。最后,那位代表提供了一个职位,然后 D 先生就接受了。D 先生认为个人关系是相当重要的。

在上述所有四个个案中,个人关系都发挥了重要的作用,但是个人关系的作用是否比那些正式中介的作用更显著,对此存在争议。"正式途径"是一种类别。在编码规则中,"正式途径"是指在被访者和雇主之间的信息链上存在任何类型的正式中介。

"直接申请"的类别是模糊的,因为关于一个人是如何知道到一个特殊地点去申请职位,仍然是一个悬而未决的问题。如果信息来源于报纸广告,那么使用的就是"正式途径",就将个案归为这个类别;如果一家职业介绍所提供了信息,那么所使用的同样是"正式途径"。如果一位朋友对一个人的应聘发生了影响,那么编码就是模糊的。仅仅在朋友知道一条特定的招聘信息,或他认识最终雇用被访者的那个人,以及为被访者说过好话的情况下才能将其编码为"个人关系"。

表示直接申请的个案大致可以分为三类:(1)被访者在几乎不了解招聘职位及其雇佣信息的情况下直接到公司应聘。这类个案中仅有的知识是公司从事什么业务;这种信息也可以从标准的公司目录中获知。有些教师会给遍布全国的许多学校系统或大学发出多封求职信〔"广泛撒网方法"(the buckshot approach)〕。在一个个案中,一个在普罗维登斯一家餐馆工作的簿记员希望返回波士顿地区工作,他找到了一本波士顿地区的黄页,然后就开始给列在黄页上的每家餐馆打电话,直到他找到工作为止。(2)被访者到一家公司应聘仅仅是因为他听说了招聘信息,通过其声望知道了某家公司,认为该公司也许会有一个适合他的空缺,或仅仅知道为这家公司工作是很好的。关于公司声望的知识可能来自于报纸、朋友或受少数公司支配的行业,这些公司因其产品的出众而知名。一个例证是:

> 个案27:安东尼奥·Z在葡萄牙获得了硕士学位,然后开始在一所中学教书。他从一份报纸上得知附近一所新大学将要招聘人员。当该学校开始招聘的时候,他给院长打电话并建议他们提供葡萄牙语教师的职位。那位院长和他见了面,然后雇他做了兼职教师,三年以后,注册学习葡萄牙语课程的学生有了实质性的增加,他的职位也变成了全职的。

(3)被访者从一人或多人那里听说,某个公司正在"招聘",也许获得了工作条件方面的其他信息,但是没有人将某个具体的招聘信息告诉被访者,也没有通过私人关系将被访者推荐给某位公司官员。

这三种情况代表了被访者获得的招聘信息的不同程度，但是所有这三种情况的共同之处在于，被访者自己采取了主动，他们掌握的信息比多数被归类为"通过关系获得信息"的情况更不具体。

在其他研究中，那些填完调查表的人经常把向公司"直接申请"解释得比本研究更宽泛。即使他们是从一位朋友、广告或职业介绍所得知了工作信息，他们也选择"直接申请"这个类别；对他们而言，直接申请行为似乎是最明显的（De Schweinetz，1932：90；Sheppard and Belitsky，1966：187；Wilcock and Sobel，1958：98-99）。如果我的编码的基本原理是可以被接受的，那么使用邮寄调查或封闭式访谈调查的研究就可能过高估计了这个类别。

考虑到个人关系在直接申请之后可能是重要的，在此意义上，我的编码规则是保守的。正如：

个案28：伊萨克·E到一家大型的新型电子公司去应聘，本行业的任何人都知道那家大公司将要在波士顿地区开设一家分公司。他有一位朋友在该公司的另一家分公司工作，这位朋友知道他应聘的事情。在拜访波士顿分公司的时候，那位朋友告诉他的另一位朋友（后者是该公司的高层人士），E先生完全胜任这份工作且广受欢迎。E先生朋友的朋友从人事部门重新找到他的申请资料，后来，他就成了E先生的老板。

在少量个案里，可以明显地发现，"直接申请"或"正式途径"都不是合适的类别，而"个人关系"是如此微妙，以至于使一个人在使用这一类型时很勉强。在访谈样本中发现了两个这样的个案：

> 个案 29：罗伯特·B 是一家大型电子公司的人事关系部经理。他的一位同事为去一所商业管理学院面试打通了关系，但是他自己没有去；B 先生答应替他去。在面谈之后，他获得了一份兼职的教学工作，后来，这份工作成为他现在从事的全职工作。

> 个案 30：凯文·C 是中西部一家杂志的编辑，他在一个"照常上班的假日"（busman's holiday）来到波士顿地区，准备到几家声望较大的杂志社考察它们的运作。在一次旅行中，他与一名杂志编辑进行了一次长谈；他们志同道合，然后，那位编辑就为 C 先生提供了一份工作。虽然 C 先生不是来寻找新工作的，但是新工作具有吸引力，最后 C 先生接受了这份新工作。

没有一个个案（多少有点偶然地）在接受新工作之前就已经与"个人关系人"认识了；然而，即使只认识几个小时的个人关系产生了印象，也与从申请或简短的工作面试中精选出应聘者有本质的不同。出于这个原因，也因为其他的分类明显地不适用，这里就采用了"个人关系"类别。

在试图尽力构建一种穷尽的分类方法时，我必须承认我可以想到的个案没有被这三种既定类型涵盖。如果将一份工作提供给一个没有申请过的人，或者没有涉及个人关系或正式中介，就会出现困难。例如，如果某人在他的领域里非常有名，一位陌生人纯粹在声望基础上为他提供了一份工作，就会产生这样的问题：虽然提供了工作机会，但是很少被接受。因为知名人士通常有自己精选的工作，更愿意接受由认识的人提供的工作。因此，在我的样本中并没有发现这样的个案。

一名被访者把他的简历寄给一家公司，而那家公司并没有雇用他；一位女雇员看到这份简历之后就把简历拿给她的丈夫看，她的丈夫在另外一家公司工作。然后，这位丈夫就给被访者打电话，并为他提供了一份工作。可以将这种情况也归入"直接申请"吗？因为这通常是直接申请的一种形式——但是实际上不精确，因为被访者实际上并没有向这家公司提出申请。因此，这个个案被归类为"其他"。

在实践中，无法被归类的个案很少，像附录里提到的那些模糊的个案，与那些能直接被归入三种指定类型的大多数个案相比是很少的。

关系链的长度

在本书第三章里，我发展了"链长"的概念，用于描述通过个人关系找到工作的个案。最直接的例子是，被访者从 A 那里听到了工作信息，A 从 B 那里听到，B 又从 C 那里听到，等等，最后那个人是从老板那里听到的。在这个个案中，A、B、C 都是中介，因此可以定义为一个长度为 3 的信息链。

因为信息可能会从链的任何一端或中介那里开始流动，也可能因为我们并不总是很清楚将谁计算在信息链内，所以就产生了模糊性。至少来说，只有当某人与任何一方有私人关系时才能将他计算为中介，但这还是不充分的。请看下面的个案：

> 个案 31：彼得·J 在纽约一所大学里教哲学。A 是 J 曾经在那里认识的一位同事，现在在波士顿地区的一所大学担任系主任助理，负责系里的招聘工作，J 先生后来也流动到这所大学。然而，在联系上 J 先生以前，A 一直与他们共同的一位朋友保持联系，但是 A 与那位朋友的关系比 J 更密切。A 确定 J 是那份工作的适当人选。然后，他就与 J 先生联系，系主任对 J 先生面试以后，就雇用了 J。

共同的朋友满足了计算中介的最低条件，但是还不能被计算在内。因为 A 已经认识 J，所以就直接与他联系。一个类似的个案是富兰克林·B（在第一章讨论过）。他的一位朋友建议他与一家经纪公司的老板共进午餐，从而使 B 获得了一份工作。B 先生已经认识那位老板，因此共同的朋友就不能计算在内。J 的个案被编码为链长为 1，B 的个案被编码为链长为 0。在这两个个案中，相互的朋友都是关键的催化剂——但是编码规则不应该对谁激活了信息链做出不同的因果判断。只要我们开始做这些判断，就不会有终点。因为几乎任何一对人都可以通过以前的共同的朋友联系起来，共同的朋友使目前的关联更可能。相反，相关的问题一定是，在描述而非因果的意义上，是否忽略了实际打破个人关系链的某个人。例如，A 知道 J 的存在是通过他们共同的朋友，或者 B 和老板的共同朋友，朋友一定会出现在信息链中，或者说不一定是个人关系链。类似地，如果 X 是一位老板，请 A 帮他推荐某个人来工作，A 问了他的朋友 B，B 推荐了 Y，X 与 Y 联系，但是 X 以前并不认识 Y，我就把这个链长计算为 2（注意第三章中劳伦斯·F 的个案）；但是，如果 X 以前就认识 Y，那这条链就被编码为 0。如果 A 以前认识 Y，那么链长则为 1。

必须承认，这一规则建立在对短链的偏爱之上，因为被编码的都是最少被观察到的链。在第三章里已经解释过，这个偏差有一个实质性的基本原理：链的长度与社会距离和信息库有关。

难以对某些个案进行分类。一位被访者可能从一位在某个地方工作的朋友那里听到了工作信息，而在那位朋友工作的地方，一般人都知道有一个空缺职位。关于按照被访者与雇主之间的"社会距离"来编码，存在某些争论，我从未对这类个案进行过编码；这类个案非常罕见。没有出现过这样的个案，即使出现了也是不能编码的，但是可以想象。假定一位老板仅仅出于声望给他认识的某个人写信，请那个人推荐一位朋友来他的公司工作。如果这位朋友接受了那份工作，他就使用了个人关系，但是又没有关系链将他与老板联系起来。关于如何找到工作的问题，不能分类的个案非常少，多数个案是相对明确的。

附录 C 致被访者的信和访问程序

致访谈子样本的信

在社会科学中,我们对美国人的工作流动模式有极大的兴趣。我目前正在哈佛大学从事一项研究,主要关注近来变换过地址和/或职业的专业人员、技术人员和管理人员的情况。

调查样本是从马萨诸塞州牛顿城的居民中随机抽选出来的,其中包括您的名字。我们希望您的想法和经验能成为这项研究的一部分。

在接下来的一两周内,我会来拜访您,对您做一次30分钟以内的访问。与所有这类研究一样,您的回答被视为高度保密的。在我们的报告中,不会出现您本人和您公司的名字。

我期待与您讨论这些问题。非常感谢您的合作。

您真诚的,
马克·S. 格兰诺维特
哈佛大学社会关系学系
马萨诸塞州剑桥城,02138
威廉·詹姆斯大厦

访谈指导

I 求职和生涯模式

1. （确认现职已经列进目录。如果被访者后来变换了工作，就询问最近的一份工作。）您从事现职多久了？（如果被访者刚迁到牛顿城）：您是在迁到牛顿城时变换工作的吗？那是您迁居牛顿城的原因吗？

2. 您是在从事先前一份工作的某个时间决定寻找一份新工作的吗？还是因为所做的某件事情正好带来了新工作？是否有一个时期您没有工作？

3. 您是如何找到目前这份工作的？

也要确定：

（1）如果被访者进行了搜寻，那么哪些求职方法没能得到工作录用呢？

（2）工作录用的拒绝与接受大致是在同一个时期吗？它们是怎么出现的？

4. 如果在第3题中提到了个人关系，就需要询问每一位关系人：

（1）为您说好话的那个人也告诉您工作信息了吗？

（2）您是怎么认识他（比如亲属、原来的同事等）的？

（3）他是做什么工作的——他那时在哪里工作？

（4）他是怎么知道他向您提到的那份工作空缺的？

（5）您是如何从他那里得知工作信息的？

（6）（如果关系人是发起者）您认为他为什么让您知道那份工作信息呢？什么原因促使他那样做？

（7）当他告诉您有关新工作的信息时，您与他多久联系一次？以什么方式联系？（串门、偶然在街上遇到、在教堂遇到、打电话、寄圣诞贺卡等。）

（8）他当时住在哪里？

（9）（如果继续提问很有趣的话，就继续问）他叫什么名字？他现在住在哪里？

5. 当您接手这份工作的时候，您是否替代了某个特定的人？（如果回答"不是"，则查明新工作是如何被创造出来的。）

6. 是否有某个特定的人替代了您过去的工作？（如果回答"不是"，则查明以前的工作岗位发生了什么变化。）

7. 在从事现职之前您所做的工作是什么？您是否还记得当时是如何找到工作的？（如果可行，就像这样追溯工作的全部历史，一直到第一份全职工作。如果工作太多，则查明第一份全职工作和最长任期的一份或两份工作，并估计工作总数。）

8. 哪个类别最恰当地描述了您对现职的满意程度？（把卡片出示给被访者。）

9. 您最近考虑过寻找另一份工作吗？（如果回答"是"，就继续问）围绕着另一份工作，您实际上都做了什么？

10. （如果第 9 题的答案是"否"，就继续问）如果您希望寻找一份新工作，您会怎么做？

11. 现在想想目前与您从事相同职业的朋友的情况，他们是如何找到工作的？他们寻找工作的方式就你们这个职业而言很普遍吗？

12. 您现在工作的公司大约有多少名员工？

13. 近来您是否告诉过别人您所知道的某份工作空缺？（如果回答"是"，就继续问）他得到那份工作了吗？您是怎么知道那份工作的？您是怎么传递工作信息的？什么因素促使您那样做？

Ⅱ 背景问题

1. 您成长时期您父亲的职业是什么？
2. 您的学校离家有多远？（如果是大学，则确认是哪一所。）
3. 您今年多大？
4. 您的婚姻情况如何？
5. 在您未成年时，您的大多数时间是在哪里度过的？（请说出城市或城镇的名字。）
6. 您是从哪里迁到牛顿城的？
7. 您在现在的房子里住了多久？您在牛顿城住了多久？
8. 从开始工作以来，您搬过几次家？
9. 您有宗教信仰吗？（如果回答"没有"的话，确定其宗教背景。）
10. 您能告诉我您的祖先来自哪个国家吗？
11. 哪个类别可以最恰当地描述您现职的年收入？请告诉我字母。（将卡片出示给被访者。）

（12. 有些人对工作上的朋友和社会上的朋友做了很明确的区分。您做了这样的区分吗？）

致邮件调查子样本的信

在社会科学中，我们对专业人员、技术人员和管理人员的流动模式有极大的兴趣。我目前正在哈佛大学从事一项研究，主要关注那些近来变换过地址和/或工作的个人的情况。调查样本是从马萨诸塞州牛顿城居民中随机抽取出来的，您的名字也包括在样本中。我们希望您的想法和经验能成为这项研究的一部分。

仅仅需要耽误您10分钟或15分钟时间来填写随信附上的这份问卷。我已经将需要寄回的、贴了邮票并写了地址的信封一起寄给了您。如果您愿意收到本项研究发现的总结报告，请在调查问卷的第一页顶部写上字母"S"。

与所有的调查一样，您的回答将被视为高度保密的。在我们的研究报告中，不会出现您的姓名、地址和您公司的名字。

我期待您的回复。非常感谢您的合作。

您真诚的，

马克·S. 格兰诺维特

哈佛大学社会关系学系

马萨诸塞州剑桥城，02138

威廉·詹姆斯大厦

致邮件调查子样本的追踪信

几周以前,我给您寄了一份关于工作流动的调查问卷,是我为博士论文而进行的调查的一部分。如果您的日程表和我一样紧张,就会很容易忽略或忘记这件事情。现在我又寄上一份问卷,希望您能用 10 分钟左右的时间来填写这份问卷,请您将填好的问卷装在我已经寄给您的信封里寄回给我。

在这类调查中,即使只有少数人没有回答,也会影响结果的精确性。因此,我特别期待收到您的回信。

非常感谢您的合作。

您真诚的,

马克·S. 格兰诺维特

哈佛大学社会关系学系

马萨诸塞州剑桥城,02138

威廉·詹姆斯大厦

致已经迁出牛顿城的访谈对象的信

在社会科学中,我们对专业人员、技术人员和管理人员的流动模式有极大的兴趣。我目前正在哈佛大学从事一项研究,主要关注那些近来变换过家庭地址和/或工作的个人的情况。您的名字包括在这些人的样本中,这个样本是从马萨诸塞州牛顿城随机选择出来的。然而,当我找到您在牛顿城的住址时,却发现您已经搬到现在的住址了。

因为我不可能亲自拜访样本中已经搬到另外城镇的所有人,我只能将我的问题通过邮寄调查问卷的方式随这封信寄给您。仅仅占用您10到15分钟时间来填写这份问卷,填写完毕后,请用信里附带的贴过邮票、写有地址的信封将问卷寄给我。如果您愿意收到本项研究发现的总结报告,请在调查问卷的第一页顶部写上字母"S"。

与所有这类调查一样,您的回答将被视为高度保密的。在我们的研究报告中,不会出现您本人的姓名、地址和您公司的名字。

我期待您的回复。非常感谢您的合作。

您真诚的,

马克·S. 格兰诺维特

哈佛大学社会关系学系

马萨诸塞州剑桥城,02138

威廉·詹姆斯大厦

邮件调查问卷

工作流动调查问卷

说明:对每一个问题,请填写一个或多个答案,或在后面横线的空白处填上答案。

第一部分 寻找工作

1. 您第一次迁移与工作变动是同时进行的吗？_____

   A. 是

   B. 否

2. 您最后一次开始从事一份新工作是在何时，大致是在哪年哪月？_____

3. 这次工作变动之前您从事什么工作？

   工作名称：_____

   公司：_____

   城市：_____

4. 这次工作变动之后您从事什么工作（您目前的工作）？

   工作名称：_____

   公司：_____

   城市：_____

5. 在您找到第 4 题列出的工作之前，是否有一段时间您在积极地寻找一份新工作？

   A. 是

   B. 否

6. 确切地说，您是如何找到第 4 题列出的新工作的？_____

   A. 我在报纸（或杂志、商业期刊、技术期刊）上看到了一则广告

   B. 我通过职业介绍所（或人事咨询公司、"猎头公司"

等等）得到了相关信息

C. 我询问了一位朋友，他告诉了我工作的信息

D. 知道我正在寻找新工作的一位朋友主动与我联系

E. 一个不知道我是否需要一份新工作的朋友主动与我联系

F. 我不认识的某个人与我联系，并说我已被推荐做这份工作

G. 我直接向公司申请

H. 我是自雇者

I. 其他（请解释）

如果您通过朋友找到了第 4 题列出的工作，请回答第 7—10 题，如果不是，请跳至第 11 题。

7. 您是如何认识这位朋友的？

A. 我们是大学同学

B. 我们是中学同学

C. 我们在相同的社区长大

D. 我曾经和他一起工作

E. 我曾经在他手下工作

F. 其他（请解释）

8. 为您说好话的人同时也告诉您工作信息了吗？

A. 是

B. 否

C. 不知道

9. 这位朋友是如何知道工作信息的？_____

A. 他就在有工作空缺的同一家公司工作

B. 他是那位雇主的一位生意上的朋友

C. 他是那位雇主的一位社会上的朋友

D. 他就是雇主

E. 其他（请解释）

10. 当您的朋友告诉您工作信息时，你们是如何互相保持联系的？_____

A. 我们经常见面

B. 我们偶尔见面

C. 我们经常互相打电话

D. 我们偶尔互相打电话

E. 我们互相写信

F. 我们互相赠送圣诞（或其他节日）贺卡

G. 我们最近没有联系，但是我们共同的朋友将我们联系在一起

H. 其他（请解释）

11. 在第3题和第4题列出的工作之间，您是否有一段时间没有工作？_____

A. 是

B. 否

12. 下面哪一种状况最适合描述您在第4题列出的工作情

况？_____

    A. 有同样类型的几份工作，我替代了其中某个人的工作

    B. 只有一份这种类型的工作，我替代了原来的那个人

    C. 我是第一个从事这份特定工作的人

    D. 有几份同样类型的工作，我的工作是新增加的

    E. 其他（请解释）

13. 大约有多少人在第4题列出的公司中工作？_____

14. 您对现职满意吗？_____

    A. 非常满意

    B. 相当满意

    C. 无所谓满意不满意

    D. 相当不满意

    E. 非常不满意

15. 下面哪一种情况最适合描述您原来的工作，亦即您在获得第4题列出的工作之前的工作？_____

    A. 我知道那个替代我的人的名字

    B. 我不知道是谁替代了我，但是我知道有个人替代了我

    C. 我不知道我是否被替代了

    D. 他们正在找某个人替代我原来的工作

    E. 当时他们决定先不填补那份工作

    F. 我原来做的那份工作现在不存在了

    G. 其他（请解释）

第二部分　背景问题

1. 在您成长期间，你父亲的职业是什么？＿＿＿＿＿＿
2. 您的学校离家有多远？（如果是大学，请问是哪一所？）＿＿＿＿＿＿
3. 您的年龄是？＿＿＿＿
4. 您有宗教信仰吗？

    A. 基督新教

    B. 天主教

    C. 犹太教

    D. 其他

    E. 没有（如果没有的话，请选择您父母的宗教信仰）

5. 您的婚姻情况如何？＿＿＿＿

    A. 已婚

    B. 离婚或分居

    C. 单身

6. 您在牛顿城居住了多长时间？＿＿＿＿
7. 您是从哪里搬到牛顿城的？＿＿＿＿
8. 在您未成年时，您的大多数时间是在哪里度过的？（请指出城市或城镇的名字）＿＿＿＿
9. 自从您从事第一份全职工作以来，您已经搬过几次家了？＿＿＿＿
10. 下面的哪一项类别最适合描述您现职的（税前）年收入？

A. 5000 美元以下

B. 5000—7499 美元

C. 7500—9999 美元

D. 10000—14999 美元

E. 15000—24999 美元

F. 25000—40000 美元

G. 40000 美元以上

非常感谢您的合作。

附录 D 经济行动与社会结构：嵌入性问题[1]

行为与制度如何受到社会关系的影响是社会理论的经典问题之一。本文关注在现代工业社会中经济行动嵌入社会关系结构的程度。虽然通常新古典主义的解释提供了有关这类行动的"低度社会化"或原子化的阐释，但改革主义的经济学家试图将社会结构带回到"过度社会化"的状态下，这种观点受到丹尼斯·朗（Dennis Wrong）的批评。"低度社会化"和"过度社会化"的解释在忽视当下社会关系结构方面具有似非而是的类似性，一种综合的经济行动的解释必须考虑经济行动在这种结构中的嵌入性。奥利弗·威廉姆森（Oliver Williamson）对"市场与层级制"研究项目的批评阐述了这个论点。

导论：嵌入性问题

行为与制度如何受到社会关系的影响是社会理论的经典问

题之一。由于这类关系总是存在的，关系缺乏的状态只能通过思想实验来想象，像托马斯·霍布斯（Thomas Hobbes）的"自然状态"或约翰·罗尔斯（John Rawls）的"原初状态"。多数功利主义传统，包括古典和新古典经济学，都假定理性、自利的行为最少受到社会关系的影响，因此调用了一种与这些思想实验相差不远的理想状态。在另一极端，是我所谓的"嵌入性"观点：行为和制度分析受到社会关系的制约，将它们视为独立因素是极大的误解。

本文关注经济行为的嵌入性。嵌入性长期以来就是社会学家、人类学家、政治学家和历史学家的主流观点。他们认为这类行为在前市场社会就深深地嵌入社会关系中，然而随着现代化的发展，经济行为变得越来越自治。这种观点将经济看作现代社会中一个日益分离和分化的领域。经济交易不再受到与交易有关的社会或亲属义务的制约，而是受到个人获利的合理计算的约束。他们有时进一步强调，传统状况是背道而驰的：不是经济生活淹没在社会关系中，而是社会关系成为市场的附带现象。嵌入性立场与人类学中的"实质主义"学派相关，特别是卡尔·波兰尼（Polanyi, 1944; Polanyi, Arensberg, and Pearson, 1957），也与历史学和政治学中的"道德经济学"相关（Thompson, 1971; Scott, 1976），还与马克思主义思想有明显的联系。

然而，少数经济学家接受了嵌入性随着现代化的发展而断裂的观点；多数经济学家反而断言，早期社会中的嵌入性水平并不比在现代社会中所发现的更高。亚当·斯密提出了这种论调,他认为"人的本质中存在某种彼此交易、以物易物和相互交换的倾向"(Smith,[1776] 1979:Book 1, Chap. 2)。他假定:由于劳动力是原始社会中唯一的生产因素,所以货物必须按照与劳动力成本相当的价格来交换——这是古典交换理论的一般观点(Smith,[1776] 1979:Book 1, Chap. 6)。从 20 世纪 20 年代开始,某些被称作"形式主义者"的人类学家也持有类似的立场:甚至在部落社会中,经济行为也完全独立于社会关系,因而标准的新古典分析仍然被认为是有效的(Schneider, 1974)。随着经济学家和历史学与政治学的同行对社会制度的经济分析产生了新的兴趣,这种立场取得了新的发展。这些学者中的多数被称作"新制度经济学"学者,他们认为,以前被解释为嵌入早期社会和现代社会中的行为和制度,可被更好地理解为理性的、或多或少有些原子化的个人追逐私利的结果(如 North and Thomas, 1973; Williamson, 1975; Popkin, 1979)。

我自己的观点与上述两个学派的思想均有分歧。我认为,非市场社会中经济行为的嵌入性水平要比实质主义者和发展理论家声称的更低,在"现代化"进程中也没有发生他们想象的那种剧烈的变化;但是我认为嵌入性水平也不像形式主义者和经济学家所承认的那样总是具有更实质的意义。在本文中,我并不试图论述由非市场社会提出的问题。相反,我将继续详述嵌入性概念的理论发展,并从现代社会问题的视角来彰显其价值,这是当代新制度经济学中的一个重要论题,即现代资本主义社会中的哪些交易在市场中完成,哪些在层级组织的公司内进行的问题。这个问题通过奥利弗·威廉姆森最初提出的"市场与层级制"研究项目(Williamson,1975)而上升为研究的焦点。

社会学和经济学中人类行动的过度社会化和低度社会化概念

我将从回顾丹尼斯·朗1961年对"现代社会中人的过度社会化概念"的抱怨开始。这个概念是指:人对其他人的选择过度敏感,服从于共享的规范和价值体系的命令,这些价值和规范体系通过社会化而内化,所以服从并不被视为一种负担。1961年,这种认识成为当时的一种主流观点,它部分地产生于塔尔科特·帕森斯对霍布斯提出的秩序问题的赏识,及其超越霍布斯等功利主义传统的原子化、低度社会化的人的概念的努力(Parsons,1937:89-94)。朗赞同与原子化的功利主义观点的决裂,强调行动者嵌入社会脉络之中——这是霍布斯思想中缺乏的一个关键因素——但是却警告夸大嵌入性程度以及嵌入性消除冲突能力的危险:

> 社会学家的任务是经常提醒人们关注,人在不同的情境中都渴望并尽力争取直接合作者的好评,特别是在那些已被接受的理论或意识形态过度强调其他人动机的情境

中……因此，社会学家证明了工厂工人对同事的态度比纯粹的经济刺激更敏感……我的意图当然不是批判这类研究的发现。我的目标在于……虽然社会学家批判了过去试图挑选一种人类行为基本动机的努力，但是通过赢得他人认可而获得一种讨人喜欢的自我想象的渴望，却总在他们的思想中占据着一个位置（Wrong, 1961: 188-189）。

相反地，古典和新古典经济学家继续坚持功利主义传统，认为人的行动是原子化的、低度社会化的。这种理论观点假定，社会结构和社会关系对生产、分配和消费不产生任何影响。在竞争的市场中，生产者或消费者并不对总体的供给或需求、价格或其他交易条件产生显著的影响。正如艾伯特·赫希曼（Albert Hirschman）指出的，这类理想化的市场"由一群匿名的、掌握充分信息的、包括买方和卖方在内的价格接受者组成，但交易双方却缺乏任何人际的或社会的联系。在完全竞争的市场中，并没有讨价还价、协商、抗议或相互调适的余地，相互订约的不同的行动者并不需要为了很好地相互了解而进入重复或连续的关系"（Hirschman, 1982: 1473）。

长期以来人们确信，理想化的完全竞争的市场之所以幸免于学术攻击，是因为自我调控的经济结构在政治上吸引了许多人。另一个未被清楚理解的理由是：将社会关系排除在经济分析之外的做法，至少在经济领域将秩序问题排除在知识议程之外。在霍布斯的论点中，当没有冲突的社会和经济交易依赖于信任和非法行为的缺席时,失序就产生了。但是当个人既不拥有社会关系又不处于制度脉络之中时,即当个人处在"自然状态"下时,信任和合法行为是不可能存在的。霍布斯以独裁权威结构解决了失序的难题。古典自由主义及相应的古典经济学的解决方法却与之截然相反:他们认为高压式的政治结构对于竞争性市场是不必要的,暴力或欺诈是徒劳无益的。竞争决定了个人交易者无法预期的交易条款。如果交易者遇到了复杂或艰难的关系——这些关系的特征是失信或欺诈——他们只需要转换到愿意按照市场条件交易的对手那里;社会关系及其细节成为具有摩擦力的因素。

在古典和新古典经济学中,彼此有社会关系的行动者,事实上是阻止竞争性市场运行的摩擦力。被引用最多的一段话,是亚当·斯密的抱怨:"交易双方很少见面,即使在娱乐和解闷的场合,他们的对话仅以一场针对公众的共谋或提高价格的算计而告终。"他的自由放任政策没有提出解决这个问题的方案,然而他提出应该废除所有交易者必须签署一份记录的规定;因此这类公共信息"将彼此不熟悉的个人联系起来,为寻找每个参与交易的人指明了方向"。值得关注的并不是这个有点蹩脚的政策建议,而是承认社会原子化是完美的竞争的先决条件(Smith,[1776] 1979:232-233)。

经济学家对"社会影响"的近期评论,将行动者遵从风俗、习惯或规范视作一个过程,这个过程是机械的、自动发生的,完全忽视了理性选择。这个观点接近于朗的"过度社化"的概念。正如詹姆斯·杜森伯里（James Duesenberry）的一句双关语所言："经济学研究人们如何做出选择；社会学则分析人们如何不做出任何选择。"（Duesenberry，1960：233）E. H. 费尔普斯·布朗（E. H. Phelps Brown）在描述"社会学家的决定方式"时指出，即社会学家们假定人们总是"按照某种方式行动，因为他们这样做是为了遵从风俗或义务，或做自然的事，或做正确适当的事，或做公平正义的事"（Brown，1977：17）。

尽管低度社会化和过度社会化观点之间存在明显的分歧，但我们应该注意到二者具有讽刺意味的重要的理论关注点：两种观点均认为行动和决策是由原子化的个人做出的。在低度社会化的论述中，原子化来源于狭隘的功利主义的自我利益追逐；而在过度社会化的观点中，原子化来源于已经内化的行为模式和仅仅对行为产生边际影响的当下的社会关系。内化的行为规则的来源是社会性的这一事实，并未使这个观点与功利主义观点产生明显的分歧，后者的效用函数来源仍然是悬而未决的，正如在过度社会化观点中一样，为完全受一致决定的规范和价值指导的行为留下了空间。低度社会化和过度社会化对秩序问题的解决方案合二为一，即原子化的行动者脱离了直接的社会脉络。这种具有讽刺意义的融合已经在霍布斯的《利维坦》中被发现。自然状态下不幸的居民，受到因原子化而产生的失序的压制，却兴高采烈地将其全部权利交给独裁者，随后以驯服和可敬的方式行事；凭借社会契约，他们直接从低度社会化转向过度社会化状态。

当现代经济学家试图论述社会影响时，他们典型地采用了如上所述的过度社会化观点。他们反对社会影响是摩擦力的观点，坚持有关社会影响如何运作的概念，例如，在细分的劳动力市场理论中，米歇尔·皮奥里（Michael Piore）证明，劳动力市场细分中的每位成员都有不同风格的决策方式。这种决策方式遵从理性选择、风俗或命令，这三者分别对应于中产阶级、工人阶级和下层阶级的亚文化（Piore, 1975）。类似地，萨缪尔·鲍尔斯（Samuel Bowles）和赫伯特·金提斯（Herbert Gintis）在论述美国教育的后果时指出，不同社会阶级展现了迥异的认知过程，这是因为不同阶级获得了不同的教育方式。那些打算从事下层工作的人被训练为依赖性的规则遵守者，而那些计划进入精英位置的人则跨入了"精英的四年制大学"，"主要学习与生产层级制中上流社会一致的社交技巧……当'掌握了'一种行为规则时，他们或是上升到生产层级制中的上一阶层，或是进入相应的同一阶层"（Bowles and Gintis, 1975: 132）。

但是，这些关于社会如何影响个人行为的过度社会化的概念是相当机械的：一旦我们了解了个人的社会阶级或劳动力市场部门，便会发现所有行为都是机械的，因为他们已经完成了充分的社会化。社会影响就像自然神论信仰者的上帝一样，成为一种外在的力量，使静物运动起来而不再施加别的影响——这是一种逐渐渗入个人的思想和身体的力量〔正像电影《人体异形》(Invasion of the Body Snatchers) 中所描述的一样], 改变了他们的决策方式。一旦我们了解了个人受到影响的方式, 当下的社会关系和社会结构就成为不相关的因素。社会影响全部包括在个人的头脑中, 所以在实际的决策场景中, 虽然也许存在不同的决策规则, 但他/她就像"理性经济人"那样被原子化。更综合的(因而也是不太过度社会化的观点)文化影响的分析(例如 Fine and Kleinman, 1979; Cole, 1979: Chap.1)清楚地指出, 文化的影响不是一劳永逸的, 而是正在进行的一个过程, 在互动过程中不断地被塑造和重塑。文化不仅塑造其成员, 也被社会成员塑造, 这部分地出于他们的策略原因。

甚至当经济学家严肃地考虑社会关系时, 有点另类的人物如哈维·莱宾斯坦(Leibenstein, 1976)和加里·贝克尔(Becker, 1976), 也一致地偏离了关系的历史及其相对于其他关系的位置, 也即被称为关系的历史性或结构性嵌入的问题。人际关系在经济学家的论点中被描述为极端定型化的、一般化的、"典型的"——缺乏特定的内容、历史或结构位置。行动者的行为产生于被指定的角色位置和角色丛; 因此, 我们拥有许多论述工人和主管、丈夫和妻子或罪犯和执法者彼此如何互动的论点, 但是这些关系并不被假定为具有超越指定角色的个人化内容。这种程序确实是帕森斯学派社会学中结构社会学家受到批评的内容——与源于终极价值倾向的恒久不变的规范角色指令相比, 将个人关系的独特性归属于一般概念框架中的一种次要角色和附带现象。在经济学模型中, 这种处理社会关系的方式对于保留性的原子化决策产生了荒谬的影响，即使决定似乎包括了他人的影响。由于被分析的一群个人——通常是两个人，偶尔也包括较大的群体——抽离于社会脉络，所以其行为是与其他群体和自己的关系的历史相隔离的。原子化没有被消除，只不过转移到二人或更高的分析层次。应该注意的是，使用过度社会化的概念——排外地按照与规定角色相一致的方式行事的行动者——去补充原子化的、低度社会化的观点。

要进行富有成效的人类行动分析，我们需要避免隐含在低度社会化和过度社会化概念的理论两极中的原子化。行动者既不会像原子一样游离于社会脉络之外行事或做出决定，也不会如奴隶般地依附于他们所属的特定社会类别赋予他们的角色。他们在有目的的行动中试图嵌入具体的、当下的社会关系体系中。在下文中，我将阐明嵌入性观点如何改变了经济行为研究的理论和经验路径。我首先聚焦于经济生活中的信任和欺诈问题，然后运用"市场和层级制"问题来阐明在分析这个问题时如何使用嵌入性的思想。[2]

经济生活中的嵌入性、信任与欺诈

从20世纪70年代开始，经济学家突然对信任和欺诈问题产生了兴趣，而在以前这两个问题是被忽视的。奥利弗·威廉姆森注意到，经济行动者不仅从事追逐自我利益的活动，而且也从事"机会主义"的活动——"以狡诈追逐自我利益；那些精于掩饰的行动者容易实现交易利益。[3]经济人……是一种动物,它远比通常的追逐自利假设所揭示的更狡猾和更复杂"(Williamson,1975:255)。

然而,这提出了一种独特的现代经济理论假说:人们以相当文雅的手段来追逐经济利益。霍布斯式的问题——那些追逐自己利益的人如何可能主要不运用暴力和欺骗来达到其目的——通过运用这个概念得到了巧妙的处理。但是,正如霍布斯清楚地指出的那样,排除了暴力与欺骗,"自我利益"没有任何内在意义。

这个假设能够被坚持下来,部分原因在于,在一个自我调节的市场中,竞争的力量可以被想象为能够制止暴力与欺诈。但是,这个概念也嵌入经济学的知识史中。在《激情与利益》中,艾伯特·赫希曼(Hirschman,1977)揭示了从《利维坦》时代到《国富论》时代的一段重要的知识史。霍布斯的秩序问题被下述论点淡化:某些人具有将他人置于可控境地的动机,追逐自我的经济利益并不是一种不可控制的"激情",而是一种文明、文雅的活动。接受这种广泛而含蓄的观点,是低度社会化与过度社会化观点如何相互补充的有力例证:为了保证有序的交易,竞争市场中的原子化行动者如此彻底地将规范性的行为内化。[4]

侵蚀了对这种观点的信心的,是近年来研究者对不完全竞争市场中的微观细节的日益增加的关注。不完全竞争市场的特征是,少数参与者拥有较低的成本和"特殊的人力资本"投资。在这种情境下,所谓的竞争市场的纪律不能被用来制止欺诈，所以，那个经典的问题——就算日常经济生活并非充满不信任与欺诈又如何——重新浮出了水面。

在经济学文献中，我就这个问题找到了两个基本的答案，一种答案与低度社会化的人类行动观点有关，另一种答案则与过度社会化的人类行动观点相连。低度社会化观点主要是在新制度经济学者中发现的——这是一个界定松散的经济学家联盟，他们感兴趣的是从新古典视角来解释社会制度（例如，Furubotn and Pejovich, 1972; Alchian and Demsetz, 1973; Lazear, 1979; Rosen, 1982; Williamson, 1975, 1979, 1981; Williamson and Ouchi, 1981）。这个学派的成员所讲述的一般的故事是：以前被想象为法律的、历史的、社会的或政治的力量之冒险结果的社会制度与安排，更应该被视为对某些经济问题的有效解决方式。这种论调与20世纪40年代至60年代的结构——功能主义社会学的观点类似，多数论点却不能通过1947年罗伯特·默顿（Robert Merton）界定的充分功能解释的基本验证。例如，肖特指出，为了理解任何观察到的经济制度，所需要的仅仅是"我们推论进化问题，必须看到已经得到发展的现存制度。每个进化的经济问题都需要一种社会制度来解决"（Schotter, 1981: 2）。

欺诈被认为偏离了轨道，因为聪明的制度安排使欺诈行为付出了高昂的成本，以前被解释为发挥非经济功能的许多安排，现在则被视为制止欺诈的手段。然而，请注意：制度安排并不产生信任，反而是信任的一种功能替代物。主要的制度安排是详细制定或是隐性的契约（Okun，1981），包括延迟薪资计划、强制退休和权威结构，前两种契约可以减少"逃避"工作或携带专利秘密潜逃的动机（Lazear，1979；Pakes and Nitzan，1982），权威结构则可以通过命令的方式作出潜在区分决策从而防止机会主义（Williamson，1975）。这些都是低度社会化的观点，它们不允许内在的防止欺诈的具体个人关系与义务存在，完全背离了制度安排。用制度安排来替代信任实际上导致了霍布斯式的自然状态，任何理性的个人都有发明聪明方法规避制度的动机，很难想象日常经济生活不会受到更具独创性的欺诈企图的污染。

其他经济学家也认识到，一定程度的信任必须被假定为有作用的，因为制度安排本身并不能完全防止暴力或欺诈。但是，信任与请求的来源有时被解释为"一种普遍道德"的存在。例如，肯尼斯·阿罗（Kenneth Arrow）指出，社会"在其进化过程中发展出了某种尊重他人的隐性契约，这些契约对于社会的存续而言是基本的，或至少对于社会的有效运转贡献极大"（Arrow，1974：26；Akerlof，1983，关于"诚实"的起源的论述）。

现在，几乎没有人怀疑某种普遍化道德的存在；如果没有这种普遍化的道德，当你仅仅购买价值 5 美元的汽油时，你都不敢交给加油站收银员一张 20 美元的钞票。但是这个概念具有呼唤普遍化和自动反应的过度社会化特征，即使道德行动几乎不是自动的或普遍的（众所周知，加油站到了晚上就不再找零了)。

考虑一下普遍化道德确实发挥效用的例证:一位传说中的(我不愿说假定的)经济学家,违背所有经济理性,在远离家乡的一家路边餐馆留下了小费。注意这项交易至少具有三种与众不同的特征:(1)交易者以前并不认识;(2)他们不可能再次交易;(3)双方的信息不可能传递到未来可能与他们发生交易的他人耳中。我认为只有在这种情况下,暴力与欺诈才可能主要由普遍化的道德来解释。如果交易成本高昂,我们会怀疑这种道德是否还会有效。

嵌入性论点强调,具体的个人关系以及这类关系的结构发挥着产生信任和防止欺诈的作用。人们普遍偏爱与声望较好的人交易,这意味着几乎没人满足于依靠普遍化道德或制度性安排来防止麻烦。经济学家曾经指出,一种不欺骗的动机是损害个人声望的成本;但是,这是一种低度社会化的解释,将名望视为一般化的商品,通过欺骗与机会的比例计算出来。实际上,当不能获得任何有效信息时,我们才会满足于这种一般化的信息。比知道某人可靠更好的信息,是一个可信任的人与这个人有过交往,并发现他是可信任的。而比这个更好的信息是自己过去与此人打交道的经历。说它是更好的信息,有四个原因:(1)它是廉价的;(2)一个人认为自己的信息是最可信的——这种信息较丰富、详细和精确;(3)一个人如果与对方保持连续的关系,就会有保持被信任的经济动机,以免妨碍未来的交易;(4)离开了纯粹的经济动机,连续的经济关系经常充满了社会满意,对于信任产生了强烈的期待从而避免了机会主义。

我们从不怀疑上述最后一点在更亲密的关系中的效用,它使行为变得可以预测,因而消除了在陌生人之间制造麻烦的恐惧。例如,为什么人们在失火的剧院中惊慌失措地逃向大门,导致了灾难性后果。集体行动的研究者长期以来认为这是非理性行为的原型,但是罗杰·布朗(Brown, 1965: Chap. 14)指出,这种情况基本是一种 N 名囚徒的困境:每位拥挤者实际上都是理性的,因为缺乏每个人都将冷静地走出大门的保证,即使所有人都明白如果每个人都冷静逃生大家将会安然无恙。然而,请注意,在晚间 11 点新闻的火烧房屋的特写中,我们很少听到家庭成员相互推挤、踩踏和争相逃生。在家庭中,不存在囚徒困境,因为每位家庭成员都是可信任和可以指望的。

在商业关系中,信心的程度必然是不确定的,但是经常通过个人关系的强度来排除囚徒困境,这种关系强度不是交易者的特性,而是其具体关系的特征。标准的经济学分析忽略了个人交易者的身份和历史关系,但是理性的个人——他们依赖于他们对这些关系的知识——对这些知道得更多。他们对一般性的声望没有什么兴趣,他们更感兴趣的是一位特定的他人是否被期待着与他们诚实地交易——后者主要是他们自己或他们的关系人是否对过去彼此的交易感到满意。乍一看,这种模式类似于格尔茨(Geertz, 1979)分析摩洛哥集市时所描述的竞争性市场中经典的讨价还价状况。

附录 D　经济行动与社会结构：嵌入性问题

直到目前，我已经论证了是社会关系而非制度安排或普遍化道德，在经济生活中的信任生产中发挥了主要作用。然而，我冒险拒绝了一种乐观的功能主义，而接受了另一种功能理论，认为是关系网络而非道德或安排履行了维持秩序的功能。有两种降低这种风险的解释。一种解释承认嵌入性观点是解决秩序问题的一种方案，但是它不像其他两种观点那么彻底，因为社会关系网络不规则地以不同程度渗透于经济生活的不同部门，因此我们所熟悉的不信任、机会主义和失序是从未缺席的。

另一种解释坚持认为，社会关系确实经常是信任和可靠行为的必要条件，但是却不能充分地保证这些条件，甚至还会提供比信任缺席时更大规模的欺诈与冲突的场合和手段。关于这一点有三种原因需要说明：

1. 个人关系的真实存在产生了信任，但就是这种信任增强了欺诈行为发生的机会。在个人关系中，众所周知，"你总是伤害你所爱的人"；人们对你的信任使他们处在一个比陌生人更容易被你伤害的位置。（在囚徒困境中，如果得知同犯会拒绝认罪，那么更理性的动机则是认罪，取消这个困境的个人关系可能比受骗方所想象的更不对称。）社会生活的基本事实是"信任"骗局的一体两面。有时甚至长期为了不可告人的目的而冒充某种关系。在商业领域，一些犯罪，如盗用公款，如果没有已经建立起来的信任关系，则完全不可能有操纵账户的机会。信任关系愈全面，从欺诈中潜在获利的可能性愈大。统计上不经常出现的这类例证,是个人关系和声望力量的贡品。它们有规律地发生,却又不经常出现,显示了这种力量的局限。

2. 团体的暴力和欺诈是最有效的,这种团体的结构需要一种内在的信任——"盗贼之间的荣誉",这种信任与先前存在的关系相关。例如,精心设计的回扣和投标操纵计划,几乎不可能由个人单独完成,当这类活动被曝光后,经常令人惊奇的是,在有这么多人参与的情况下,这类活动可以被保密这么久。执法的努力包括发现欺诈网络的人口——一个人认罪意味着其他人也将认罪,他们按照滚雪球抽样的方式相互"揭发"直到真相水落石出。

充分的信任和可恶的欺诈都来源于人际关系。约拉姆·本-波拉斯(Yoram Ben-Porath)以新制度经济学中的功能主义风格强调了积极的一面,他注意到"持续的关系会产生精明的、自利的甚至肆无忌惮的个人行为,否则会被视为愚蠢的或纯粹的利他主义。价值连城的钻石在交易中易手是在握手之间完成的"(Ben-Porath,1980:6)。继续从这种积极的视角来看,我要补充的是,这种交易之所以可能成功,部分由于它不是孤立于其他交易,而是嵌入钻石商的紧密社区中,他们密切地监视彼此的行为。像其他紧密联系的行动者网络一样,他们形成了清晰界定的行为标准,通过快速传播欺诈信息而监控交易行为。但是,这种层次的信任也产生了相当大的诱惑,钻石贸易也是众所周知的许多"内盗"案件,以及 1982 年 4 月声名狼藉的"哥伦比亚广播公司（CBS）谋杀案"发生的场所。在这类案件中，钻石公司老板试图从虚假交易中开具发票欺骗代理人。这个计划的实施需要他的会计人员配合，一位会计人员接受了调查人员的调查并被要求到联邦法庭作证。老板雇人谋杀了这位不忠诚的雇员及其助手；三位前来帮忙的哥伦比亚广播公司的技术人员也被枪杀了（Shenon，1984）。

3. 来源于暴力和欺诈的失序程度在很大意义上依赖于社会关系网络是如何形成的。霍布斯可能在其原子化的自然状态的论述中夸大了失序的程度，在缺乏持续的社会关系的情况下，人们所期待的仅仅是断断续续的二人冲突。更扩展的大规模失序源自交战各方的联盟，如果没有先前的关系，那么不可能结成联盟。我们通常不谈论"战争"，除非行动者将他们自己分为两方，这是行动者各种联盟的最终结果。这种情况仅仅发生在横向关系不充分的情况下，即与双方的主要潜在对手有充分联系的行动者对预先阻止冲突有强烈的兴趣。在商业领域也是如此，冲突是相对平淡的，除非各方求助于其他公司中的大量盟友而使冲突升级，正如有时在试图实施或阻止接管时发生的情况一样。

失序和欺诈当然也会发生在社会关系缺席的情况下。我已经在前文中谈到了这种可能性，这类社会关系的存在可以阻止欺诈行为的发生。然而，欺诈水平在一个纯粹原子化的社会情境中也是相当低的：仅仅是片段的、无关联的、小规模的欺诈。霍布斯式的问题确实是一个问题，但是通过消除社会结构的影响来解决欺诈问题时，我们也引入了发生比"自然状态"下更大规模的失序的可能性。

用嵌入性观点研究经济生活中的信任和秩序，通过遵循和分析社会关系的具体模式，在过度社会化的普遍化道德和低度社会化的非人情的制度化安排之间穿行，既不同于其他的理论，也不同于霍布斯的立场，它没有做出普遍秩序或失序的全面预测（做出这种预测也是不可能的），而是假设社会结构的细节将决定所发现的结果。

市场与层级制问题

作为用嵌入性观点探讨经济生活的一个具体应用，我批评了奥利弗·威廉姆森在《市场与层级制》（Williamson，1975）及其以后的论文中（Williamson，1979，1981；Williamson and Ouchi，1981）阐述的有影响的论点。威廉姆森提出了一个问题，在什么情况下经济功能会在层级制公司的边界内履行，在什么情况下又会跨越这些界限采取市场的处理方式。他的答案与新制度经济学的一般关注点一致：在任何情况下所看到的组织形式，都按照经济交易成本来最有效地交易。那些结果不确定、经常发生的、需要实质性特定投资——诸如金钱、时间和能量等不可能轻易地转化为不同情况下与他人的互动的投资——的交易更可能发生在层级制组织的公司内部。那些直截了当的、不可重复的、不需要特定投资的交易——诸如一次性购买的标准设备——更可能在公司之间达成，即跨入市场的范围。

前一种交易方式内化于层级制有两个原因。首要原因是"有限理性",经济行动者不可能恰当地预测一连串复杂的偶发事件,这些偶发事件与长期合约有关。当交易被内化时,没有必要预测到所有的偶发事件;他们可以在公司的"治理结构"内处理这些偶然性,而不是导向复杂的协商。第二个原因是"机会主义",经济行动者利用自己的优势、运用其掌握的全部手段——包括诡计和欺诈——合理地追逐其利益。通过权威关系和对交易伙伴的认同来消除和限制机会主义,交易双方在公司内部活动时的认同比跨越市场边界缝隙的交易双方更强烈。

为了淡化机会主义而诉诸权威关系的做法,构成了对霍布斯式分析的再认识,虽然这仅限于经济领域。威廉姆森论点中的霍布斯风格可用下面一段话来表述:"当各方之间发生争执时,内部组织并未受到(独立的公司之间的)自治合约所遇到的类似的难题困扰。虽然公司之间的纷争经常在庭外和解⋯⋯但是这种解决方案有时也会遇到困难,公司间关系经常变得紧张。代价昂贵的诉讼有时也是不可避免的。与之相比,内部组织⋯⋯可以通过诉诸法令来解决许多纷争,这是一个极其有效的解决工具性分歧的方法。"(Williamson,1975:30)他注意到,复杂且重复发生的交易需要参与的个体之间有长期的关系,然而机会主义会危害这些关系。要作为适应正在变化的市场环境的一种必要条件的关系,由于过于复杂和不可预测而不能被全部包括在初始契约中,故而真诚的承诺在缺乏一种上层权威的情况下也变得不能被强制执行。

> 一项一般的条款……"当情境发生变化时,我将负责任地行事,而不是追逐个人利益"。在没有机会主义的情况下,这种状况是令人满意的。然而当这项一般条款无法强制执行且行动者倾向于做出虚假和误导性(自我怀疑的)陈述时……当另一方改变了提案时,买卖双方会战略性地为了处置任何的利益增值而讨价还价。为了避免利益被昂贵的对次级目标的追逐所消耗,另外做出的有效改变将导致代价昂贵的竞价之争,或者甚至走向不再产生利益纷争。消除机会主义和鼓舞信心的治理结构显然是必需的(Williamson, 1975: 241 – 242)。

这段分析保留了在《利维坦》中发现的相同的低度社会化与过度社会化假设的混合。公司内层级权力的功效被过度夸大了,与霍布斯过度社会化的主权国家一致。[5] 市场类似于霍布斯式的自然状态。这是古典政治经济学中的原子化的和匿名的市场,但是缺少了充分竞争条件所引发的纪律——一种低度社会化观点,忽略了不同公司的个人间社会关系在将秩序带到经济生活中所发挥的作用。威廉姆森承认,这种市场美景并不总是适当的:"诚实行为规范有时也扩展到市场中,并在某种程度上通过群体压力而强制执行……跨越组织边界的重复的人际关系会支持某种最低层次的谦恭与关心……另外,重复交易的期待也阻止了在任何特定交易中狭隘地追逐私利的行为。不管是在交易中还是在社会环境中,个人的野心都会受到预期的同辈排斥的抑制。一家公司的美好声望是不能被损耗的商业资产。"(Williamson,1975:106-108)

这里为分析社会结构对市场行为的影响开辟了一条道路。但是威廉姆森却将这些例证视为例外,也不认为他所描述的二人关系本身嵌入更广泛的社会关系系统中。我认为,新古典模型的自治市场在经济生活中实际上是不存在的,所有类型的交易都充满了上面描述的社会关系。在公司间发生的交易不一定比公司内的交易更依靠社会关系,一般而言,公司内的社会关系网络比公司之间的现有网络更紧密和持久,然而,我需要揭示的是,在跨越公司界限的经济交易中(用威廉姆森的术语说,在"市场"中),充分的社会覆盖被用来排除不确定性,保证复杂的市场交易接近霍布斯式的自然状态,这只有通过层级结构内部的内化才能解决。

一般而言,我们周围的证据显示,商业关系与社会关系是混合在一起的。亚当·斯密所痛恨的商业协会仍然具有极大的重要性。众所周知,或大或小的许多公司通过连锁董事会联系起来,所以公司主管之间的关系也是多样和紧密连接的。商业关系渗透进社交关系中,反之亦然,尤其是商业精英之间的关系,是商业社会学研究中与历史文献最一致的一个事实(例如,Domhoff,1971;Useem,1979)。马考利(Macaulay)在研究诉讼在多大程度上可被用来解决公司之间的纷争时注意到,

"纷争的解决经常不涉及契约或潜在和实际的法律制裁。人们在协商时都不愿谈到法律权利或威胁要提起诉讼……如一位商人所言,'如果你让律师和会计师靠边站,你可以解决任何纷争。他们完全不了解平等交换是商业交易所必需的条件'……因为违背合约而提起法律诉讼的案例似乎非常罕见"(Macaulay,1963:61)。他进一步解释道:

> 两家公司的高层执行官可能彼此认识。他们也许同时出现在政府委员会或商业委员会中。他们也许在社交场合彼此认识,甚至隶属于同一家乡村俱乐部……即使合约可以在谈判阶段达成,但是精心筹划的安排也许会创造商业单位之间不受欢迎的交换。一些商人提出反对说:在如此谨慎创造的关系中,人们仅仅按照合约书内容来行事。这类计划表明了信任的缺乏,削弱了对友谊的需求,使合作关系变成了敌对的讨价交易……威胁诉诸法律只不过付点邮费或电话费,然而很少有人可以熟练地使用这种威胁而不使公司之间的关系恶化。(Macaulay,1963:63-64)

不仅公司高层之间通过个人关系网络而联系起来,在必须发生交易的所有层面上都有关系存在。例如,在工业采购文献中经常可以发现,买卖关系很少接近古典理论的现货市场模型。一份资料指出,"证据一致表明,只有采取某种'震荡'措施才会动摇组织的采购模式,使它不再重复地向所偏爱的一家或有限的少数几家切实可行的供应商下订单。稍加思考就能提出如此行事的几种理由，包括与寻找新供应商和建立新关系相关的成本，用户可能更偏爱原始货源的事实，与熟悉的卖家打交道的风险相对较低，买方已经建立的个人关系使他对供货公司的代表评价较高"（Webster and Wind，1972：15）。

类似地，马考利也注意到推销员"通常非常熟悉采购代理人。同样的两个人的生意往来可能长达5至25年之久，两人互惠互利。推销员会将有关竞争对手、缺货和涨价的传言告知与他们关系良好的采购代理人"（Macaulay，1963：63）。卖方不满意他们的客户"成为采购代理人与推销员之间闲言碎语的主题，这类话题在采购代理人协会、贸易协会甚至乡村俱乐部或社交聚会等场合流传……"（Macaulay，1963：64）。在商业关系嵌入社会关系的情况下，解决纷争变得容易得多："即使各方签署了详细的、谨慎规划的协议，当卖方没有及时送货时，他们经常不按照协议行事，而是通过协商解决，当问题产生时，他们表现得好像从未签署过任何原始的合约一样。一位采购代理人表达了一种普遍的商业态度，他说道，'如果出现了某种问题，你会打电话找对方解决问题。如果你希望继续做生意的话，你就不会将法律合约条款念给对方听。如果他希望保持生意关系的话，他也不会求助于律师，因为他必须优雅地行事'。"（Macaulay，1963：61）

在其他国家可能更容易发现这种模式，这被想象地解释为"文化的"特性。正如一位新闻记者报道的：

友谊与长期的个人联系在任何地方都会影响商业关系。然而，这种情况在日本表现得尤其真实……下班后的酒吧和夜生活俱乐部，是建立和慢慢培养重要的个人关系的场所。一旦建立了这种关系，它们就不容易破裂……日本商业社会的这种紧密联系长期以来一直是外国公司试图将产品打入日本市场的障碍之一……加州大学伯克利分校的教授查莫斯·约翰逊（Chalmers Johnson）认为：排他性地在日本工业集团内部做生意、彼此买卖产品建立在数十年的老关系而非经济竞争的基础上，这是（美日间贸易）现实的非关税壁垒（Lohr，1982）。

在许多行业中广泛使用的分包制为延续公司间的持久关系提供了机会，这种关系不是在公司单位内部层级化地组织起来的。例如，埃克尔斯（Eccles）引用了许多国家建筑业的证据，当工程"不受制度化规则影响而需要竞标时……总承包商与分包商之间的关系是稳定和长期延续的，这种关系经常也不是通过竞标建立的。这种'准整合'导致了我所谓的'准公司'，纯粹的市场交易或正式的垂直整合都偏爱这种模式"（Eccles，1981：339-340）。埃克尔斯描述了承包商和分包商之间广泛和长期的"准公司"安排，这种组织形式是纯粹市场与垂直整合公司之间的一种逻辑中介。然而，我认为他并不是经验上的中介，因为前一种形式非常罕见。建筑业的例证比其他的公司之间互动的情况更接近于垂直整合（后者比如买卖关系），因为不仅分包商在地理上与承包商位于相同的地点，而且前者被置于后者的综合监控之下。此外，在通常的固定价格合约中，"明显地激励逃避质量要求的行为"（Eccles，1981：340）。

然而，与垂直整合相关的层级结构并不能解决这个"问题"。我强调承包商与分包商之间的长期关系，及这些关系嵌入建筑业人员社区中，形成了所期待的行为标准，这比纯粹的权威关系更能满足预防欺诈的需要。埃克尔斯对马萨诸塞州居民建筑业的经验研究表明：不仅分包关系在本质上是长期的，不管总承包商一年内承接多少工程，他们也很少在一项工程中雇用两三个以上的分包商（Eccles，1981：349 – 351）。在有大量分包商可以选择的情况下，也是这种情况。可以从投资角度来解释这种现象——通过"持续合作，双方会从学习合作的投资过程中受益"（Eccles，1981：340）——但是这也必须涉及个人从与日常工作伙伴的社会互动中追求愉悦的期待，这种愉悦受到现货市场程序的严重伤害，因为现货交易要求每天接触全新的、陌生的工作伙伴。像经济生活的其他部分一样，社会关系与纯粹经济交易的重叠发挥着关键作用。

某些关于劳动力市场的评论也是相关的。威廉姆森声称，层级制结构的公司对市场交易的一种优势在于，它们能够传递有关雇员的精确信息。他认为"有效的公司内业绩考评的主要障碍之一就是沟通。与公司相比，市场缺乏一种丰富和通用的考评语言。如果判断是高度主观的，语言问题就会变得特别严重。如果由对工人特性十分熟悉的人——通常是他的顶头上司——来进行业绩考评的话,层级制的优势在这种环境下就特别突出"(Williamson,1975:78)。但是,应该注意到,关于雇员的良好信息仅仅在公司内部而不是公司间传播的观点,忽视了广泛多样化的社会互动网络是跨公司存在的。有关雇员的信息在公司间传播,不仅因为个人关系存在于彼此有生意往来的公司之间,也因为,正如我详细描述的(Granovetter,1974),美国相对高的公司间流动保证了许多工人也被其他公司熟悉,因为这些公司也需要他们的服务。此外,内部信息必然精确地不带感情色彩地按照升迁程序收集,这确实是幼稚的想法。正如威廉姆森所言:对内部晋升的依赖具有确定的激励性质,因为工人可以预期他们会由于不同的才干与合作程度而获得不同的酬劳(Williamson,1975:78),这是一种将晋升视为成就报偿的"理想类型",容易显示为仅仅与现存的内部劳动力市场具有有限的相关(如想阅读扩展性的分析,请参见 Granovetter,1983:40-51)。

  我的另一种批评是,威廉姆森极度高估了组织内层级制权力(按照他的说法,"法令")的效用。例如他声称,内部组织具有强大的审计优势:"外来的审计员典型地局限于审查书面记录……与此相比,内部的审计员拥有较大的行动自由……内部审计员不是游击队员,但是他自己和别人都主要以工具性眼光来看待他,而外部审计员则被视为'局外人',他的动机令人怀疑。审计员从被审计者方面获得的配合也相应地不同。

外来审计员所期望得到的仅仅是敷衍了事的合作"（Williamson，1975：29-30）。有关公司内审计的文献很多，但是一部内容全面且详尽的著作是达尔顿（Dalton）的《经理人》（*Men Who Manage*）一书，书中对一家大型化工厂进行了研究。该工厂的中心办公室的零件核查被假定建立在突然袭击的基础上，但是一般会得到秘密警告。内部审计中显示出的高度合作情况如下所述："核查零件的通知会在管理人员中引发一阵恐慌，他们会把一些零件和设备藏匿起来，不会被核查的材料则被转移到：（1）没人知晓和不能进入的场所；（2）脏乱的、不可能检查的地下室；（3）核查员巡回检查中已经检查过的部门以及正式储藏区域之间的通道；（4）材料和原料可以被伪装成零件的地方……这逐渐形成了一种惯例，部门主管相互配合利用对方的储藏室和可用的地下室，这已经成为高度组织化和平稳运作的行为。"（Dalton，1959：48-49）

达尔顿的著作精彩地揭示，所有成本核算都是高度武断的，因而容易成为一种政治化的过程，而非取决于以效率为基础的技术程序。他特别详述了化工厂内维修部门和各种生产部门之间的关系；维修部门负责的工作很少按照严格的时间来核算，而是根据部门主管与维修人员相对的政治与社会地位来核算。此外，敢做敢为的部门主管"或是依靠友情，或是依靠威吓和含蓄的威胁来督促维修人员的工作。当所有主管的正式级别都相同时，一位主管的个人影响与没有完成的维修工作量呈反比关系"（Dalton，1959：48-49）。当被问到为什么这些惯例可以逃避审计员的注意时，一名被访者告诉达尔顿，"如果审计员无所事事地闲逛，他们能发现什么？即使他们看到了什么事情，也会被警告不要说出来……所有那些家伙（部门主管）在成本核算部门都有内线。有一大堆逃避独立审计的方法"（Dalton，1959：32）。

遗憾的是，达尔顿详细和可理解的论述缺乏一个具有代表性的公司样本，所以人们认为这是个特例。但是类似的论点也出现在转移定价问题上——单个的一家公司的各个相关部门之间的交易决定了产品的价格。威廉姆森证明，虽然贸易部门"坚持利润中心的立场，但是这只能在有限的范围内实施……成本汇总的定价原则及其变化，将寻求垄断价格的供应部门排除在外，供应部门唯一的货源供应地位可能使其获得垄断价格。另外，贸易部门的管理更可能诉诸合作"（Williamson，1975：29）。然而，在一项转移定价实践的深度经验研究中，埃克尔斯访问了13家公司的约150名经理，他的结论是：没有任何以成本为基础的方法可以按照技术中立的方式实施，因为并不存在"一个普遍的成本构成的标准……当采购部门不能获得成本构成的信息时，问题经常出在以成本为基础的方法上……当内部采购是通过命令而实施、外部购买的是半成品时，市场价格尤其难以确定……不存在有关利润由哪些部分构成的明确答案……"（Eccles，1982：21）。在转移定价冲突中的政治因素强烈地影响到谁界定的"成本"将会被接受，"一般而言，当转移定价实践被认为增强了一个人的权力和地位时,这种实践就会被认为是可以接受的良方。否则,就会有无数个策略和其他的充分的商业理由来论证它的不充分性"(Eccles, 1982: 21; Eccles, 1983: 26 - 32)。埃克尔斯注意到,"具有讽刺意味的是,许多经理认为内部交易比外部交易更难达成,即使垂直整合可以带来假定的利益"(Eccles, 1983: 28)。

因此,低度社会化观点指出,层级制内部的秩序可以引发毫不费力的服从,雇员将公司的利益内化,抑制了员工之间的冲突,这个观点不能得到上述经验研究的支持(或是不符合我们自己在组织中的实际经验)。进一步应该注意的是,正像达尔顿在其翔实的人种学研究中特别指出的那样,抗拒组织利益对个人或部门利益的侵犯,需要广泛的联盟网络。从管理的角度来看,这些联盟代表了团体欺诈;这种联盟不可能经由原子化的个人来管理。确实,达尔顿强调,部门主管联合起来共同逃避集中检查的合作程度"在正式活动中是非常罕见的……"(Dalton, 1959: 49)。

此外,大型层级制公司较低的人员流动率、严格界定的内部劳动力市场以及精致的晋升阶梯,增加了联合入侵的可能性。当许多雇员拥有了长期合约时,建立紧密和稳定关系、共享的理解与将要被建构起来的政治联盟之间的网络的条件也会得到满足(参见 Homans, 1950, 1974, 相关的社会心理学的讨论; Preffer, 1983, 关于"组织人口学"的论述)。詹姆斯·林肯(James Lincoln)也注意到了这类联系,在韦伯的官僚制理想类型中,组织的职能被"设计为与产生于(内部的)人际网络的集体行动无关。官僚制指定了位置之间的固定关系,人员流动在理论上不会影响组织的运作"(Lincoln,1982:26)。他进一步概述了他的研究发现,然而"当流动率较低时,关系会增加情感和私人方面的内涵,最终会改变网络与组织的方向"(Lincoln,1982:26)。

到目前为止,我已经论证了,按照假想的市场与层级制的线索来思考,公司间的社会关系比公司内部的权威在将秩序带到经济生活方面的作用更大。一种平衡而对称的论点需要关注公司内部"市场"关系和社会关系的力量。关注权力关系必须避免强调社会关系在市场中充当了润滑剂的作用,却忽视了这些关系在行为冲突中的作用。冲突是一个明显的现实,从众所周知的公司间诉讼到商业杂志津津乐道的偶发的"割喉竞争"案例。因为在公司间有效地行使权力将避免血腥的公开战争。我们可以假定,这些战争所代表的仅仅是实际利益冲突的一小部分。只有在双方势均力敌的情况下,冲突才可能被公之于世;回忆一下,这种大致的平等状况确实就是霍布斯论点中"自然状态"下"所有人反对所有人的战争"。但是,当一家公司的权力位置具有明显优势时,其他公司会很快地举手投降以减少损失。投降甚至不需要明显的正面冲突,但是需要清楚地理解对方的需求(如近期关于商业生活"霸权"的马克思主义文献,参见 Mintz and Schwartz,1985)。

虽然就一家公司支配其他公司的程度存在争论,但是汗牛充栋的关于连锁董事会、财务机构相对工业公司的角色以及二元经济的文献,确实提供了可以做出如下结论的充分论据:不应该忽视权力关系。这些文献还提供了另一个理由以质疑下列观点:形式上平等的行动者彼此协商时产生的复杂性,只有通过将相关各方置于一个单独的层级制下才能解决;事实上,这些复杂性是通过公司之间或明或暗的权力关系来解决的。

最后,一个简短的评论是,工业和组织社会学所熟悉的社会关系网络在公司内部的重要性。公司的"正式"和"非正式"组织的区别也是文献中最古老的问题之一。无需重复的是:那些假定公司事实上是按照正式组织图表建构起来的观察者对社会学一无所知。与目前讨论相关的是,公司中的内化的确导致了对复杂且独特的交易的更好处理,层级制显然不是最好的解释。相反,内化的影响是:为较紧密的社会关系网络而非先前独立的市场实体之间的关系提供了一个焦点(Feld, 1981)。这种互动网络也许主要解释了新组织形式或高或低的效率水平。

现在总结一下威廉姆森的市场与层级制观点与我提出的嵌入性观点在解释和预测方面的差异是有益的。威廉姆森解释了经济生活中对"机会主义"或欺诈的抑制以及通过将复杂的经济活动包括在层级整合的公司内形成了合作和秩序。然而,我所引用的经验证据显示,甚至在面对复杂的交易时,经常在"市场"上——跨越公司边界——可以发现高层次的秩序以及相应的公司内高层次的失序。这种情况是否发生,取决于个人关系的性质以及公司之间和公司内部的关系网络,而不是像威廉姆森所期待的那样。我主张,秩序和失序、诚实和欺诈与关系结构而非组织形式更有关联。

从发生垂直整合而非市场上公司间的交易的条件上,我们可以获得某些暗示。例如,如果其他条件一样,当交易的公司间缺乏将它们连接起来的个人关系网络,或其个人关系网络导致了冲突、失序、机会主义或欺诈时,我们期待市场中产生垂直整合的压力。另一方面,稳定的关系网络充当了复杂交易的中介,形成了公司之间的行为标准,因此这样的压力就不存在了。

我使用"压力"一词,而不是预测垂直整合总是遵循着上面所描述的模式,是为了避免威廉姆森假设中隐含的功能主义:最有效的组织形式将是可以观察到的。在我们提出这个假设之前,必须满足两个深层条件:(1)界定明确和面向效率的强大选择压力必须发挥作用;(2)通过建立垂直整合的公司,某些行动者必须有能力和资源"解决"效率问题。

威廉姆森并未清楚地描述为有效的交易组织提供担保的选择压力。正如许多新制度经济学一样,含蓄的达尔文主义回避了这个需要明确表达的观点,天生具有的有效解决方法具有一种支撑力量,这种力量倾向于通过生物界的自然选择而得到强化。他们一般都承认,并非所有的商业主管"都能精确地认识到商业机会且能做出完美无缺的反应。然而,随着时光的流逝,转向更多理性(运用交易成本和规模经济的术语)特征的(垂直)整合势必拥有更好的生存机会"(Williamson and

Ouchi, 1981: 389; Williamson, 1981: 573 – 574)。然而,达尔文式的论点带有骑士风格,它在分析任何制度时都倾向于庞罗斯(Pangloss)式的观点。自然选择压力的运作既不是研究的目标,也不是一个可以证伪的命题,而是信任的产物。

即使可以证明选择压力能使某些组织形式更可能生存,也需要揭示这些形式是如何实现的。通过类比于生物进化过程,将它们隐含地看成是突变,也只不过是逃避问题而已。正像其他功能主义的解释一样,不可能自然假定某些问题的解决方案是可行的。在实现垂直整合所需要的资源中,某些可能是市场的力量,通过保留盈余或资本投资来积累资本,与法律或协调机构建立合适的联系。

在选择压力微弱(特别可能在威廉姆森所主张的不完全市场中产生垂直整合)和资源不确定的情况下,我所概述的社会结构形态依然与交易成本的效率相关,但是并不能保证将会出现一种有效的解决方法。与效率无关的整合动机,诸如首席执行官在并购公司时个人权力膨胀,在这种环境下就显得很重要。

我在这里需要提出这样的观点,关于市场-层级制问题的未来的研究,应该仔细和系统地关注经济交易发生时个人关系的实际模式。这种关注不仅会较好地梳理垂直整合的动机,而且也容易领会理想的原子化市场与完全整合的公司之间的各种复杂的中间形式,正如上面关于建筑业的讨论中提到的准公司。这种中间形式与个人关系网络密切相关,任何将这些关系视为边缘化的观点将不能清晰地发现受到影响的"组织形式"是什么。现存工业组织的经验研究并未关注关系模式,部分是由于相关的资料比有关技术和市场结构的资料更难找到,而且由于占支配地位的经济学框架仍然是原子化理论,所以个人关系被认为仅具有摩擦力的效果。

讨论

在本文中,我论证了多数行为深深地嵌入人际关系网络中,这种观点避免了极端的人类行动的低度社会化和过度社会化的观点。虽然我认为这个观点适用于所有的人类行为,但是我在这里集中关注经济行为,理由有二:(1)由于职业性地研究经济行为的学者如此强烈地关注行动的原子化理论,使这类行为成为未获充分解释的原型(type-case);鲜有例外的是,社会学家已经退出了被新古典经济学占领的一系列研究领域。他们隐含地接受了经济学家的假定:"市场过程"不是社会学研究的合适主题。因为社会关系在现代社会中仅仅扮演着阻碍性和分裂性的角色,而没有占据中心位置[近来的特例是贝克(Baker, 1983)、伯特(Burt, 1983)与怀特(White, 1981)的研究]。即使社会学家在研究以市场为中心的过程时,他们通常仍然试图回避其分析。直到最近,例如,出版了大量按照"收入获得"(income attainment)来研究工资问题的社会学文献,模糊了确定工资的劳动力市场脉络,转而关注个人的背景与成就(想要获得扩展性批评,请参见 Granovetter, 1981)。或者，如斯特恩所指出的，研究谁控制公司的文献隐含着如下假定：必须在政治关系和资本主义本质的广泛假定的层次上进行分析。即使人们广泛地认可公司如何获得资本是控制的一个主要决定因素，但是多数相关研究"自世纪之初就排除了（资本）市场作为一个调查目标的可能"（Stearns，1982：5－6）。甚至在组织理论中，相当多的文献探讨社会结构复杂性对经济决策的限制问题，几乎没有人试图证明社会结构复杂性对于新古典主义的公司理论，或对综合的理解生产或宏观经济后果如增长、通货膨胀和失业等的意义。

我试图证明，所有的市场过程都应服从于社会学的分析，这些分析揭示了市场过程的中心而非边缘的特征，我将我的焦点缩小为信任与欺诈问题。我也使用了奥利弗·威廉姆森的"市场与层级制"观点，以阐明嵌入性视角如何导致了与经济学家迥异的理解和预测。威廉姆森的视角本身就是经济学中的"修正主义"观点，偏离了忽视制度和交易思考的典型的新古典主义观点。在此意义上，这个视角更接近于社会学而不是通常的经济学观点。但是，"新制度经济学家"的主流观点偏离了社会学、历史学和法学的制度分析，这反而表明出现了有效解决经济问题的方案。这个使命与普遍渗透的功能主义阻碍了对社会结构的详细分析，我在这里论述的关键是理解现存制度如何达到目前的状态。

到目前为止，理性选择论点被狭隘地建构为有关原子化个人及其经济目标的研究，它们与这里论及的嵌入性立场迥然不同。但是，在有关理性选择理论的更广泛的陈述中，有两种一般性的观点。我在上面讨论过度与低度社会化的行动概念时，批评了多数经济学家的修正主义观点，它们依靠我称之为"心理学修正主义"的策略——试图通过放弃理性决策的绝对假设来改造经济学理论。该策略导致列宾斯坦在其"X-无效率"观点中提出了"选择理性"（Leibenstein，1976），例如，细分的劳动力市场理论家主张，不同细分市场中的工人具有不同类型的决策原则，理性选择仅仅适用于上层的初级工人（即专业人员、管理人员和技术人员）。

相反，我却认为，虽然理性行动假说必然总是有问题的，但它是一个不应该轻易被放弃的良好的工作假设。假如考虑到环境的限制，特别是充分地考虑到嵌入性，分析者看似非理性的行为可能是相当有意义的。当充分分析那些非专业劳动力市场中劳动者的社会情境时，他们的行为不大可能是"文化"规则的自发反应，而更可能是对当前情境的合理反应［例如，雷朋的讨论（Leibow，1966）］。根据公司的利润最大化原则，逃避检查和为转移定价而战斗的经理人的行为在某些严格的经济学意义上都是非理性的；然而，当分析他们在公司内网络和政治联盟中的位置和野心时，这些行为就会变得容易理解。

如果我们注意到行为的目标不仅包括经济的而且包括社会性、赞许、地位和权力，那么我们很容易搞明白这些行为是理性的还是工具性的。经济学家很少将这类目标看作理性的，部分是由于正如艾伯特·赫希曼（Hirschman，1977）所指出的，在 17 和 18 世纪发生了"感性"与"利益"专断式的历史分离，后者仅仅容纳经济的动机。这种处置事务的方式导致经济学家专注于分析受"利益"驱动的行为，并且假定其他动机发生在分离与非理性的领域内；因此，也产生了萨缪尔森被引用最多的评论"在理性与非理性行为的基础上，许多经济学家将经济学与社会学区分开来"（Samuelson，1947：90）。社会影响导致理性选择偏离的观点，长期以来抑制了对经济生活进行社会学分析，并引导修正主义的经济学家通过聚焦于幼稚的心理学来改造经济学理论。我的主张是，不管心理学多么幼稚，主要的困难仍然在于它们忽视了社会结构。

最后我要补充的是，在嵌入性观点中采用的因果分析的层次是一种相当接近的观点。我不曾涉及广泛的历史与宏观结构环境如何会导致系统展现社会结构特征，所以我不主张这个分析能够回答现代社会的本质或经济与政治变迁的源泉等宏大问题。然而，聚焦于近似原因是有目的的，没有对彻底变迁效果之机制的详尽理解，就不可能令人满意地回答这些广泛的问题。我的观点是，最重要且分析最少的机制之一，是社会变迁对社会关系的影响，而经济生活嵌入社会关系中。如果确实是这样，那么，如果不能更充分地理解这些社会关系，就不可能在宏观和微观理论之间建立合适的联系。

"市场与层级制"问题很好地解释了嵌入性分析在解释宏观层次的利益模式的直接原因时的使用。垂直整合程度与小公司为何通过市场运作才能得以延续的问题，并不仅仅为工业组织所关心，所有发达资本主义制度的研究者都对此感兴趣。类似的问题也出现在"二元经济"、依赖性发展和现代公司精英的分析中。但是，小公司与大公司相比是否真的相形见绌的问题，经常被按照广泛和宏大的宏观政治学或经济学术语来分析，却很少关注直接的社会结构原因。

例如，二元经济的分析者经常指出，大量小公司生存在"边缘"地带，因为大公司在有需要或研发活动不确定时必须转移周期性波动的风险；相反，小公司的破产却不能反过来影响大公司的收益。我在此提出，在市场环境中持续生存的小公司反而是由于紧密的社会关系网络覆盖了商业关系，这些商业关系将这些小公司联系起来，而且减少了整合的压力。这并没有排除风险转移是一种表面有效的解释。然而，嵌入性观点在解释不具有附属或边缘地位特征的大量小公司时更加有效（关于小公司数量的惊人增长的讨论，参见 Granovetter，1984）。这种观点仅限于探讨直接的原因：在逻辑上导出了市场为什么、在何时和在什么部门展现了不同类型的社会结构问题，但是却没有给出答案。然而，这些问题与更宏观层次的分析相关，如果不事先认识到市场中社会关系的重要性，这些问题本身就不会受到关注。

市场和层级制分析是一个重要的问题，它主要作为一种例证被呈现在这里。我相信嵌入性观点具有非常普遍的应用性，它不仅论证了社会学家研究经济生活的一个领域，而且这种视角也是亟须的。为了避免使用标准经济学理论的中心立场来分析社会现象,社会学家没有必要隔离于社会生活的一个十分重要的方面,而且背离欧洲传统——尤其是韦伯传统,在这种传统中,经济行动被视为一种特殊的、重要的社会行动类别。我希望已经在这里揭示了韦伯论题与现代结构社会学的某些见解是一致的,前者可被后者进一步推进。

参考文献

Akerlof, George. 1983. "Loyalty Filters." *American Economic Review* 73 (1): 54-63.

Alchian, Armen, and Harold Demsetz. 1973. "The Property Rights Paradigm." *Journal of Economic History* 33 (March): 16-27.

Arrow, Kenneth. 1974. *Thelimits of Organization*. New York: Norton.

Baker, Wayne. 1983. "Floor Trading and Crowd Dynamics." In *Social Dynamics of Financial Markets*, edited by Patricia Adler and Peter Adler. Greenwich, Conn JAI.

Becker, Gary. 1976. *The Economic Approach to Human Behavior*. Chicago: University of Chicago Press.

Ben-Porath, Yoram. 1980. "The F-Connection: Families, Friends and Firms in the Organization of Exchange." *Population and Deoelopment Review* 6 (1): 1-30.

Bowles, Samuel, and Herbert Gintis. 1975. *Schooling in Capitalist* America. New York: Basic.

Brown, Roger. 1965. *Social Psychology*. New York: Free Press.

Burt, Ronald. 1982. *Toward a Structurat Theory of Action*. New York: Academic Press.

———. 1983. *Corporate Profits and Cooptation*. New York: Academic Press.

Cole, Robert. 1979. *Work, Mobility and Participation: A Comparative Study of American and Japanese Industry*. Berkeley and Los Angelas: University of California Press.

Dalton, Melville. 1959. *Men Who Manage*. New York: Wiley.

Doeringer, Peter, and Michael Piore. 1971. *Internal Labor Markets and Manpower Analysis*. Lexington, Mass.: Heath.

Domhoff, G. William. 1971. *The Higher Circles*. New York: Random House.

Duesenberry, James. 1960. Comment on "An Economic Analysis of Fertility."

In *Demographic and Economic Change in Developed Countries*, edited by the Universities-National Bureau Committee for Economic Research Princeton, N. J. : Princeton University Press.

Eccles, Robert. 1981. "The Quasifirm in the Construction Industry." *Journal of Economic Behavior and Organization* 2 (December): 335 – 357.

———. 1982. "A Synopsis of Trans fer Pricing: An Analysis and Action Plan." Mimeographed Cambridge, Mass. : Harvard Business School.

———. 1983. "Transfer Pricing, Fairness and Control." Working Paper no. HBS 83 – 167. Cambridge, Mass. : Harvard Business School. Reprinted in *Harvard Business Review* 61 (November): 149 – 161.

Feld, Scott. 1981. "The Focused Organization of Social Ties." *American Journal of Sociology* 86 (5): 1015 – 1035.

Fine, Gary, and Sherryl Kleinman. 1979. "Rethinking Subculture: An Interactionist Analysis." *American Journal of Sociology* 85 (July): 1 – 20.

Furubotn, E., and S. Pejovich. 1972. "Property Rights and Economic Theory: A Survey of Recent Literature." *Journal of Economic Literature* 10 (3): 1137 – 1162.

Geertz, Clifford. 1979. "Suq: The Bazaar Economy in Sefrou." pp. 123 – 225 in *Meaning and Order in Moroccan Society*, edited by C. Geertz, H. Geertz, and L. Rosen. New York: Cambridge University Press.

Granovetter, Mark. 1974. *Getting a job: A Study of Contacts and Careers*. Cambridge, Mass. : Harvard University Press.

———. 1981. "Toward a Sociological Theory of Income Differences." pp. 11 – 47 in *Sociological Perspectives on Labor Markets*, edited by Ivar Berg. New York: Academic Press.

———. 1983. "Labor Mobility, Internal Markets and Job-Matching: A Comparison of the Sociological and Economic Approaches." Mimeographed.

———. 1984. "Small Is Bountiful: Labor Markets and Establishment Size." *American Sociological Review* 49 (3): 323 – 334.

Hirschman, Albert. 1977. *The Passions and the Interests*. Princeton, N. J. : Princeton University Press.

———. 1982. "Rival Interpretations of Market Society: Civilizing, Destructive or Feeble?" *Journal of Economic Literature* 20 (4): 1463 – 1484.

Homans, George. 1950. *The Human Group*. New York: Harcourt Brace & Co.

———. 1974. *Social Behavior*. New York: Harcourt Brace Jovanovich.

Lazear, Edward. 1979. "Why Is There Mandatory Retirement?" *Journal of Political Economy* 87 (6): 1261 – 1284.

Leibenstein, Harvey. 1976. *Beyond Economic Man*. Cambridge, Mass. : Harvard University Press.

Liebow, Elliot. 1966. *Tally's Corner*. Boston: Little, Brown.
Lincoln, James. 1982. "Intra- (and Inter-) Organizational Networks." pp. 1 – 38 in *Research in the Sociology of Organizations*, vol. 1. Edited by S. Bacharach Greenwich, Conn: JAI.
Lohr, Steve. 1982. "When Money Doesn't Matter in Japan." *New York Times* (December 30).
Macaulay, Stewart. 1963. "Non-Contractual Relations in Business: A Preliminary Study." *American Sociological Review* 28 (1): 55 – 67.
Marsden, Peter. 1981. "Introducing Influence Processes into a System of Collective Decisions." *American Journal of Sociology* 86 (May): 1203 – 1235.
——. 1983. "Restricted Access in Networks and Models of Power." *American Journal of Sociology* 88 (January): 686 – 717.
Merton, Robert. 1947. "Manifest and Latent Functions." pp. 19 – 84 in *Social Theory and Social Structure*. New York: Free Press.
Mintz, Beth, and Michael Schwartz. 1985. *The Power Structure of American Business*. Chicago: University of Chicago Press.
North, D., and R. Thomas. 1973. *The Rise of the Western World*. Cambridge: Cambridge University Press.
Okun, Arthur. 1981. *Prices and Quantities*. Washington, D. C. : Brookings.
Pakes, Ariel, and S. Nitzan. 1982. "Optimum Contracts for Research Personnel, Research Employment and the Establishment of 'Rival' Enterprises." NBER Working Paper no. 871. Cambridge, Mass. : National Bureau of Economic Research.
Parsons, Talcott. 1937. *The Structure of Social Action*. New York: Macmillan.
Pfeffer, Jeffrey. 1983. "Organizational Demography." In *Research in Organizational Behatvior*, vol. 5. Edited by L. L. Cummings and B. Staw. Greenwich, Conn. : JAI.
Phelps Brown, Ernest Henry. 1977. *The Inequality of Pay*. Berkeley: University of California Press.
Piore, Michael. 1975. "Notes for a Theory of Labor Market Stratification." pp. 125 – 150 in *Labor Market Segmentation*, edited by R. Edwards, M. Reich, and D. Gordon. Lexington, Mass. : Heath.
——. ed. 1979. *Unemployment and In flation*. White Plains, N. Y. : Sharpe.
Polanyi, Karl. 1944. *The Great Transformation*. New York: Holt, Rinehart.
Polanyi, Karl, C. Arensberg, and H. Pearson. 1957. *Trade and Market in the Early Empires*. New York: Free Press.
Popkin, Samuel. 1979. *The Rational Peasant*. Berkeley and Los Angeles: University of California Press.
Rosen, Sherwin. 1982. "Authority, Control and the Distribution of Earnings."

Bell Journal of Economics 13 (2): 311-323.
Samuelson, Paul. 1947. *Foundations of Economic Analysis*. Cambridge, Mass.: Harvard University Press.
Schneider, Harold. 1974. *Economic Man: The Anthropology of Economics*. New York: Free Press.
Schotter, Andrew. 1981. *The Economic Theory of Social Institutions*. New York: Cambridge University Press.
Scott, James. 1976. *The Moral Economy of the Peasant*. New Haven, Conn.: Yale University Press.
Shenon, Philip. 1984. "*Margolies Is Found Guilty of Murdering Two Women*" *New York Times* (June 1).
Simon, Herbert. 1957. *Administrative Behavior*. Glencoe, Ill.: Free Press.
Smith, Adam. (1776) 1979. *The Wealth of Nations*. Edited by Andrew Skinner. Baltimore: Penguin.
Stearns, Linda. 1982. "Corporate Dependency and the Structure of the Capital Market: 1880-1980." Ph D. dissertation, State University of New York at Stony Brook.
Thompson, E. P. 1971. "The Moral Economy of the English Crowd in the Eighteenth Century." *Past and Present* 50 (February): 76-136.
Useem, Michael. 1979. The Social Organization of the American Business Elite and Participation of Corporation Directors in the Governance of American Institutions. *American Sociological Review* 44: 553-572.
Webster. Frederick, and Yoram Wind. 1972. *Organizational Buying Behavior*. Englewood Cliffs, N. J.: Prentice-Hall.
White, Harrison C. 1981. "Where Do Markets Come From?" *American Journal of Sociology* 87 (November): 517-547.
Williamson, Oliver. 1975. *Marketsand Hierarchies*. New York: Free Press.
——. 1979. "Transaction-Cost Economics: The Governance of Contractual Relations." *Journal of Law and Economics* 22 (2): 223-261.
——. 1981. "The Economics of Organization: The Transaction Cost Approach." *American Journal of Sociology* 87 (November): 548-577.
Williamson, Oliver, and William Ouchi. 1981. "The Markets and Hierarchies and Visible Hand Perspectives." pp. 347-370 in *Perspectives on Organizational Design and Behavior*, edited by Andrew Van de Ven and William Joyce. New York: Wiley.
Wrong, Dennis. 1961. "The Oversocialized Conception of Man in Modern Sociology." *American Sociological Review* 26 (2): 183-193.

注 释

第二版序言

1. 关于20世纪前后经济社会学的更详细的论述，参看我1990年的论文《新旧经济社会学》（Granovetter，1990）。
2. 在《经济生活的社会学》（*The Sociology of Economic Life*）的读者导言中，斯威德伯格（Swedberg）和我更详细地分析了当下经济社会学著作的风格多样性及"新经济社会学"的独特性。

导 论

1. 与许多作者不同，布朗（Brown）将直接申请归类为"正式的"方法。我在后面讨论了"正式与非正式"区别的不明确性。
2. 我的抽样方法基本上改编自雷诺兹的方法（Reynolds，1951）。关于抽样、访问与邮寄样本之间的一致性比较以及牛顿城人口的代表性，可参见附录A。
3. 本研究中，我遵循着通常用法将"供不应求的"劳动力市场定义为职位空缺多于将要填补它的人；相反的情况（劳动力剩余），被称为"供过于求的市场"。
4. 在其他研究中，直接申请有时也被包括在运用个人关系的"非正式的"方法中；因为使用"非正式的"方法同直接申请并不存在特定的逻辑，仅仅作为否定的、剩余的类别，我没有采用这种分类方法。如布朗（Brown，1976）所指出的，直接申请可以很容易地被称为"正式"方法。事实上，使用正式方法与个人关系是不同的，因此是一个三维的分类法。
5. 在这一点上，读者可能会怀疑，是否前面的发现——那些使用关系找到了高报酬工作的人——仅仅是过度出现了使用关系的年长专业技术管理人员的人造品。其实并不是这种情况。控制了年龄以后,在每个年龄组中仍然存在这种关系。类似地,在每个年龄组中,一个人的工资越高,越可能通过关系找到工作。在年长的一半样本中,超过80%的年收入高于25000美元的被访者通过关系找到了工作。
6. 专业人员的数字必须小心对待,因为132位专业人员中的58位(43.9%)是大学教授,这种非典型的状况与许多大学坐落在波士顿地区有关。大学教授比其他专业人员更可能通过关系来找工作:与54.5%的中学教师和32.7%的其他专业人员相比,77.6%的大学教授运用关系来找工作。虽然年长的和有较高收入的被访者在教授群体中过多地出现,但是并不能解释关系使用的强烈倾向,正如教授中的年长者不太可能比年轻人和低收入者更多地使用关系渠道一样——实际上,他们使用关系渠道的可能性更小,虽然一个人不可能根据这样小的数字来严肃地对待关系。请注意,这意味着,如果教授在样本中不是主体,那么年长的和高收入的被访者更可能使用关系的一般倾向将会更强烈。
7. 为了保护被访者的匿名性,本研究中的轶闻趣事被进行了必要的修改。除了使用虚构的名字,有时也包括改变公司名称和工作头衔。
8. 关于这种任命程序的信息是通过对纽约市犹太教神学院任命委员会主任吉尔伯特·爱波斯坦(Gilbert Epstein)牧师的个人访问获得的。

第一篇

第一章

1. 可以得出两种反对表1.5结果的论点。一个论点是,在那些高收入群体和没有寻找信息的人当中,使用个人关系的人过多地出现;因此,该发现可能是人为造成的。然而,并不是因为:当我们绘制同样的表格时,坚持将其限定于使用关系的那些人。另一个论点是,被他们不认识的人联系的那些人,对于推荐他们的人而言,确实发生了联系,因为他们正在寻找。但是,当这些被访者转向"是"的类别时,结果依然实质性地一致。
2. 当然,这里的数目太小以至于不能得出更具启发性的结论。关于劳动力市场需求方的信息来自雇员而不是雇主的事实,提供了谨慎思考的深层理由。

第二章

1. 控制年龄和收入不影响马萨诸塞州本地人更经常地使用这些关系的趋势:年长的一半样本与年纪轻的一半样本使用这种关系的趋势一样强,甚至收入较高的一半人比收入较低的另一半人更强烈地使用这种关系。因而,虽然存在这样的发生率,但是这不是样本中年轻人或低收入者中出生于马萨诸塞州的人比率过高的人为产物。
2. 作为替代,与50%的人通过工作关系找到工作相比,70.2%的人则通过家庭-社会关系积极地寻找工作。
3. 一个有趣的发现可以补充以上的讨论,虽然似乎不太相关。我在第一章提到,在三个主要的宗教群体中,没有一个群体比其他两个群体更有可能使用个人关系。然而,当我们限于讨论那些通过关系找到工作的人时,信仰犹太教的被访者比新教徒或天主教徒更有可能使用家庭-社会关系(犹太教徒占36.5%,新教徒占30.2%,天主教徒占27.1%)。关于这一现象,可以用犹太教文化中家庭关系与密切联系的社区结构的重要性的普遍假设来解释。如果认为该样本中的犹太人过多使用了工作关系,这个趋势就会变得更加明显;他们是最不可能在牛顿城工作的宗教群体,最不可能获得第一份工作,最可能拥有哲学或法学博士学位,也很可能从一个声望很高的名牌大学获得学士文凭。作为一个群体,他们平均收入最高,平均年龄最大。只有在马萨诸塞州长大的比例中,犹太人不属于大量使用工作关系的类别(犹太人占50.0%,新教徒占27.3%,天主教徒占60.2%)。
4. 这可能会产生误导,然而,在邮寄问卷调查中,"我曾经和他一起工作"被解释为"在同一家公司工作的同事"。在使用工作关系的个案中,邮寄问卷调查样本中仅有10.4%的被访者明确表示,那个人是在不同的公司工作;与此相比,在访谈调查中,50%的工作关系是在不同公司工作的同僚。因此,假如关系发挥了作用,这里给出的数字可能低估了不与被访者属于同一家公司的工作关系的比例。
5. 这种情况不同于在蓝领工人研究中经常发现的"回到前雇主"的类型,这里的被访者没有回到先前工作过的公司工作;相反地,前任雇主已经变换了公司。

第三章

1. 关于更综合的弱关系定义以及弱关系与信息流动关系的讨论,可参见我的论文《弱关系的强度》(Granovetter, 1973)。

2. 唐纳德·莱特（Donald Light）向我提到了在工作信息传递中弱关系发挥显著作用的另外一个原因。他指出，如果一个人所认识的绝大多数人都是熟人，我们可以在随机模型的基础上预测，那些传递工作信息的多数人也是熟人。由于缺乏个人熟识网络的基线数据，因此这种观点是非结论性的。但是，即使这个假设是正确的，一个人也可以预测到亲密朋友的较强动机可以克服数目过多的缺陷。不同假设会导出不同的"随机模型"；目前尚未搞清楚哪一个模型应该成为起点。
3. 尝试直接找到为了特定的工作直接寻找的人有多少，这确实超出了我的范围；这不是一个能够轻易地发现的数字。目前的测量是保守的，因为如下所示，几乎没有人在生活中是通过整个信息长链找到工作的；因而一项研究如果仅仅考虑人们找工作时使用的信息链，这就形成了反对信息长链与其他不成功方式的偏见。
4. 因为所有的信息都是从被访者本人那里而不是从被访者的个人关系人那里，或者个人关系链条上的其他人那里收集来的，所以也产生了一些阻碍发现信息长链的偏差。例如，如果一条信息链实际长度为6，被访者除了从获得信息的个人关系人那里知道这个人的身份，不大可能知道更多的细节；如果不沿着信息流动链做进一步的访谈，不可能计算出确切的链长；我简单地将这些链长编码为"大于2"的信息链。在一项预调查中，我发现可以通过电话进行访谈，沿着信息链从每个人找到实际的雇主。按照这种方式，可以了解无法用其他方法获得的许多有趣的细节，也可以完全地描述信息的流动；在每一步，被访者都令人惊讶地不愿意透露下一个联系者的名字。但是我没有足够的时间或资源在我的整个研究中遵循这种程序。由此带来的偏差可能是微小的，因为几乎在所有个案中，被访者都能提供足够的细节，毫无疑问，几乎所有的信息链长度都在0至2之间；在这些个案中，被访者也可能给出一个详细和正确的描述，这似乎是合理的。
5. 理想类型是根据一个人的朋友中是否有许多互不相识的人，或多数与自己联系的朋友是否都与自己相同来分类。关系的强度仅仅是其中的一个指标，然而，由于一般很难收集到必要的、详尽的社会关系网络数据，所以关系强度还是一个有用的指标。

第四章

1. 对应的"粗略"归因于关于是否将第5类划归为与搜寻无关时的含糊不清。

2. 确切地说，如果 J_i 是 i 时期开始时存在的工作数，D 是该时期空缺的尚未被填补的工作所占的比例，B 是新创造或新增加的工作所占的比例，那么，$J_i = (J_{i-1} - DJ_{i-1}) + B(J_i)$，因此，$J_i = J_{i-1}(1-D)/(1-B)$，而且 $J_i = J_o[(1-D)/(1-B)]^i$，J_o 是开始时期的工作数量。
3. 在 1966 年由（美国）国家经济研究局主办的一次工作空缺讨论会上，针对使用空缺调查预测不同经济部门的就业形势的可能性，与会者提出了许多建议。但是许多"空缺"直到被填补时才会真正存在；目前的建议避免了这种两难困境。
4. 怀特的编码规则实际上要求所有报告的个案都应该被计算为处在空缺链中。我脱离了这个术语的用法，仅仅包括那些从一种工作向另一种工作流动的个案。将那些接受了新创造或新增加的工作却未被替代的人编码为处在空缺链中，这在某种特定的工作系统中也是合适的，例如怀特所研究的牧师。但是编码规则依赖于下述两个假定：(1) 新创造或新增加的工作在被填补之前以空缺的形式存在；(2) 虽然还没有被填补，但是空出的职位留给了一个特定的人来填补。我相信，我的一般专业技术和管理工作的资料大体上可以证伪第一个假设；第二个假设则有待验证（参见 White, 1970：Appendix C）。

第五章

1. 在科米尼等人的著作（Kemeny et al, 1957：171 – 177）中可以找到对这个模型的非技术性描述；更详细的论述可以参见：Kemeny and Snell, 1960, 以及 Feller, 1957：338—396。
2. 通常的检验需要对工作进行分类，所以工作类别不太可能随时间变化。只有那样，计算得出的从一个类别到另一类别的流动的概率才是稳定的。单一的工作不可能构成这些类型，因为它们以某种频率产生和消亡，也由于类别太多，每一种都是独一无二的。有必要根据它们在社会结构中的位置的某种测量尺度，来划分工作类型，以帮助回答我提出的问题，但是在这种意义上，不存在关于"位置"的可用的明确标准；因此我就放弃了通常的分类。
3. 在访谈子样本中家庭—社会关系的比例几乎与总体样本一致。然而，在邮寄调查中，只有 5.8% 的个人关系是通过家庭关系认识的，24.4% 的关系人是社会上的朋友（$N=86$）。某些差异是由邮寄调查中第 7 个问题所提供的替代选择导致的：没有人提到家庭关系。
4. 然而，如果我更多地关注正式组织的内部动力，这将是一个有趣的主题。

第六章

1. 只计算了那些任期不少于一年的全职工作。更短期的工作似乎不太可能对一个人的生涯产生重大影响，虽然这可能受到不必要的限制。
2. 现职被排除在外，因为现职的工作期限是不确定的。这意味着，那些目前仍然从事着首份全职工作的人不太可能被包括在这些数字中。
3. 没有标准化的能力测量，我们就不能排除具有较长任期的人能力较差的可能性，以及在工作市场上遭遇更多困难的可能性。雷斯和舒尔茨（Rees and Shultz, 1970）讨论了构建这种测量尺度的难度。
4. 在一篇即将发表的论文中，我将用更数学化的细节和更多的数据来呈现这种类似性。

第七章

1. 这个论点不是结论性的；怀特实际上提出了相反的观点：明显的声望分化可能会抑制流动，也会导致短链流动（White, 1970: 19-20）。然而，他的资料涉及组织内部而不是组织之间的链条。在我的资料所涉及的更开放和更模糊界定的系统中，我阐述了我的观点。
2. 当幼稚的招聘人员忽视了过滤过程时，他们可能会被淹没。《纽约时报》1969年的一篇文章描述了新管理部门的一次"天才搜寻"活动。将表格寄发给将近八万名美国人。结果是，"三万多封关于工作的请求信及自荐信淹没了尼克松政府的管理部门"，因为联邦调查局（FBI）广泛地甄选，清楚地核查了每位申请人的必要材料。一名官员称此次搜寻为"尼克松政府管理部门最糟糕的错误"（《纽约时报》，1969年2月9日）。
3. 我的一位从事高级管理工作的被访者说，在他被雇用之前，他知道他的未来雇主派私人侦探去他邻居家里调查，以确认他与邻居的关系是否良好；因为雇主认为，如果他和邻居关系不好的话，在公司里也会处理不好与同事的关系。虽然他承认他的上司有点庸俗，但他认为这种行为是普遍的。
4. 在另一篇论文中（Granovetter, 1973），我已经对甘斯（Gans, 1962）所描述的这种组织类型做了概略性的分析，这种组织反抗波士顿西区城市改造运动的企图并未取得成功。

第二篇

第八章

1. 另一种可能性是，O_1 通过关系人 O_4 向 C_2 公司流动，O_4 是 O_1 在 C_1 公司认识的，后来他流动到了第三家公司 C_3，后来又跳槽到 C_2 公司。这里存在着组织间关系链的因果影响。

第九章

1. 在附录 A 中，我讨论了牛顿城的样本如何代表美国的可能性；在导论的概括中可以发现美国工人阶级模式的研究，大体上相当类似于专业技术管理人员的研究发现。
2. 最小值是按照如下方式计算的：总共有 1980 万名产业工人，其中大约 873 万在 500 名雇员以上的公司中工作。对于更大规模公司的分类，并没有给出直接的数字，但是我们发现，6265 家制造业单位拥有 500 名以上的雇员，3799 家单位拥有 500—999 名雇员。如果每个这样的单位恰好拥有 999 名雇员，他们将雇用 379 万名工人，剩下的 494 万名工人在更大的公司中工作，或者稍微超过 1980 万名产业工人的 24%。因为人数在 500—999 人的公司的平均雇员数目肯定小于 999 人，因此 24% 是最低估计。

后 记

1. 这篇后记得益于玛格丽特·海诺、苅谷刚彦、林南、詹姆斯·蒙哥马利、詹姆斯·罗森鲍姆、罗杰·沃尔丁格及渡边深善意提供的有关不合理的简略注释的深思熟虑的评论。
2. 这里报告的数字并没有分类，我将其合并为"个人关系"，包括"朋友"、"亲属"和"向老师或教授询问"，在"正式渠道"中，包括了广告、代理机构、学校安置、市民服务、工会招聘大会。
3. 关于找工作的问题并不是 PSID 或 NLSY 的常规特色，但是对问到这些问题的年份在文本中做了说明。

4. 经过两个月的合并，奥斯伯格估计出不经过搜寻找到工作的失业者的数字。这是创造性地使用并非为回答这个特殊问题而设计的数据。2 月份从事的实际工作是否是通过搜寻找到的，如果数据中有这样的问题就更好了。他的数据中的某些工作来自 2 月份的搜寻；相反，那些 1 月份开始搜寻、2 月份找到的工作却与 1 月份的搜寻无关。这些错误的相对的规模不可能事先估计到。
5. 在这个研究领域中，需要将问题进行标准化处理。某人热情地追求她听到的一份工作空缺，但她却没有寻找工作，尽管这是她自己的理解，但这样说是否是合理的呢？凯兰德注意到，他的样本中的多数妇女认为，寻找工作意味着直接申请（Callender, 1987: 27）。然而，如果该过程导致一名妇女没费任何努力听到了一个有关工作空缺的消息，很难发现如何将此放入工作搜寻模型传统的成本收益框架内。在这些模型中，人们寻找的信息与工作出价是同义的。虽然两阶段模型在日常生活中到处可见，我不知道将试图获得工作的过程与获取有关空缺的信息分离开来的差异。类似地，在曼农的马来西亚样本中，那些在移民之前就被事先安排了工作的被访者可能也进行了某种系统性的搜寻行为，但通过知道一份工作被事先安排好了，既不能确定也不能排除这一点。
6. 我在《重访"弱关系"》一文（Granvotter, 1983）的"强关系的强度"标题下对这个论点做了详细的讨论。
7. 但是没有这样一种体制以纯粹的形式存在。甚至在"终身制"程度最高的日本，超过 1/3 的雇员拥有终身职业也似乎是不可能的。参见 Cole, 1979; Granvotter, 1984, 1986。
8. 为了比较，渡边深使用了本书中的关系频率、联系强度的测量尺度，但是也使用了马斯丹和坎贝尔（Marsden and Campbell, 1984）提出的情感深度尺度，交叉验证了结果。参见渡边深的讨论（Watababe, 1987: Chap. 9）。
9. 关于工作匹配论点的详细讨论和批评，参见我 1988 年的论文，特别参见 189 – 197 页和 207 – 210 页（Granovetter, 1988）。
10. 在本书中我讨论了一种不同的中心化匹配方式，通过希伯来式的集会、保守派的犹太教运动的中央行政机构为了配置牧师而采取的一种方式（Granovetter, 1974: 21 – 22）。这种状况与卢斯和邢所描述的状况在两个重要的方面存在差异：（1）配置过程适用于所有的空缺，这些职位没有被明确界定为"入门层次"的职位，因此随着时间的变化空缺分布并未产生显著的突破——正如新的医学院实习医生的状况那样——但是却以某种随机方式扩散；（2）与第一种状况密切相关，处在所有生涯阶段的牧师（并非仅仅处在入门层次的牧师）都对新职位感兴趣。中心化控制的原因并不是由抢跑引进的拆散的过程，而是因为旧制度——例如牧师使用其与理事会的个人关系，与为期望职位"等待"面试的其他牧师竞争——被认为是有失尊严的。因此中心化匹配是因为意识形态方面的而非经济方面的原因而建立的。
11. 为了形成与本书中观点的精确比较,我们需要了解妇女在这类职业中的工作是否来自女性主导或性别中立职业的变化。
12. 一个特定群体在一个特定部门获得了立足点经常是偶然的。第一位被纽约市财政局雇用的埃及会计师告诉沃尔丁格:"我来到纽约州职业介绍所,对他们说我想得到一份政府工作。那个人打完电话后送我出来,面试我的一位犹太人说'这是一个匈牙利人的名字',他们立即雇我做临时员工"(Waldinger, 1992a: 11n)。
13. 更详细的论述参见: Granovetter, 1994。
14. 这个观点在一般方式上也受到蒙哥马利数学模型的支持,这个模型涉及劳动力市场中弱关系和强关系的不同结构的均衡结果。他指出,在所有的参数条件下,更多地使用弱关系寻找就业信息将降低不平等(Montgomery, 1994)。我们可以假定,族群封闭意味着弱关系减少,因为多数群体内联系被期待通过这类关系形成。我们需要更多地理解蒙哥马利的特定模型,该模型以二人互动而非可以特征化为"族群群体"的大规模群体分类为基础。但是这个模型清楚地呈现了劳动力市场结果中的不平等的精确决定因素。进一步的理解将取决于蒙哥马利的结果依赖于小圈子的规模,观点的扩展必须汲取社会结构不平等的可比较结论,该结论应该接近于对现实市场的观察。

附录 A

1. 事实上,出版商已经没有库存的 1968 年版的姓名地址目录,但是向我出示了一份购买者名单。在短期内,我可以找到那些愿意将(在那时已经过时的)目录卖给我的人。
2. 值得注意的是:除去那些被亲属雇用的人,会使我们低估使用个人关系的求职者的数量,即使他们的人数很少。
3. χ^2 检验,相关系数"显著"意味着 $p \leq 0.10$,在本书中都使用这个保守的标准。
4. 关于这点的进一步讨论参见附录 B。

附录 D

1. 本文早期的草稿是在普林斯顿高等研究院和哈佛大学善意提供的定期休假

的便利条件下完成的。高级研究所、约翰·西蒙·古根海姆纪念基金会奖学金和国家科学基金会科学部专业发展基金（SPI81－65055）提供了部分财政资助。韦恩·贝克、迈克·伯恩斯坦、艾伯特·赫希曼、罗恩·杰普森、埃里克·莱佛、唐·麦克柯劳斯基、查尔斯·皮罗、詹姆斯·鲁尔、迈克·施瓦茨、泰达·斯考普和哈里森·怀特等帮助澄清了我的论点。

本文选自：*AJS* Volume 91 Number 3（November 1985）：481－510，版权为芝加哥大学出版社所有。

2. 在这里所说的"低度社会化"和"过度社会化"的行动观点与伯特（Burt，1982：Chap. 9）所谓的"原子化的"和"规范的"探讨方法之间存在着许多类似性。类似地，这里提出的嵌入性探讨方法作为低度和过度社会化之间的一个中间场所，与伯特的"结构的"行动探讨方法有明显的类似之处。我的独特性和探讨方法也在不能快速概括的许多方面与伯特不同；通过比较本文和他的有效概括（Burt，1982：Chap. 9）及补充其概念的正式模型，可以最好地观察到这些类似性。另一种与我类似的探讨方法——强调社会联系如何影响有目的行动——是马斯丹对詹姆斯·科尔曼（James Coleman）的集体行动和决策理论的扩展，这类联系所改变的结果将在一种纯粹原子化的情境下发生（Marsden，1981，1983）。

3. 体育社会学专业的学生将注意到，利奥·多龙彻（Leo Durocher）曾以略有不同的形式提出了这个命题。

4. 这个观点来自于一位匿名评审人。

5. 威廉姆森对层级制的信心使他讨论切斯特·巴纳德（Chester Barnard）的"无差别区域"时——在该区域内，雇员服从秩序完全是因为他们在是否按照命令行事方面不存在差别——导向了所谓的"接受区域"（Williamson，1975：77），因此削弱了巴纳德对服从的不确定本质的强调。巴纳德用语的转变似乎源于赫伯特·西蒙（Herbert Simon），后者并未证实它，应该引起注意的仅仅是他"偏爱'接受'这个术语"（Simon，1957：12）。

参考文献

Abegglen, James C. 1958. *The Japanese Factory*. Glencoe, Illinois: The Free Press.

Adams, Leonard P. 1969. *The Public EmPloyment Service in Transition, 1933 – 1968*. Ithaca, N. Y. : New York State School of Industrial and Labor Relations, Cornell University.

Banfield, Edward C. 1969. "An Act of Corporate Citizenship." in *Programs to Employ the Disadvantaged*, edited by Peter Doeringer. Englewood Cliffs, N. J. : Prentice-Hall.

Bennett, John W., and Iwao Ishino. 1963. *Paternalism in the Japanese Economy*. Minneapolis: University of Minnesota Press.

Blau, Peter, and O. Dudley Duncan. 1967. *The American Occupational Structure*. New York: Wiley.

Bloom, Gordon F., and Herbert R. Northrup. 1969. *Economics of Labor Relations*. Sixth edition Homewood, Illinois: Richard D. Irwin, Inc.

Blumen, I., M. Kogan, and P. McCarthy. 1955. *The Industrial Mobility of Labor as a Probability Process*. Ithaca, N. Y. : New York State School of Industrial and Labor Relations, Cornell University.

Broadbent, D. 1958. *Perception and Communication*. London: Pergamon.

Brown, David G. 1965a. *The Market for College Teachers*. Chapel Hill: University of North Carolina Press.

——. 1965b. *Academic Labor Markets*. Washington, D. C. : U. S. Dept. of Labor, Office of Manpower, Automation and Training.

——. 1967. *The Mobile Professors*. Washington, D. C. : American Council on Education.

Caplow, Theodore, and R. McGee. 1958. *The Academic Marketplace*. New York: Basic Books.

Carlsson, Gosta. 1958. *Social Mobility and Class Structure*. Lund, Sweden: Gleerup.

Chernick, Jack, and Georgina Smith. 1969. "Employing the Disadvantaged." *In Programs to Employ the Disadvantaged*, edited by Peter Doeringer. Englewood Cliffs, N. J. : Prentice-Hall.
Coleman, James S. , Elihu Katz, and H. Menzel. 1957. "The Diffusion of Innovation among Physicians." *Sociometry* 20: 253 – 270.
Crain, Robert L. 1970. "School Integration and Occupational Achievement of Negroes." *American Journal of Sociology* 75 (January, Part 2): 593 – 606.
Crozier, Michel. 1964. *The Bureaucratic Phenomenon*. Chicago: University of Chicago Press.
Dalton, Melville. 1959. *Men Who Manage*. New York: Wiley.
Davis, James A. , and S. Leinhardt. 1972. "The Structure of Positive Interpersonal Relations in Small Groups." in J. Berger, et al. , eds. , *Sociological Theories in Progress*, vol. 2. Boston: Houghton Mifflin.
De Schweinetz, Dorothea. 1932. *How Workers Find Jobs*. Philadelphia: University of Pennsylvania Press.
Doeringer, Peter. 1969. "Programs to Employ the Disadvantaged: A Labor Market Perspective." *In programs to Employ the Disadvantaged*, edited by Peter Doeringer. Englewood Cliffs, N. J. : Prentice-Hall.
Dunlop, John T. 1966. "Job Vacancy Measure and Economic Analysis." *In The Measurement and Interpretation of Job Vacancies*, edited by Robert Ferber. New York: Columbia University of Illinois Press.
Edelman, Murray, et al. 1952. *Channels of Employment*. Urbana, Illinois: University Press.
Evan, William. 1966. "The Organization Set: Toward a Theory of Interorganizational Relations." in *Approaches to Organizational Design* edited by J. Thompson. Pittsburgh: University of Pittsburgh Press.
Feller, William. 1957. *An Introduction to Probability Theory and its Applications*, vol. 1, 2nd edition. New York: Wiley.
Ferber, R. , and N. Ford. 1965. "The Collection of Job Vacancy Data." In *Employment Policy and the Labor Market*, edited by A. M. Ross. Berkeley: University of California Press.
Fisher, Lloyd H. 1953. *The Harvest Labor Market in California*. Cambridge, Mass. : Harvard University Press.
Gans, Herbert. 1962. *The Urban Villagers*. New York: The Free Press.
Granovetter, Mark S. 1973. "The Strength of Weak Ties." *American Journal of Sociotogy* 78 (May): 1360 – 1380.
Gurevitch, Michael. 1961. "The Social Structure of Acquaintanceship Networks." Ph. D. dissertation, Massachusetts Institute of Technology.
Hansen, M. H. , W. Hurwitz, and W. Madow. 1953. *Sample Survey Methods*

and Theory, vol. 1. New York: Wiley.

Hempel, Carl G. 1965. *Aspects of Scienti fic Explanation.* New York: The Free Press.

Holt, Charles C., and Martin H. David. 1966. "The Concept of Job Vacancies in a Dynamic Theory of the Labor Market." *In The Measurement and Interpretation of Job Vacancies*, edited by Robert Ferber. New York: Columbia University Press.

Holt, Charles C., and George Huber. 1969. "A Computer Aided Approach to Employment Service Placement and Counseling." *Management Science* 15 (#): 573–593.

Homans, George. 1950. *The Human Group.* New York: Harcourt, Brace & World.

Jensen, Vernon H. 1964. *The Hiring of Dock Workers.* Cambridge, Mass.: Harvard University Press.

———. 1967. "Computer Hiring of Dock Workers in the Port of New York." *Industrial and Labor Relations Review* 20 (April): 414–432.

Kahl, Joseph. 1953. *The American Class Structure.* New York: Rinehart.

Katz, Elihu. 1957. "The Two-Step Flow of Communication: An Up-to-date Report on an Hypothesis." *Public Opinion Quarterly* 21 (Spring): 61–78.

Katz, Fred E. 1958. "Occupational Contact Network." *Social Forces* 37 (October): 252–258.

Kemeny, John G., and J. Laurie Snell. 1960. *Finite Markov Chains.* Princeton: Van Nostrand.

Kemeny, John G., J. Laurie Snell, and Gerald L. Thompson. 1956. *Introduction to Finite Mathematics.* Englewood Cliffs, N. J.: Prentice-Hall.

Kerr, Clark. 1954. "The Balkanization of Labor Markets." *In Labor Mobility and Economic Opportunity*, edited by E. Wight Bakke et al. New York: Wiley.

Laumann, Edward O. 1966. *Prestige and Association in an Urban Community.* Indianapolis: Bobbs-Merrill.

Laumann, Edward O., and Howard Schuman. 1967. "Open and Closed Structures." unpublished paper prepared for the 1967 meeting of the American Sociological Association.

Lawrence, Paul R., and Jay W. Lorsch. 1967. *Organization and Environment.* Boston: Harvard Graduate School of Business Administration.

Lee, Nancy H. 1969. *The Search for an Abortionist.* Chicago: University of Chicago Press.

Lester. Richard A. 1954. *Hiring Practices and Labor Competition.* Princeton: Industrial Relations Section Report#88.

——. 1966a. Comment on Part I of *the Measurement and Interpretation of Job Vacancies*, edited by Robert Ferber. New York: Columbia University Press.
——. 1966b. *Manpower Planning in a Free Society*. Princeton: Princeton University Press.
Levine, Joel. 1972. "The Sphere of Influence." *American Sociological Review* 37 (February): 14 - 27.
Levine, Sol and Paul White. 1961. "Exchange as a Conceptual Framework for the Study of Interorganizational Relationships." *Administrative Science Quarterly* 5 (March): 585 - 601.
Levi-Strauss, Claude. 1949. *The Elementary Structures of Kinship*. Boston: Beacon.
Levy, Marion. 1966. *Modernization and the Structure of Societies*, vol. 1. Princeton: Princeton University Press.
Litwak, Eugene and L. Hylton. 1962. "Interorganizational Analysis: A Hypothesis on Coordinating Agencies." *Administrative Science Quarterly* 6 (March): 397 - 420.
Lurie, Melvin, and Elton Rayack. 1968. "Racial Differences in Migration and Job Search: A Case Study." *In Negroes and Jobs*, edited by L. Ferman, J. Kornbluth and J. Miller. Ann Arbor: University of Michigan Press.
MacDonald, John S., and Leatrice MacDonald. 1964. "Chain Migration, Ethnic Neighborhood Formation, and Social Networks." *Milband Memorial Fund Quarterly* 42: 82 - 97.
Malinowski, Bronislaw. 1922. *Argonauts of the Western Pacific*. London: Dutton.
Malm, F. Theodore. 1954. "Recruiting Patterns and the Functioning of Labor Markets." *Industrial and Labor Relations Review* (July): 511 - 525.
March, J. G., and H. Simon. 1958. *Organizations*. New York: Wiley.
Marsh, R. and H. Mannari. 1971. "Lifetime Commitment in Japan: Roles, Norms and Values." *American Journal of Sociology* 76 (March): 795 - 812.
Mayhew, L. 1969. "Ascription in Modern Societies." *Sociological Inquiry* 38 (Spring): 105 - 120.
McCall, John J. 1965. "The Economics of Information and Optimal Stopping Rules." *Journal of Business* 38 (July): 300 - 317.
——. 1970. "Economics of Information and Job Search." *Quarterly Journal of Economics* 84 (February): 113 - 126.
McFarland, David D. 1970. "Intragenerational Social Mobility as a Markov Process." *American Sociological Review* 35 (June): 463 - 476.
McGinnis, Robert. 1968. "A Stochastic Model of Social Mobility." *American Sociological Review* 33 (October): 713 - 722.
Milgram, Stanley. 1967. "The Small-World Problem." *Psychology Today* 1

(May): 62-67.
Miller, George. 1956. "The Magical Number Seven, Plus or Minus Two: Some Limits on our Capacity for Processing Information." *Psychological Review* 63: 81-97.
Mund, Vernon A. 1948. *Open Markets*. New York: Harper.
Myers, Charles A, and W. R. Maclaurin. 1943. *The Movement of Factory Workers*. New York: Wiley.
Myers, Charles A, and George Shultz. 1951. *The Dynamics of a Labor Market*. New York: Prentice-Hall.
National Bureau of Economic Research. 1966. *The Measurement and Interpretation of Job Vacancies*. New York: Columbia University Press.
Ozga, S. A. 1960. "Imperfect Markets Through Lack of Information." *Quarterly Journal of Economics* 74 (February): 29-52.
Palmer, Gladys L. 1954. *Labor Mobility in Six Cities*. New York: Social Science Research Council.
Parnes, Herbert. 1954. *Research on Labor Mobility*. New York: Social Science Research Council.
Parnes, Herbert, R. Miljus, and R. Spitz. 1970. *Career Thresholds*, vol. 1 (Manpower Research Monograph #16). Washington, D. C.: U. S. Dept. of Labor, Manpower Administration.
Parsons, T. 1961. "Some Considerations on the Theory of Social Change." *Rural Sociology* 26: 219-239.
Pool, Ithiel, and M. Kochen. 1958. "Contact Nets." M. I. T.: unpublished paper.
Rapoport, Anatol. 1963. "Mathematical Models of Social Interaction." In R. Luce et al., eds., *Handbook of Mathematical Psychology*, vol. 2. New York: Wiley.
Rapoport, Anatol, and William Horvath. 1961. "A Study of a Large Sociogram." *Behavioral Science* 6 (October): 279-291.
Rees, Albert. 1966. "Information Networks in Labor Markets." *American Economic Review* (May): 559-566.
Rees, Albert, and George Shultz. 1970. *Workers and Wages in an Urban Labor Market*. Chicago: University of Chicago Press.
Reynolds, Lloyd. 1951. *The Structure of Labor Markets*. New York: Harper.
Rice, Berkeley. 1970. "Down and Out Along Route 128." *New York Times Magazine* (November 1).
Selznick, P. 1949. *T. V. A. and the Grass Roots*. Berkeley: University of California Press.
Shapero, A. R., Richard Howell, and J. Tombaugh. 1965. *The Structure and*

Dynamics of the De fense R. and D. Industry: *The Los Angeles and Boston Complexes*. Menlo Park, Cal.: Stanford Research Institute.

Sheppard, Harold L., and A. Harvey Belitsky. 1966. *The Job Hunt*: *Job-Seeking Behavior of Unemployed Workers in a Locat Economy*. Baltimore: The Johns Hopkins Press.

Shubik, Martin. 1959. *Strategy and Market Structure*. New York: Wiley.

Sjoberg, Gideon. 1960. *The Preindustrial City*. New York: The Free Press.

Somers, Gerald, and Masumi Tsuda. 1966. "Job Vacancies and Structural Change in Japanese Labor Markets." In *The Measurement and Interpretation of Job Vacancies*, edited by Robert Ferber. New York: Columbia University Press.

Stein, Maurice. 1960. *The Eclipse of Community*. Princeton: Princeton University Press.

Stigler, George. 1961. "The Economics of Information." *Journal of political Economy* 69 (June): 213–225.

——1962. "Information in the Labor Market." *Journal of political Economy* 70 (October, Part 2): 94–105.

Taira, Koji. 1970. *Economic Development and the Labor Market in Japan*. New York: Columbia University Press.

Thompson, James D. 1962. "Organizations and Output Transactions." *American Journal of Sociology* 68 (November): 309–324.

Törnqvist, G. 1970. *Contact Systems and Regional Development*. Lund, Sweden: CWK Gleerup.

Travers, J. and S. Milgram. 1969. "An Experimental Study of the 'Small-World Problem'." *Sociometry* 32 (December): 425–443.

Turk, Herman. 1970. "Interorganizational Networks in Urban Society: Initial Perspectives and Comparative Research." *American Sociological Review* 35 (February): 1–19.

Udy, Stanley H., Jr. 1959. *Organization of Work*: *A Comparative Analysis of Production among Non-Industrial Peoples*. New Haven: HRAF Press.

——1970. *Work in Traditional and Modern Society*. Englewood Cliffs, N. J.: Prentice-Hall.

Ullman, Joseph C. 1968. "Interfirm Differences in the Cost of Search for Clerical Workers." *Journal of Business* 41 (April): 153–165.

Ullman, Joseph C. 1969. "Manpower Policies and Job Market Information." In *Public-Private Manpower Policies*, edited by A. Weber et al. Industrial Relations Research Association.

Ullman, Joseph C., and David P. Taylor. 1965. "The Information System in Changing Labor Markets." *Proceedings of the Industrial Relations Research*

Association: 276 – 289.

United States Department of Labor. 1970, 1971, 1972. *Manpower Report of the President*. Washington, D. C. : U. S. Government printing Office.

United States Immigration Commission, *Reports*, vol. 2, 1911. Washington, D. C. : Government Printing Office.

Warren, R. 1967. "The Interorganizational Field as a Focus for Investigation." *Administrative Science Quarterly* 12 (December): 396 – 419.

Vogel, Ezra. 1961. "The Go-Between in a Developing Society: The Case of the Japanese Marriage Arranger." *Human Organization* 20 (Fall): 112 – 120.

Warner, W. Lloyd, and J. O. Low. 1947. *The Social System of a Modern Factory*. New Haven: Yale University Press.

White, Harrison C. 1970. *Chains of Opportunity*. Cambridge, Mass. : Harvard University Press.

Wilcock, Richard C. , and Walter H. Franke. 1963. *Unwanted Workers: Permanent Layoffs and Long-term Unemployment*. New York: The Free Press.

Yoshino, Michael. 1968. *Japan's Managerial System*. Cambridge, Mass. : Harvard University Press.

Young, Michael, and Peter Willmott. 1962. *Family and Kinship in East London*. Baltimore: Penguin.

中英文术语对照表

Affirmative action 肯定性行动
Blue-collar workers 蓝领工人
Bounded rationality 有限理性
Buying and selling: as source of inter-organizational contacts 买卖：组织间建立关系的源泉
Causality 因果关系
Chains of job-information, length of 工作信息链长度
   extent of information spread 工作信息传播的范围
   perfect labor market 完美的劳动力市场
   extent of job-search 工作搜寻的广度
   position in labor market 劳动力市场中的位置
   quality of information 信息的质量
   strength of tie to contact 与关系人联系的强度
   social distance 社会距离
Classic and neoclassical economic 古典和新古典经济学
Computerized job-matching 电脑化的工作匹配
Conglomerate mergers 联合并购
Contacts 关系；关系人
Cost-benefit analysis of job-seekers 求职者的成本-收益分析
Cross-tabulations: numerical base for significance test 交互分析：数值以显著度检验为基础
Demand and supply 需求与供给
Differentiation 分化
Distance: social ; causal 社会距离；因果距离

Economic man　经济人
Embeddedness　嵌入性
Employment agencies　职业介绍所
　"job-shops"　招聘临时工的场所
　public　公共职业介绍机构
Formalist　形式主义者
Formal means　正式渠道
Formal mechanism　正式机制
Governance structure　治理结构
Guilds　行会/行业协会
Hierarchy　层级制
Inequality of opportunity　机会不平等
Influence: use of by personal contacts　运用个人关系的影响
Influence: flow through social networks　通过社会网络流动的影响
Influence: possession of in labor market　劳动力市场中拥有的影响
Influence: extensive vs. intensive　广泛与深入的影响
Influence: situations in which obtained　获得影响的场景
Influence: motives for offering　提供影响的动机
Influence: tie-strength　关系强度的影响
Influence: chains of, chains of job information　影响链，工作信息链
Influence: processing and filtering　影响的处理与过滤
　equality of influence　影响的平等
Informal means of job search　非正式的求职渠道
Inter-organizational relations; chains of　组织间的关系链
Interview survey: conduct of　从事访问式调查
Compared with mail survey; questions　与邮寄问卷调查相比的访问式问卷调查
Job-finding methods; frequency in other studies　求职方法；其他研究中的频率
　frequency in this study　本项研究中的频率
　Job-finding methods, definitions of　求职方法的定义
　　"formal" vs. "informal"　"正式的"对"非正式的"求职方法
　job-seekers' preferences for　求职者偏爱的求职方法
Job-satisfaction　工作满意度
Job-tenures; length of　工作任期的长度

Job-vacancies 工作空缺
Labor markets 劳动力市场
　　internal 内部劳动力市场
　　pre-industrial 前工业社会的劳动力市场
Laissez-faire politics 自由放任政治学
Liberalism 自由主义
Mail survey: conduct of 从事邮寄调查
　　compared to interview survey 与访谈调查相对的邮寄调查
　　form 邮寄调查表格
Markov processes 马尔可夫过程
Matching processes; computerization of matching 匹配过程；匹配过程的电脑化
Micro and Macro levels: linkage between 微观与宏观层面的联系
Multiplier effect 乘数效应
Networks: flow of information through 网络：信息流动
Networks of organizations 组织网络
New institutional economic 新制度经济学
Open-ended interviewing, problems of 开放访问中的问题
Opportunism 机会主义
Original position 原初位置
Oversocialized 过度社会化
Participant-observation 参与式观察
Perfect competition 完全竞争
Personal contacts: frequency of use 个人关系：使用频率
　　definition of personal contacts 个人关系的定义
　　family-social vs. work 家庭-社会的个人关系与工作的个人关系
　　work contacts, subclassified 工作关系的亚类别
　　how connected to job-information 个人关系如何与工作信息联系起来
　　strength of tie to 与个人关系的联系强度
　　how long known 与关系人认识的时间
　　family-social contacts, subclassified 家庭-社会关系的亚类别
　　diaries of 个人关系日记
Prison's dilemma 囚徒困境
Professionalization 专业化
PTM workers (professional, technical, and managerial) 专业、技术和管理

人员
Quasi-jobs　类似的工作、准工作
Quasi-searchers　准搜寻者
Rationality　理性、合理性
Research methods: budget　研究方法的预算
Reserved wage　保留工资
Response rate　回答率
　　effects of non-response　未回答的影响
Sampling procedures and biases　抽样程序与偏差
Segmented labor market　细分的劳动力市场
Shape-ups　临时的工人挑选
Significance tests　显著度检验
Social atomization　社会的原子化
Social resources perspective　社会资源视角
State of nature　自然状态
Stochastic models　随机模型
Strength of weak ties　弱关系的强度
Strong ties　强关系
Substantivist　形式主义者、形式主义的
Transactional cost　交易成本
Trust and malfeasance　信任与欺诈
Undersocialized　低度社会化
Unemployment　失业
Unions labor　工会的劳工
Universalism　普遍主义
Utilitarian　功利主义
Vacancy chains　空缺链
　　Incidence of vacancy chains　空缺链的发生率
Vertical integration　垂直整合
Weak ties　弱关系

GETTING A JOB: A STUDY of Contracts and Careers. Second Edition

By Mark Granovetter

© 1974, 1995 Mark Granovetter.

Appendix D © 1985 by the University of Chicago.

Simplified Chinese translation copyright © East China Normal University Press Ltd., 2020.

Licensed by The University of Chicago Press, Chicago, Illinois, U.S.A. All Rights Reserved.

上海市版权局著作权合同登记　图字：09-2016-677号